約翰內斯・維梅爾，〈台夫特一景〉（海牙，莫里斯宅邸皇家繪畫陳列館）。維梅爾的兩幅戶外景觀畫之一，描繪從台夫特河港廓爾克對面的該城東南角所見到的台夫特天際線。繪於 1660 或 1661 年。

約翰內斯．維梅爾，〈軍官與面帶笑容的女子〉（紐約，佛利克收藏館）。輕度的透視扭曲，使這幅原本是靜態交談的場景透出動感。牆上的荷蘭、西佛里斯蘭地圖，是台夫特地圖製造商巴爾塔薩爾．范伯肯羅德（Balthasar van Berckenrode）所印製，繪圖者是威廉．布勞。據推斷，此畫繪於 1658 年左右。

約翰內斯・維梅爾，〈在敞開的窗邊讀信的少婦〉（德勒斯登，十八世紀前歐洲巨匠美術館）。維梅爾在樓上畫室的窗邊畫了多幅作品，這可能是其中最早的一幅。前景處的地毯和水果，顯示他首次運用點描畫法。約繪於 1657 年。

約翰內斯．維梅爾，〈地理學家〉（美因河畔法蘭克福，施塔德爾美術館）。〈天文學家〉的姊妹作，很可能是受託繪製，描繪一名有學問之人，而那人可能是安東尼．范．列文虎克。牆上維梅爾簽名底下，註明1669年，那雖是後來加上，卻有可能就是此畫的繪製年代。

台夫特蘭貝特．范梅爾滕博物館收藏的盤子（台夫特市立博物館）。大概於十七世紀結束前後製作於台夫特，仿中國式的裝飾裡，前景處呈現五名位於雲中的神仙，後面的中式庭園裡則有姿態各異的男女人物。

約翰內斯・維梅爾，〈持秤的女人〉（華盛頓特區國家藝廊懷登納收藏館）。維梅爾於約 1664 年繪成此畫。畫中人大概是以他妻子卡塔莉娜・博爾涅斯為模特兒繪成。這是維梅爾創造力的巔峰之作。

亨德里克・范德布赫，〈玩牌人〉（底特律藝術館，約翰・紐貝里夫婦所贈）。同樣是軍官與年輕女子對坐交談的場景，范德布赫的處理手法和維梅爾的〈軍官與面帶笑容的女子〉不同。此畫據斷定繪於約 1660 年，當時范德布赫若非在萊登，就是在阿姆斯特丹，因為他在 1655 年時已離開台夫特。

關公雕像，象牙。皈依基督教的菲律賓華人在 1640 年一月於馬尼拉郊外挖出的那尊雕像，大概和這尊關公像約略同時。

約翰內斯・維梅爾，〈馬利亞與馬大家中的耶穌〉。這是他的作品中少數的宗教主題繪畫。此畫繪於 1655 年。

約翰內斯・維梅爾，〈老鴇〉。畫家在畫中屈居樂師，戴著幾乎垂到一邊肩膀的華麗貝雷帽。此畫繪於 1656 年。

約翰內斯・維梅爾，〈睡婦〉。桌上的青花湯盤與〈在敞開的窗邊讀信的少婦〉畫中的相同。此畫繪於 1657 年。

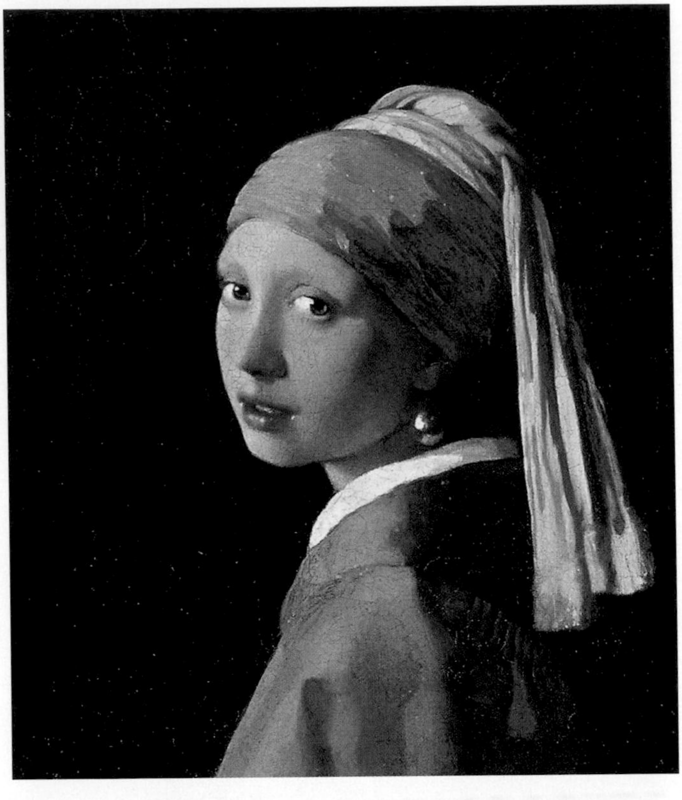

約翰內斯・維梅爾，〈戴珍珠耳環的少女〉。當時的歐洲人喜愛又大又圓的珍珠，但這顆珍珠大到很可能是具珍珠光澤的淚珠狀玻璃墜子。此畫繪於 1665 年。

約翰內斯·維梅爾，〈畫藝〉。其中戴著小頂黑色貝雷帽的是維梅爾本人。此畫繪於1666年。

約翰內斯·維梅爾，〈站在古鍵琴邊的女士〉。此畫繪於 1672 年。

親切的、活潑的、趣味的、致用的

# 實用歷史叢書

遠流出版公司

# 維梅爾的帽子

## 揭開十七世紀全球貿易的序幕

Vermeer's Hat

The Seventeenth Century and the Dawn of the Global World

卜正民 著

Timothy Brook

黃中憲 譯

Our arrivals at meaning and at value are momentary pauses in the ongoing dialogue with others which meaning and value spring.

——Gary Tomlinson, *Music in Renaissance Magic*

意義與價值源自與他人持續不斷的對話，而我們之獲致意義與價值，只是那不斷對話中的短暫駐足而已。

——蓋里．湯林森，《文藝復興巫術裡的音樂》

《實用歷史叢書》

# 出版緣起

王榮文

## ‧歷史就是大個案

《實用歷史叢書》的基本概念，就是想把人類歷史當做一個（或無數個）大個案來看待。

本來，「個案研究方法」的精神，正是因為相信「智慧不可歸納條陳」，所以要學習者親自接近事實，自行尋找「經驗的教訓」。

經驗到底是教訓還是限制？歷史究竟是啟蒙還是成見？——或者說，歷史經驗有什麼用？可不可用？——一直也就是聚訟紛紜的大疑問，但在我們的「個案」概念下，叢書名稱中的「歷史」，與蘭克（Ranke）名言「歷史學家除了描寫事實『一如其發生之情況』外，再無其他目標」中所指的史學研究活動，大抵是不相涉的。在這裡，我們更接近於把歷史當做人間社會情境體悟的材料，或者說，我們把歷史（或某一組歷史陳述）當做「媒介」。

## ・從過去了解現在

為什麼要這樣做？因為我們對一切歷史情境（milieu）感到好奇，我們想浸淫在某個時代的思考環境來體會另一個人的限制與突破，因而對現時世界有一種新的想像。

通過了解歷史人物的處境與方案，我們找到了另一種智力上的樂趣，也許化做通俗的例子我們可以問：「如果拿破崙擔任遠東百貨公司總經理，他會怎麼做？」或「如果諸葛亮主持自立報系，他會和兩大報紙持哪一種和與戰的關係？」

從過去了解現在，我們並不真正尋找「重複的歷史」，我們也不尋找絕對的或相對的情境近似性。「歷史個案」的概念，比較接近情境的演練，因為一個成熟的思考者預先暴露在眾多的「經驗」裡，自行發展出一組對應的策略，因而就有了「教育」的功能。

## ・從現在了解過去

就像費夫爾（L. Febvre）說的，歷史其實是根據活人的需要向死人索求答案，在歷史理解中，現在與過去一向是糾纏不清的。

在這一個圍城之日，史家陳寅恪在倉皇逃死之際，取一巾箱坊本《建炎以來繫年要錄》，抱持誦讀，讀到汴京圍困屈降諸卷，淪城之日，謠言與烽火同時流竄；陳氏取當日身歷目睹之事與史實印證，不覺汗流浹背，覺得生平讀史從無如此親切有味之快感。

觀察並分析我們「現在的景觀」，正是提供我們一種了解過去的視野。歷史做為一種智性活動，也在這裡得到新的可能和活力。

如果我們在新的現時經驗中，取得新的了解過去的基礎，像一位作家寫《商用廿五史》，用企業組織的經驗，重新理解每一個朝代「經營組織」（即朝廷）的任務、使命、環境與對策，竟然就呈現一個新的景觀，證明這條路另有強大的生命力。

我們刻意選擇了《實用歷史叢書》的路，正是因為我們感覺到它的潛力。我們知道，標新並不見得有力量，然而立異卻不見得沒收穫；刻意塑造一個「求異」之路，就是想移動認知的軸心，給我們自己一些異端的空間，因而使歷史閱讀活動增添了親切的、活潑的、趣味的、致用的「新歷史之旅」。

你是一個歷史的嗜讀者或思索者嗎？你是一位專業的或業餘的歷史家嗎？你願意給自己一個偏離正軌的樂趣嗎？請走入這個叢書開放的大門。

# 寫給台灣讀者的新序

卜正民

本書英文版首度面世以來匆匆已過十年。想當初，我是為了讓我的大一學生體會從全球視野觀照自身歷史知識的興奮之情，才打定主意寫成此書。我還清楚記得起心動念的那一刻，是在某次講課時，我拿出一幅畫作給他們看──那幅畫，你們會在本書封面看到。書名《維梅爾的帽子》就來自那幅畫。

我選擇出自荷蘭人氣畫家維梅爾之手的帽子做為切入點，其用意除了想以一般人熟悉的東西來引起讀者的興趣，還為了替讀者創造一個機會，讓他們在原本可能自覺讀不了中國史時，有機會翻開一本談中國史的書讀讀。這不是談帽子的書，更不是談某位荷蘭名畫家的書。維梅爾只是個引子，要透過他來娓娓道出我們今日所置身的全球化世界，如何在四百年前就誕生。如果我們知道該往哪裡看，那麼到處可見轉變的蛛絲馬跡。就連維梅爾筆下，以恬靜的家庭生活為題，這類看來不會涉及全球活動的畫作，都在細微之處透露出他所處那個時代的新全球化事實。而全球化世界的誕生故事，其核心就是中國。

台灣的讀者應該知道，我是從西方人的視角，而非從台灣人的視角，撰寫此書。甚至可以說我是從加拿大人的視角撰寫此書，因為用以製成維梅爾之帽子的毛氈以海狸毛皮為原料，而那件海狸毛皮來自我生長所在的五大湖區。關於歐洲在十六、十七世紀所經歷的那些重大轉變，我們所熟知的說法，都以文藝復興、宗教改革之類歷來認定的重大事件為核心來鋪陳，而本書的宗旨，就在讓西方讀者知道，如果我們想了解這些轉變的原由，光靠傳統說法，無法窺見全貌。只有把歐洲當時所互動的世界都納入觀照，才得以對歐洲的轉變過程給予忠於史實的描述。歐洲人並非只是往外走進世界，靠一己之力，即改變世界：他們是遭遇其他地方的人和資源，特別是明朝中國的人和資源，並和那些人做生意，運用那些資源，才藉此改變世界。

本書英文版問世一年後，由黃中憲翻譯的中文版即在台灣出版。那年更晚一點，我從溫哥華搬到位於加拿大西海岸與溫哥華之間海峽裡的鹹泉島，並在這座島上遇見我的第一批台灣讀者。我和內人住在恆河鎮郊，一條通往大洋的長長公路邊（此鎮命名於一八五九年，鎮名來自英國皇家海軍恆河號，恆河號之名則來自印度恆河）。有次，我們夫婦倆在這條公路上散步，遇見一名女鄰居，那人問我從事什麼工作，我回答教中國史。她得知後立即帶我們去見她來自台灣，也住在這條路上的朋友。他們是陳建育和廖鲂，在發現有個會講中文的加拿大鄰居後，既驚又喜，他們又在網路上發現這位新鄰居有部著作在台灣賣得很好，非常開心。在陳建育的部落格上，可找到我們所有人的照片。

我提到這樁個人小事，只因為它正具體而微地體現了我在本書所表達的意旨——自十七世紀起，貿易和交流把來自遙遠異地的人匯聚在一起，也讓他們散播到世界各地。我在這座島上住下，其遠因可溯自尚普蘭為了找到前往中國的貿易路線而深入五大湖區一事。若非有法國人和英國人先後越過大西洋來到美洲，怎會有英國人的後代住在這麼遙遠的地方？陳建育和廖舫在這座島上住下，過程雖然和我不同，卻同樣說明日益全球化的經濟如何繼續改變世界，如何使我們之中許許多多的人遷移到我們從未想過的地方。

本書中，我只在最後兩章短暫提及台灣，但講述這段歷史，特別不能略過台灣。它曾是為西班牙殖民菲律賓服務的前哨基地，西班牙人一度以此島為基地，派傳教士赴福建，冀望用傳教士打開對華貿易。當荷蘭人，即西班牙在對華貿易上的對手，把西班牙人趕出台灣，然後鼓勵中國人從大陸跨海來到台灣。當他們從事殖民開拓、趕走島上原住民時，台灣成為國際爭奪之地。中日混血的冒險家國姓爺鄭成功，最後將荷蘭人趕出台灣，但這一勝利反過來又迫使北京於一六八一年出兵攻台，將台灣併入清朝版圖。歷史學家歐陽泰在同樣由遠流出版的《福爾摩沙如何變成臺灣府》中主張，若非荷蘭人，台灣不會成為中國的一部分，現今台灣島上住了這麼多華人，乃是這一奇怪的歷史轉折所致。這個故事的核心，就是十七世紀時已經進行的全球化。維梅爾是否聽過台灣這個地方，不得而知，但若沒有荷蘭商人把財富從台灣和亞洲其他地方送回台夫特，他說不定無緣成為出色的畫家。

從這個角度看，在鹹泉島上會有來自台灣的鄰居也就不足為奇。這樣的結果非任何人所能預見，但這一轉變於十七世紀全球貿易啟動之後，其產生的效應就非人們所能預料。只要不怕流動，我們就懂得隨遇而安，不管定居於何處。

# 目錄

## 插圖



文震亨書法（p.97）、方以智書法（p.167）：財團法人何創時書法藝術文教基金會提供

## 地圖

# 1 從台夫特看世界

## The View from Delft

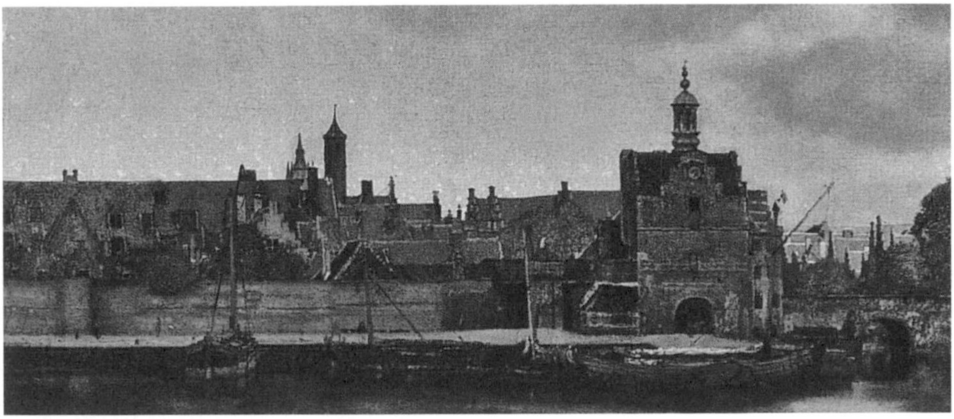

左邊大型倉庫建築群的紅色屋頂透露荷蘭東印度公司在 1602 年時成立的，台夫特正是六大倉所之一。

二十歲那年夏天，我在阿姆斯特丹買了輛腳踏車，往西南騎過荷蘭，展開從亞德里亞海濱杜布羅夫尼克（Dubrovnik）到蘇格蘭尼維斯山（Ben Nevis）這趟旅程的最後一段行程。第二天，我騎在荷蘭鄉間，時近傍晚，天色開始變暗，從北海飄來的毛毛雨，把路面變得又濕又滑。一輛卡車擦身而過，把我逼到路邊，我一個不穩，連人帶車跌到爛泥裡。我沒受傷，但渾身又濕又髒，擋泥板也給撞彎了，必須拉直。在外流浪，總會碰上壞天氣，我通常躲到橋下，但那時無橋可棲身，我於是找上最近一戶人家，敲門請求避雨。奧茨胡恩太太早就從家中前窗目睹我摔車——我猜她有許多漫漫午後是在前窗邊度過——因此，她開門露出一道縫，往外打量我時，我絲毫不覺驚訝。她遲疑了一會兒，然後甩開疑慮，把門大大打開，讓這個又濕又髒的狼狽加拿大青年進到屋裡。

我想要的就只是站著避一陣子的雨，打理好精神就出發，但她不同意，反倒讓我洗了熱水澡，請我吃了一頓晚餐，留我住一晚，還硬塞給我幾樣她已故丈夫的東西，包括一件防水外套。隔天早上，白花花的陽光灑在廚房餐桌上，她請我吃了一頓我這輩子吃過最美味的早餐，然後赧然輕笑，說起她兒子若知道她留一個完全不認識的人在家裡過夜——而且還是個男人——會有多生氣。吃完早餐，她給我當地景點的明信片當紀念，建議我去其中幾個地方逛逛再上路。那個星期天早晨，陽光耀眼，我又不趕行程，索性照她的建議，出去隨便走走看看。我沒想到，就那隨意的一遊，我與她所在的城鎮結下不解之緣。她給了我台夫特（Delft）。

「最賞心悅目的城鎮，每條街上都有好幾座橋和一條河，」以日記聞名於世的倫敦人佩皮斯（Samuel Pepys）在一六六〇年五月走訪台夫特時，如此描述這城鎮。他的描述與我所見絲毫無差，因為台夫特大體上仍維持十七世紀時的模樣。那天早上，狀如十五、十六世紀西班牙大帆船的雲朵，從西北邊十幾公里外的北海急湧而來，將斑駁雲影灑在狹橋、以及大卵石鋪成的街道上，陽光映射在運河的河面，把屋宇的磚砌正立面照得亮晃晃的。義大利人以打入感潮沙洲的木樁為基礎，建造出規模更為宏大的海上運河城市——威尼斯。荷蘭人所建的台夫特則與此不同，它位在海平面之下。台夫特以堤防擋住北海，開鑿有閘水道，排乾沿海沼地。這段歷史就保留在台夫特這個字裡頭，因為荷蘭語的delven，意為「挖鑿」。貫穿台夫特西城區的主運河，如今仍叫奧德台夫特（Oude Delft），意為「古有閘水道」。

從台夫特的兩座大型教堂，特別能看出十七世紀的歷史面貌。位在大市場廣場（Great Market Square）的是新教堂（Nieuwe Kerk），興建時間比奧德台夫特運河邊的舊教堂（Oude Kerk）晚了兩世紀，因此而得名。這兩座宏大建築建造、裝飾之時（舊教堂是十三世紀，新教堂十五世紀）當然屬於天主教堂，但今天已不是如此。陽光從透明玻璃窗射進，照亮教堂內部，抹掉了那段早期歷史，只呈現那之後所發生的：禁絕天主教的偶像崇拜作風（包括在一五六〇年代打掉教堂的彩繪玻璃），將教堂改造成近乎世俗崇拜形式的新教集會所。當時的荷蘭人為了擺脫信仰天主教的西班牙人統治，多方抗爭，而禁絕天主教的偶像崇拜作風就是其中之一。兩座教堂的地面大體是十七世紀的古蹟，因為上面布有銘文，用以標示十七世紀台夫特有錢市民墳墓的所在。當時的人希望埋骨之處離聖所愈近愈好，而埋在教堂底下又比埋在教堂旁邊好。歷來有無數畫作描繪這兩座教堂的內部，其中有許多幅畫裡可見一塊抬起的鋪砌石，偶爾甚至可看到正在幹活的挖墓工，以及正忙著自己的事的人（和狗）。教堂保留了每戶人家埋葬地點的紀錄簿，但大部分墳墓沒有刻上墓誌銘。只有負擔得起立碑費用的人，才會刻上自己的名字和一生行誼。

在舊教堂裡，我碰巧看到一塊刻有約翰內斯．維梅爾一六三二——一六七五年的石頭，每個字刻得工整而樸實。幾天前，我才在阿姆斯特丹國立博物館（Rijksmuseum）欣賞過維梅爾的畫作，想不到竟會無意中在這裡碰上這位藝術家的最後遺物。我對台夫特或維梅爾與台夫特的關係一無所悉。但突然間，他就出現在我面前，等著我打量。

許多年後，我得知那塊石頭並非他死時就鋪在墓上。當時，維梅爾還算不上是大人物，還沒資格擁有刻了銘文的墓碑。他只是個畫家而已，某個藝匠行業裡的一名工匠。沒錯，維梅爾是聖路加藝匠公會的頭頭之一，而且在該鎮的民兵組織裡位居高位——但他所住的鄰里裡，還有約八十個人擁有同樣的高位。他死時一貧如洗，即使他死時有錢，那也不足以讓他有資格享有銘文墓碑的殊榮。一直要到十九世紀，收藏家和博物館館長才把維梅爾幽微縹緲、難以捉摸的畫作視為大師之作。如今所見的那塊石碑是到了二十世紀才擺上，好讓知道他埋骨之處而特意前來憑弔的許多人——不像我是不知他埋骨處而無意間碰上——能一償所願。但是那塊石板所在的位置，其實並非維梅爾真正埋葬之處，因為一九二一年大火之後，教堂重建，所有鋪砌的石頭全給拆掉再重鋪。今人所知的，就只是他的遺骸埋在那教堂底下某處。

維梅爾在台夫特生活的痕跡，除了埋骨處之外，其餘皆已不存。今人知道他在大市場廣場附近他父親的客棧長大，長大後，大部分歲月在舊長堤（Oude Langendijck）上他岳母瑪麗亞．蒂恩家度過。在岳母家一樓，圍繞他的子女愈來愈多；在二樓，他畫了大部分的畫作；最後，四十三歲時，債台高築、靈感枯竭的他，在岳母家猝然死去。那棟房子在十九世紀拆掉。與維梅爾在台夫特生活有關的具體東西，無一留存。

欲一窺維梅爾的世界，只有透過他的畫作，但是在台夫特，這也不可能。存世的三十五幅畫作中（另有一幅原收藏於波士頓的伊莎貝拉．斯圖亞特．迦納博物館，但是在一九九〇年失竊，至今下落不明），沒有一幅留在台夫特。那些畫作全在他死後賣掉，或運到別處拍賣，如今散落從曼哈頓到柏林的十七座美術館裡。離台夫特最近的三幅畫作，位在海牙的莫里斯宅邸皇家繪畫陳列館（Mauritshuis）。那三幅畫離台夫特不遠——十七世紀時搭內河平底船到海牙，要花四個小時，如今搭火車只消十分鐘——但終究還是不在他畫那些畫的所在地。要看維梅爾的畫，就得到台夫特以外的地方。在台夫特，就得斷了親眼目睹維梅爾畫作的念頭。

維梅爾的繪畫生涯為何發跡自台夫特，而非別的地方，理由多不勝數，從當地的繪畫傳統到台夫特天然光影特色都是。但那些理由並不足以讓人斷定，維梅爾若是住在荷蘭其他地方，就畫不出那麼出色的畫作。環境很重要，但無法解釋所有的現象。同樣的，我可以提出許多理由，說明十七世紀人類生活跨文化轉變的全球史為何一定得從台夫特開始談起，但那些理由並無法讓人相信，台夫特是唯一一個該作為探討起點的地方。事實上，那裡所發生的事，除了可能改變了藝術史的進程之外，沒有一個改變了歷史的進程，而我也無意在這之外另發高論。我從台夫特開始談起，純粹是因為我碰巧在那裡摔車，因為碰巧維梅爾曾住在那裡，因為我碰巧欣賞他的畫作。只要台夫特不擋住我們遠眺十七世紀的世界，根據那些理由選擇該地作為立足審視十七世紀之地，自然也無不可。

假設選擇別的地方作為講述這段故事的起點，結果又會如何？譬如說，選擇上海，因為第一次走訪台夫特又過了幾年之後，我去了上海，而因為那趟上海之行，我成為研究中國史的學者。事實上，那同樣無悖於這本書的構想，因為歐洲和中國正是我在書中所描述互連磁場的兩極。若是選上海而棄台夫特，我所要講述的故事會有多大的改變？有可能改變不大。如果撇開顯而易見的差異，尋找那兩地的相似之處，上海其實和台夫特很相似。上海一如台夫特，建在原為海水所覆蓋的土地上，而且倚賴有閘水道排乾上海所在的沼澤地（「上海」也可解為「海上」，其實是上海濱的簡稱，意為「上海有閘水道」）。上海同樣曾有城牆環繞（但只在十六世紀中葉時築城牆，以防倭寇入侵）。上海本來有縱橫交錯的運河和橋梁，而且本來也有水路直通海上。海埔新生地催生出發達的農業經濟，上海成為經濟的交易中心，但同樣倚賴周邊鄉間的工匠來製造商品（在此是棉織品）。台夫特有城市中產階級，他們成為維梅爾筆下的人物，雇請維梅爾作畫，但上海沒有這樣的居民，文化、藝術的發展大概也大不如台夫特。上海最赫赫有名的子弟（和天主教徒）徐光啟，在一六一二年的信中抱怨上海是「粗鄙不文」之地。但上海的富裕人家常贊助藝術，習於虛榮性消費——包括買畫和展示畫——這和台夫特富商的行

明末儒學大師徐光啟也加入天主教，教名保祿。

徑似乎頗為相似。更突出的巧合乃是上海是董其昌的出生地。董其昌是當時最出色的畫家和書法家，改造了傳統繪畫手法，為近代中國藝術奠下基礎。稱董其昌是中國的維梅爾，或稱維梅爾是荷蘭的董其昌，毫無道理，但兩人之間的相似處太過耐人尋味，無法略而不談。

講到台夫特與上海之間的差異，你或許會覺得兩地的相似只是表面。首先是規模上的差異：十七世紀中葉時台夫特只有兩萬五千人口，位居荷蘭第六大城，至於上海，在一六四〇年代飢荒、動亂之前，城居人口比台夫特多了一倍有餘，鄉村人口達五十萬。更重要的差異在於政治背景：台夫特是擺脫西班牙哈布斯堡帝國統治後，新興共和國的重要基地，上海則是明、清帝國牢牢掌控下的地方政府所在地[1]。從規範其與外界互動的國家政策來看，台夫特、上海也必然涇渭分明。荷蘭政府積極建構遍及全球的貿易網，中國政府則是在與外人接觸、通商上忽禁忽開，政策搖擺不定（這項禁止政策在當時中國內部引發激烈爭辯）。這些差異都不小，但我並不覺得重要，因為它們對我的目的影響不大。我寫此書的目的乃是去呈現一個更大的整體，一個人類正以前所未見之方式建構往來、交流網絡的世界，而上海、台夫特都是那個整體的一部分。不管是從其中哪個開始談，故事在大體上沒有什麼兩樣。

選台夫特而棄上海，與前者還留存古代的氛圍有關。我在台夫特捽車，一腳跨進十七世紀的氛圍，但若在上海捽車，就不會有這種際遇了。上海的過去已在殖民主義、國家社會主義、晚近的全球資本主義相繼摧殘下蕩然無存，若要一窺明代風貌，只能求助於圖書館的史料。在豫園周邊的小街上，還殘存些許明朝風韻。豫園座落在原舊城的中心，乃是園主為了侍奉告老還鄉的父親，在十六世紀末建成，後來，以豫園為核心，興起一個小型的公共集會區，居民在此從事多種活動，包括藝術家到此掛出畫軸販售。但在接下來幾百年裡，這一帶蓋滿了房子，如今已少有遺蹟可讓人一窺明朝時該地的風貌。

但我以台夫特而非上海作為我故事的開端，有一個特殊理由：維梅爾留下了一批描繪台夫特風土人物的出色畫作，董其昌則未留下這樣一批描繪上海的畫作。一等經濟能力足以搬到縣城去住，董其昌就離開上海。維梅爾則待在老家，畫下他周遭所見。瀏覽他的油畫，我們似乎進入栩栩如生的真人世界，環繞人物的事物賦予他們家庭的氛圍。他畫中的謎樣人物，帶著我們永遠無法知曉的秘密，因為那是他們的世界，不是我們的世界。但是他呈現那些人物的手法，似乎讓觀者覺得自己進入溫馨的私密空間。但那全是「似乎」。維梅爾的繪畫手法太高明，高明到能欺騙觀者的眼睛，讓他們以為油畫只是個窗戶，透過那窗戶可以直接窺見他畫得彷若真實的地方。法國人稱這種繪畫上的欺矇手法為 trompe l'oeil（錯視畫法），意為「欺騙眼睛」。就維梅爾來說，那些地方的確是真有其地，但可能和他筆下所呈現的差距頗大。維梅爾畢竟不是攝影師，而是個錯覺畫家，運用錯覺藝術手法將觀者帶進他的世界，帶進十七世紀中葉台夫特某個資產階級人家的世界。但即使真實的台夫特與他筆下有頗大差距，他的寫真畫作還是逼真到足以讓我們進入那個世界，思索我們所發現的東西。

在本書中，我們會根據維梅爾的五幅畫作，還有與他同時代的台夫特同鄉亨德里克・范德布赫（Hendrik van der Burch）的一幅油畫、某個台夫特瓷盤上的裝飾畫，尋索台夫特人生活的蛛絲馬跡。我挑上這七幅畫，不只是因為畫中所呈現的，還因為畫中小地方隱藏了遙指更雄渾歷史力量的線索。搜尋那些小地方，我們會發現與畫中未充分表明的主題、未真正畫出的地方相關連的潛在線索。那些小地方所透露的關連，只是間接表明的關連，但那些關連確實存在。

如果那些關連難以察覺，那是因為在那個時代之前，沒有那些關連。與其說十七世紀是第一次接觸的時代，不如說是第二次接觸的時代來得貼切，因為那時候，初次相遇的地點正漸漸轉變成一再見面的場所。那時候，人常來往異地，並且攜帶行李同行——那意味著有事物落腳在製造地以外的地方，而以新事物的姿態首次出現在那些新地方。不久之後，商業活動取而代之。移動於兩地之間者，不再是那些偶然的旅人，而是為流通、販售而生產的貨物，而荷蘭正是那些新貨物的集散地之一。在阿姆斯特丹——新貨物的匯集焦點——它們引來法國哲學家笛卡兒（René Descartes）的注意。笛卡兒因為見解不見容於當道，不得不離開信仰天主教的法國，在尼德蘭度過漫長的流亡生涯。一六三一年，在流亡期間，他稱阿姆斯特丹是「貨物無奇不有」之地。他問道，「要找到世人所可能希冀的各種貨物和珍奇物品，這世上還有哪個地方比這城市更能讓人如願？」要找到「世人所可能希冀的各種貨物和珍奇物品」，當時的阿姆斯特丹的確是絕佳地方，至於原因呢，就請讀者繼續讀下去，自會明瞭。那些東西流往台夫特的數量較少，但還是有流往該地。有一些甚至落腳在維梅爾所住的岳母瑪麗亞．蒂恩家裡，這從維梅爾的妻子卡塔莉娜．博爾涅斯（Catharina Bolnes）在維梅爾死後為申請破產所擬出的財產清單就可看出。維梅爾還沒富裕到擁有許多好東西，但從他所得到的東西，可約略看出他在當時的地位。而要在哪裡看到那些東西用於實際生活？就在他畫裡。

為了讓本書所要講述的故事不致枯燥，我要請大家仔細來看畫，說得更精確些，來看看畫中的物品。這方法要有效，大家得暫時放掉某些既有的賞畫習慣，尤其是最常見的習慣——喜歡將畫作視為直接窺探另一時空的窗口。將維梅爾的畫視為十七世紀台夫特社會生活的傳形寫真，乃是迷人的錯覺。繪畫不是像照片那樣卡嚓一聲「攝下」，而是在小心而緩慢的過程中「造出」，而且它所呈現的與其說是客觀真實，不如說是想像中的特定情境來得貼切。這個習慣心態會影響人如何看待畫中的事物。把畫看成窗口，就會把畫中的東西看成二維的細部，而且那些細部若非表明過去不同於我們今日的印象，就是表明過去和我們所知的過去一模一樣——在此，又把畫當成拍下的照片一般。看到一只十七世紀的高腳杯，我們想：那是十七世高腳杯的模樣，長得可真像／真不像（兩者擇一）今日的高腳杯。我們往往不會去思索：高腳杯在那裡做什麼用？誰製造的？來自哪裡？為什麼畫家將它，而不是別的東西——比如茶杯或玻璃罐——放入畫中？

本書鎖定七幅畫來探討，我希望大家定睛細看每一幅作品時，都只思索這些問題。大家還是能享有賞畫的樂趣，但我還希望大家深入畫中，仔細觀察畫中的細部，從中找出該畫繪於何時、何地的跡象。那些跡象大部分是在不知不覺中給畫進裡頭的。我們的任務就是找出那些跡象，以便利用畫作，不只了解畫本身的故事，還了解我們的故事。藝評家詹姆斯・艾爾金斯（James Elkins）說過，繪畫是必須破解的謎，我們覺得必須破解那道謎，以化解我們對自己所置身世界的迷惑，以減輕我們對於自己為何會置身如此世界的不確定感。我使用這七幅荷蘭畫作的用意在此。

如果把那些畫中的東西視為供人開啟的門，而非窗後的道具。那麼我們會發覺自己置身在通道上，循著通道將對十七世紀的面貌有所發現，而那些發現是畫作本身並未認知，畫家自己大概也不知曉的。在那些門後面，有意想不到的走廊和忽隱忽現的偏僻小徑，而我們叫人困惑的現在——其困惑程度絕非我們想像得到，困惑的地方則會叫我們驚訝——與一點也不簡單的過去，則透過那些走廊和小徑得到接合貫通。檢視這些畫中的每樣東西，從中將看到十七世紀台夫特的複雜過去，而如果有一個主題曲折貫穿那複雜的過去，那就是台夫特並不孤立。它存在於一個觸角往外延伸到全球各地的世界中。

我們就從〈台夫特一景〉（*View of Delft*，彩圖一）開始談起。在維梅爾的作品中，這幅畫非常獨特。維梅爾的畫作，大部分以裝飾迷人的室內為場景，而且裝飾的是互不關連的畫家家居生活物品。〈台夫特一景〉則大不相同。它是現今僅存的兩幅維梅爾室外場景畫之一，且是他唯一一幅試圖呈現大空間的作品。在寬闊的建築全景和上方遼闊天空比對下，從物件乃至人，在大小和重要性上面，都相形見絀。但這幅畫絕非空泛的風景畫，而是從緊鄰該鎮南區的郊外高處往北遠眺，視線越過台夫特河港廓爾克（Kolk）所見到的台夫特特殊景致。前景處三角形水面的對岸，奧德台夫特運河注入廓爾克港的河口兩側，分立著斯希丹（Schiedam）、鹿特丹（Rotterdam）兩座城門。城門後面就是城區。陽光照耀下的新教堂尖塔引人注目。畫中可看出尖塔裡沒有鐘，而我們已知塔鐘是在一六六〇年五月開始安設，因此這幅畫的繪製年代，可以斷定就在那之前不久。天際線上可見到其他塔。往左移，我們看見小圓頂聳立在斯希丹城門上方，接著是體型較小的鸊鷉啤酒廠錐狀塔（十六世紀時台夫特是啤酒釀製重鎮）。在錐狀塔的旁邊，舊教堂尖塔的頂部映入眼簾。畫中呈現的是一六六〇年春天的台夫特。

〈戴珍珠耳環的少女〉是維梅爾最富盛名的巨作。

初遊台夫特的三十五年後，我在一次走訪莫里斯宅邸皇家繪畫陳列館時，與這幅畫首次邂逅。我去的時候就預料會看到〈戴珍珠耳環的少女〉（*Girl with a Pearl Earring*，彩圖十四），我也果然見到。我知道館裡還陳列了維梅爾其他的畫作，但不知道是哪些畫，轉進頂樓的角落房間，〈台夫特一景〉赫然呈現眼前。那幅畫比我預期的大，在畫中光影的調節下，畫面比複製畫所見來得教人眼花撩亂，且更為複雜。我根據自己研究十七世紀地圖的心得，試圖認出畫中的建築，突然想到搭火車到台夫特只要十分鐘。如果台夫特如我所猜測仍保有十七世紀風貌的話，何不將維梅爾筆下的景致與真實景觀兩相對照？我衝下樓，到禮品店買了印有該畫的明信片，急忙前往車站。火車出站後才四分鐘，我就回到台夫特。

我能走到維梅爾當初構圖取景的那個地點，但如今立在前景處小公園的圓丘不夠高，無法讓我取得和他一模一樣的視野。維梅爾想必是從二樓窗戶畫下。但只要稍加調整，就能將畫中景象轉謄到現今所見的台夫特上。歲月和城市規畫已毀掉原來景致的大部分。斯希丹、鹿特丹兩城門已不見蹤影，鸚鵡啤酒廠亦然。城牆已換成繁忙的馬路。但是新教堂、舊教堂的尖塔，如同畫作，仍矗立在一樣的位置。眼前所見不是一六六〇年的台夫特，但與〈台夫特一景〉中的美麗景致已夠近似，足以讓我了解自己的所在位置。這時候看那幅畫，第一道門輕鬆開啟，我們見到一如當年從南側所見到的台夫特。有沒有第二道門？有，而且是一連好幾道。

尋找第二道門的所在位置，首先鎖定港口。台夫特位於斯希運河（Schie Canal）畔，以廓爾克港為船隻進出的門戶，而沿斯希運河往南，可到萊茵河岸的斯希丹和鹿特丹。左邊前景處，有艘載客平底船繫泊在碼頭邊。這種馬拉平底船建造成狹長狀，以利通過運河水閘，航行班次固定，是台夫特來往荷蘭南部各城鎮的交通工具。幾個人聚集在平底船附近的碼頭上，由

老彼得‧布魯格爾〈雪中獵人〉圖，開啟了冬景繪畫的風潮。

衣著和舉止研判，他們應坐在平底船後部可容八人的上等客艙，而不會擠在船頭的二十五名次等乘客之間。一絲微風使水面起了漣漪，除此之外，畫面上無一物在動。港口的另外兩側，船隻不是拴住就是已退役。唯一叫人覺得騷動不安的，是參差不齊的建築天際線，以及大片積雲在畫面頂端投下了影子。但整體仍營造出美好天氣下的極致寧靜。廓爾克港周邊還拴了其他船：斯希丹城門下的幾艘小貨船，鹿特丹城門邊的另外四艘載客平底船。但我希望大家注意的，乃是畫面右邊彼此拴在一起的那兩艘寬底船。鹿特丹城門前這段碼頭，乃是台夫特修船廠的所在位置。兩艘船的後桅杆都不見蹤影，前桅杆則遭局部砍掉，顯示它們是在這裡接受改裝或修理。它們是鯡魚船，為捕捉北海鯡魚而建造的三桅船。這又是通往十七世紀的一道門，但需要些許說明才有辦法開啟。

如果說有一個沛然莫之能禦的因素，影響十七世紀歷史最深，那肯定是全球降溫。一五五〇年至一七〇〇年這一百五十年間，全球氣溫下降，雖不是持續不斷的下降，幅度也因地而異，但各地氣溫皆有下降乃是事實。後人將這段降溫時期稱作「小冰期」（Little Ice Age），而在北歐，小冰期第一個真正寒冷的冬天，乃是一五六四至一五六五年間的冬天。一五六五年一月，平民出身的低地國大畫家，老彼得．布魯格爾（Pieter Bruegel the Elder），繪製出他的第一幅冬景畫，描繪雪地上的獵人和在冰上玩耍的人。布魯格爾或許認為自己在畫百年難得一遇的異象，結果不然。接下來幾年，他又畫了幾幅冬景，開啟了冬景繪畫風潮。維梅爾從未畫過滑雪景致，但我們知道他曾在冰天雪地裡出門，因為他在一六六〇年，以八十荷蘭盾的高價，買了一艘裝有台夫帆匠所製船帆的冰上滑艇。他時運不佳，因為接下來兩個冬天，荷蘭的運河都未結冰，然後低溫再度降臨。其他地方氣溫也下降。在中國，一六五四年至一六七六年的嚴霜，凍死數百年結果不斷的橙和橘。此後的歲月，全世界並非總是這麼寒冷，但十七世紀的人是生活在如此的環境下。

寒冬不只意味著要用到冰上滑艇，還意味著植物生長季節變短，土壤較濕，穀物價格上升，疾病增加。春天氣溫只消下降攝氏半度，栽種作物就要延後十天，秋天氣溫若有類似的下降幅度，採收日又要提早十天。在溫帶地區，這有時會帶來大災難。根據某一說法，寒冷天氣會導致另一個嚴重後果——瘟疫。一五七〇年代到一六六〇年代那一百年間，瘟疫肆虐全球各地的人口稠密社會。一五九七至一六六四年間，瘟疫襲擊阿姆斯特丹至少十次，最後一次奪走兩萬四千多條性命。南歐受害更烈。一五七六至一五七七年那場瘟疫，威尼斯死了五萬人（人口的兩成八）。一六三〇至一六三一年的另一場大瘟疫，又奪走四萬六千人（由於人口已減少，致死率相對變高，達三成三）。在中國，一六三〇年代一波酷寒之後，一六四二年爆發毒性特強的疫病，疫病以驚人速度沿大運河傳播，一個個村鎮往往十室九空，使明朝國力大衰，無力鎮壓農民叛亂，從而在一六四四年讓亂民攻陷北京，然後無力抵抗清兵入侵，導致明朝滅亡，開啟統治中國兩百多年的清朝。

寒冷與瘟疫減緩了全球人口的成長率，但如今看來，當時人類似乎正蓄勢待發，準備迎接一七〇〇年左右開始而至今仍方興未艾的人口大爆發。十七世紀前，全球人口就已突破五億大關。十七世紀結束時，人口已超過六億甚多。約翰內斯．維梅爾、卡塔莉娜．博爾涅斯為全球人口成長付出了小小貢獻，但對他們而言可是大不易的成就。他們至少替四名子女送了終，其中三人埋在舊教堂裡的家族墓地。沒有文獻可說明他們的死因，但有人認為，如果是死於瘟疫，應該會提到的。但死去的終究只占少數，因為另外十一個小孩活了下來，長大成人。維梅爾買下冰上滑艇時，他們已生了五或六個小孩；他買冰上滑艇，或許不只供自己玩，也為了讓他們享受冰上馳騁之樂。但維梅爾的子女裡，最終只有四人結婚生子。在許多家庭裡，未能結婚的人被趕出家鄉，前往異地謀生，而維爾梅的子女，或許就有人走上這樣的路。年輕男子成為船員，隨船出海，成為職員和奴隸，為投身新興世界貿易的碼頭、倉庫提供人力；成為軍人，為軍隊補充兵員，保護貿易安全。在海上交通日益熱絡的年代，這類年輕男子也成為海盜，為以掠奪海上船隻為生的海盜船提供新血。

〈台夫特的一景〉中的鯡魚捕撈加工船舶。

在〈台夫特一景〉中，鯡魚捕撈加工船（譯按：ferring bus，讓漁船能在海上用鹽加工處理鯡魚的船，使漁船能在海上待更久，一次出海捕撈更多漁獲），是那段歷史的表徵。北海魚群因全球降溫而南移，造福了荷蘭人。冬天氣溫更低於以往，意味著北極海冰更往南移，導致挪威沿岸海域傳統的鯡漁場，大面積封凍。鯡漁場往南移向波羅的海，從而使該漁場落入荷蘭漁民之手。台夫特城外為何停泊著鯡魚捕撈加工船，原因在此。有位開創氣象史研究的學者甚至主張，荷蘭人在十七世紀上半葉富裕繁榮——維梅爾在其室內場景畫所呈現的繁榮——正是拜這意外降下的天然資源之賜。捕捉、販售鯡魚，讓荷蘭人有資本投注在其他風險事業上，特別是造船和海上貿易上。那兩艘鯡魚捕撈加工船，正是維梅爾為氣候變遷留下的證據。

〈台夫特一景〉還有另一道門，可供我們一窺十七世紀。再看看鸚鵡啤酒廠高塔旁邊的舊教堂尖塔，可看到一道長屋頂，形成一條綿延不斷的線，往西延伸到畫面左側（維梅爾如果把畫面再往左擴大，大概得將位於該城一角，用以從運河取水的大風車畫進去，如此一來，畫面的結構將隨之改變）。早先已有評論家指責，維梅爾為了不讓其他元素破壞畫的整體結構，簡化了天際線。站在廓爾克港的另一頭時，我尋找那道屋頂線。我看到的屋頂與維梅爾筆下的屋頂差異頗大，但儘管自一六六〇年後迭有增建和拆除，我仍能看到他所畫的：一個大型倉庫建築群的屋頂，橫跨從奧德台夫特運河到該城西側護城河的整個街區。我沿著奧德台夫特運河往上游走，查過那建築群的正面，確定那是當年東印度公司大樓（Oost-Indisch Huis）的倉庫。荷屬東印度公司（Verenigde Oostindische Compagnie）台夫特會所（譯按：荷屬東印度公司在六個港口城市分設會所，這是其中之一），台夫特與亞洲之間龐大國際貿易網的中樞，就位在那棟東印度公司大樓裡。

荷蘭東印度公司，簡稱 VOC，其花押字已成為公司商標。

荷屬東印度公司——簡稱VOC——在公司資本主義所扮演的角色，就如同富蘭克林的風箏在電學上所扮演的角色：它的設立對後世影響深遠，但當時人不可能察覺到那股影響。荷屬東印度公司是全世界第一個大型股份公司。諸多貿易公司為爭食繁榮的亞洲貿易大餅而紛紛成立，彼此相互競爭而無法一致對外，荷蘭共和國有鑑於此，於是在一六〇二年強迫它們合併成單一商業組織，荷屬東印度公司由此誕生。官方恩威並濟，以迫使貿易公司不得不加入。荷屬東印度公司掌握貿易壟斷權，凡是未加入該公司的企業，均不得在亞洲做買賣。另一方面，除了上繳不算過分的股利稅，該公司賺多少錢，官方均不干預。商人不情不願的配合這項安排，荷屬東印度公司隨之以六個地區性會所聯合會的姿態誕生。這六個會所分別是出資一半的阿姆斯特丹會所、位在北荷蘭的荷恩（Hoorn）會所、恩克華生（Enkhuizen）會所、位在南荷蘭萊茵河口（澤蘭省）的米德堡（Middleburg）會所、位在荷蘭心臟地帶的鹿特丹會所以及台夫特會所。最初那看來是各方勢力妥協下不可能濟事的產物——各會所掌管各自的資金和營運，同時遵守一致的指導方針和政策——最後卻證明那是卓絕的創新發明。只有像荷蘭共和國這種獨特的聯邦國，才有可能想出集多家公司於一體的公司組織。荷屬東印度公司具有強大力量又不失靈活，使荷蘭在亞洲海上貿易權的爭霸戰中取得極大優勢。

才不過幾十年的光景，荷屬東印度公司就成為十七世紀世界最強大的貿易公司，成為今日主宰全球經濟的大型企業取法的典範。由該公司頭字母組成的花押字，也成為當時最廣為人知的公司商標，甚至可能是世上第一個全球性標誌。這個花押字由該公司名的三個頭字母組成，V（Verenigde）位在中間，O（Oostindische）、C（Compagnie）各與V的一根觸角交疊。每個會所可在這花押字的上方或下方加上自己城市的第一個字母。台夫特（Delft）會所將它的頭字母D蓋在V字下方的尖點上，形成它專屬的花押字。如今，在舊台夫特運河西側，前台夫特會所辦公處所的立面上，仍可見到荷屬東印度公司的花押字。該會所於一六三一年取得該棟建築。此後，又加建了幾棟建築，每個新建築上都飾有花押字。如今，該會所那幾棟建築早已轉為私人寓所——荷屬東印度公司在一七九〇年代破產，一八〇〇年遭解散——但建築上仍保有標誌，提醒世人那段歷史。荷蘭人家喻戶曉的這個標誌，使得荷屬東印度公司這家停業已久的公司，就算在今日，仍活在低地國人民的心中。

在十七世紀的台夫特，大概不會有人不知道台夫特會所位在哪裡。荷屬東印度公司對台夫特經濟太重要，台夫特會所的位置必然是當地人所周知。如果他們之中有哪個人和我一起站在碼頭的另一邊，面對奧德台夫特運河從卡佩爾斯橋（Capels Bridge）底下流過斯希丹、鹿特丹兩座城門之間，注入廓爾克港，他們大概仍能輕易指出荷屬東印度公司倉庫和辦公建築群的紅瓦屋頂，也大概會轉身面南，朝代爾夫斯港（Delfshaven）、斯希丹、鹿特丹——台夫特鎮位於萊茵河口的諸海港——的方向，指向運河的另一頭。台夫特這段地區是該鎮的商業門面，該鎮居民就從這地區與外界貿易往來。話說回來，一旦注意到荷屬東印度公司的存在，〈台夫特一景〉這幅畫就讓人覺得它不只是裝飾用，它在題材的選擇上並不是那麼隨意，反倒是別有用意。

畫中雖可見到荷屬東印度公司的建築，但沒有證據顯示維梅爾本人和畫中這棟建築有直接關係。荷屬東印度公司創立的頭幾年，他祖父針對該公司股票進行投機買賣，弄到幾乎破產，此後，他家就和該公司沒有任何關係。但在台夫特，沒有哪戶人家能真正避開荷屬東印度公司。維梅爾的父親雷尼耶・佛斯（Reynier Vos，雷尼耶出生時，他家族尚未採用維梅爾這個姓）是個藝術品販子和客棧老闆，他或許未替該公司工作，但他的生意有賴途經台夫特的客人上門，而那些客人大部分是為該公司公務而來。畫家也很可能置身荷屬東印度公司的勢力圈。例如，在阿姆斯特丹，林布蘭替該公司的董事畫肖像，收入甚豐。但就目前所知，維梅爾未受機關或個人委託作畫。台夫特或許在荷屬東印度公司的勢力範圍裡，但維梅爾從未成為荷屬東印度公司的畫家。

維梅爾從未替荷屬東印度公司效力，但有數萬荷蘭人這麼做。荷蘭有一批歷史學家估計，該公司營運頭十年——幾乎和十七世紀頭十年重疊——有八千五百名男子搭該公司的船離開尼德蘭。接下來的每個十年，數目有增無減。到了一六五〇年代時，每十年出國的人數已超過四萬。一五九五至一七九五年這兩百年間，有將近百萬人從荷蘭走海路前往亞洲，其中大部分是寧可在東印度公司覓得工作，也不願待在擁擠的家裡，靠有限的祖產過活的年輕男子。他們希望到外地打拼，改善生活，而亞洲就代表他們的希望。維梅爾的親戚裡，至少有三人搭荷屬東印度公司的船出去闖天下。根據維梅爾叔伯迪爾克・范德敏內（Dirck van der Minne）的遺囑，他於一六五七年去世時，有個叫克拉斯的

荷蘭畫家林布蘭的自畫像。

兒子，也就是維梅爾的堂兄弟，「在東印度當外科醫生」，他長女的兩個兒子，也就是克拉斯的兩個外甥，阿爾揚．格里松．范薩南、迪爾克．格里松．范薩南，「兩人都在東印度」。

這近百萬人並非全經過台夫特前往東方，但有數萬人是如此。他們從這裡順運河而下，前往萊茵河口的鹿特丹，再前往東方。維梅爾小時候大概在父親的客棧裡碰過這樣的人，聽過要前往東方的客人大談自己將遠行冒險，也聽過回來的人吹噓自己的種種冒險事蹟。旅程不必然是有去有回的。事實上，一去不返的機率更高。每三個搭船前往亞洲的人中，有兩個沒回來。有些人死在途中，更多人抵達之後，因不具免疫力而死於疾病。但死亡並非是一去不返的唯一因素。許多人選擇留在亞洲，其中有些人為逃避衣錦榮歸後的金錢代價，或者不願面對落魄返鄉的恥辱，有些人能夠在落腳的地方安身立命，無意回到早已拋卻的家鄉。為荷屬東印度公司遠赴異地的人，死亡率甚高，儘管如此，該公司業務蒸蒸日上，尼德蘭亦國力大增。

1620 年就指出羅盤、紙、火藥改變了世界的培根。

歐洲人能夠開展並維持全球規模的商業活動，很大一部分得歸功於伴隨海上貿易而來的新科技。英格蘭博學之士培根（Francis Bacon），一六二〇年時選出三個特別值得注意的「機械方面的發現」，在他眼中，那三個發現已「改變了舉世萬物的面貌和狀態」。其中一個發現是磁羅盤，使導航員能在茫茫不見陸地的大海上航行時，依然能大略掌握自己的所在位置。另一個發現是紙，讓商人得以記錄從事多重交易所需掌握的詳細資料，得以滿足長距離貿易的頻繁書信往來需求。第三個發現是火藥。要是沒有武器製造者在十六、十七世紀促成投射科技的突飛猛進，赴海外經商的歐洲人，大概很難讓在地人束手接受他們根本不需要的貿易安排，如此一來將難以保住貿易的成果。荷屬東印度公司善用這三項創新發明，打造出從歐洲橫跨到東亞的貿易網。培根斷言，「任何帝國、任何派系、任何星宿，對人世的支配和影響，似乎都還不如這三項發明。」

培根不知這三項發明全來自中國，指出它們源自何處「隱晦難明」。若有人告訴他那是中國的發明，他大概也不會覺得驚訝。十三世紀後半葉曾在元朝朝中任職的馬可波羅，返回歐洲後寫下《遊記》（*Travels*），以生花妙筆描述他的東遊見聞。拜他的精彩描述之賜，在培根的時代，中國已是大眾心中極盡憧憬幻想之地。歐洲人認為那是個無比富強的國度，許多人進而認為，通往中國的最迅捷路徑，必定也是取得財富、權力的最便捷路徑，於是歐洲人前仆

馬可波羅的《遊記》引爆中國熱。

後繼尋找通往中國之路，那股熱情大大影響了十七世紀的歷史進程——不只影響了歐洲和中國，也影響了歐洲和中國之間的大部分地方。這就是為什麼本書每個故事後面，即使是那些乍看之下似乎和中國毫無關係的故事後面，都藏有中國因素的緣故。中國富裕的魅力籠罩了十七世紀的世界。

十七世紀爆發的大遷徙，濫觴自十六世紀時就已開始左右歐洲人抉擇的中國熱。十六世紀是個發現的世紀與相遇之後暴力衝突的世紀，是個發橫財與犯錯的世紀，是個穿越邊界與封閉邊界的世紀，由此創造出一個往四面八方蔓延的關係網。十七世紀則與此不同。初次相遇漸漸變成持續的交往；憑運氣的交易變成制度化的定期貿易；比手劃腳的交談，換成混雜不同語言而成的方言和名副其實的溝通。這些改變的背後有一個共同因素所促成，那就是流動。在此之前的人類史上，從來沒有這麼多人，從來沒有這麼多人從事這麼長距離的遷徙，而且離開故鄉在異地待這麼久的時間。從來沒有這麼多人，與操持陌生語言、陌生文化的人交易。在這同時，學新語言、適應陌生風俗的人也多於以往。大體上來講，初次接觸已結束。十七世紀是第二次接觸的世紀。

第二次接觸開始後，促成相遇的力量有了改變。互動時間變長，互動變得更可能在第一次之後還有第二次。但這些改變所帶來的效應，也不是簡單到能夠預知或了解。有時它們促成日常習慣行為徹底改頭換面，也就是古巴作家奧蒂斯（Fernando Ortiz）所謂的「文化移轉」（transculturation，譯按：不同文化相遇時，一個文化為了自己的需要而改造其他文化、將其據為己用的過程）。有時它們招來反抗、暴力、自我認同消失。在十七世紀，大部分第二次接觸所產生的效應介於這兩個極端之間，也就是透過相互影響的過程促成選擇性調適。不是徹底改頭換面或殊死衝突，而是協商與襲取；不是勝與敗，而是取與予；不是文化的改頭換面，而是不同文化間的互動。那是人得調整自己行為與觀念，以化解他們所碰上的文化差異，以轉移未預料到之威脅，以謹慎回應同樣未預料到之機會的時代。那不是執行宏大計畫的時代，而是隨機應變的時代。發現的時代已大體告終，帝國主義的時代尚未到來。十七世紀是隨機應變的時代。

這股隨機應變的時代精神，所促成的改變幽微而深刻。再拿前面提過的畫家董其昌來說。出身上海的董其昌是見到歐洲版畫的第一代中國人。耶穌會傳教士帶了一些版畫到中國，欲透過視覺藝術形式傳達教義，協助皈依者揣想耶穌的生平。就董其昌的繪畫生涯來說，一五九七年代表了畫風上的一大轉變，而那個轉變為近代中國藝術的誕生奠定基礎。有人主張，歐洲版畫裡的視覺藝術手法，可能促使他轉向這新風格。或者再拿我們那位台夫特出身的畫家來說。維梅爾是見到中國繪畫的第一代荷蘭畫家，而他所見的中國繪畫，絕少畫在絹或紙上，大多畫在瓷器上。有人主張，他之所以使用「台夫特藍」，他

「台夫特藍」受明朝青花瓷器的影響很大。

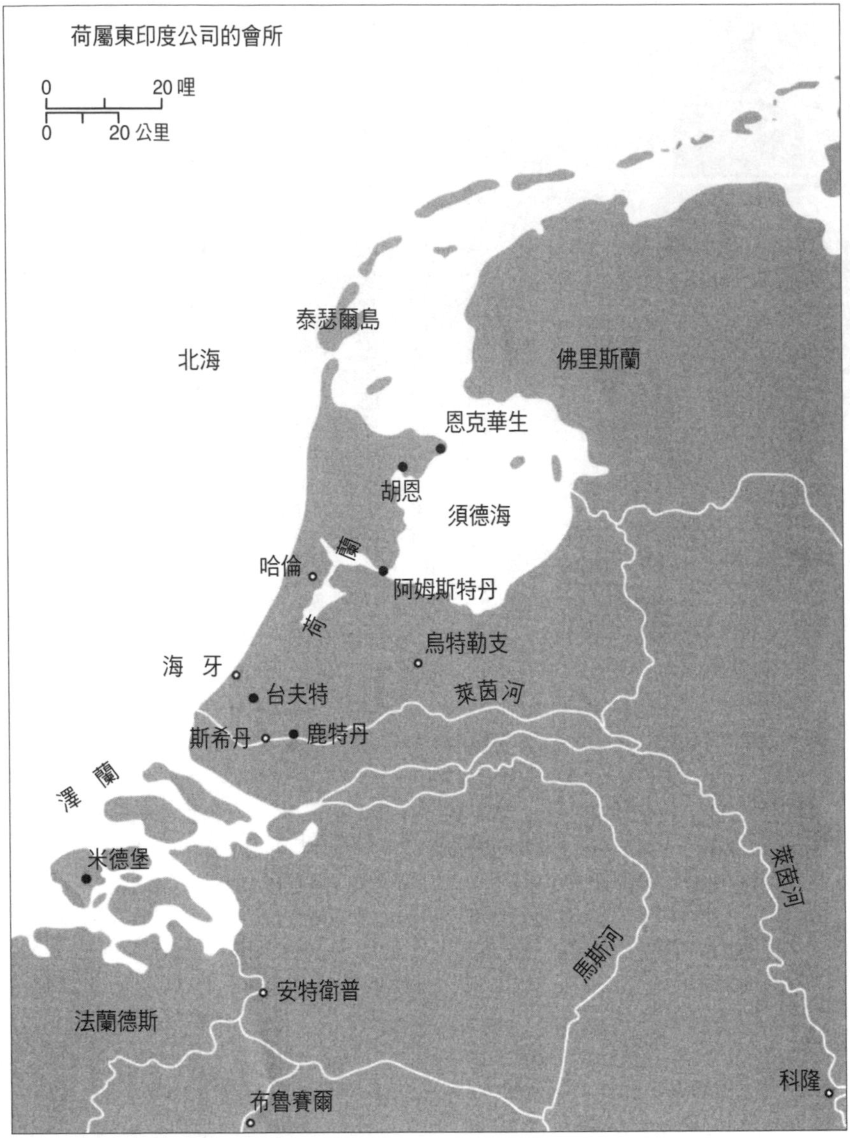
荷屬東印度公司的會所
0
20哩
0
20公里
泰瑟爾島
北海
佛里斯蘭
恩克華生
胡恩
須德海
荷
蘭
哈倫
阿姆斯特丹
烏特勒支
海　牙
台夫特
萊茵河
斯希丹
鹿特丹
澤
蘭
米德堡
萊茵河
馬斯河
安特衛普
法蘭德斯
科隆
布魯賽爾

低地國，約一六五〇年

之所以偏愛以黃白色背景突顯藍色材料，他之所以喜愛用變形透視法和放大的前景（〈台夫特一景〉就用到這兩者），他之所以願意讓背景留白，在在透露了來自中國的影響。今人對維梅爾所知甚少，對僅有的一點已知部分已研究透徹，不大可能再找到證據證明這項說法是真是假。這只是為了點出中國的影響，而且是若再早一個世代大概不可能出現的影響。透露這種文化間相互影響的蛛絲馬跡，細微到幾乎察覺不到，而走回十七世紀時，我們該期盼看到的，就是那些蛛絲馬跡。

從這個角度來看，我們將檢視以從中找出十七世紀蛛絲馬跡的那些畫作，或許就不該只被視為讓我們能跨進過去、重新發現過去的門，而且還應視之為鏡子，讓我們能從中看到創造出過去與現在的諸多因果。佛教使用類似的意象來描述世間所有現象的相互關連，稱作因陀羅網。因陀羅創造世界時，把世界造成網狀，網子的每個打結處繫上一顆寶珠。現存或一直存在未滅的所有東西，想得出的所有想法，每個真實無誤的資料——套句佛家用語，「萬法」——都是因陀羅網上的一顆寶珠。不只每顆寶珠透過那張網而與其他所有寶珠相連，而且每顆寶珠的表面都映出網上其他所有寶珠。因陀羅網上的每樣東西，都暗暗表示了網上的其他所有東西。

維梅爾若是聽到這項隱喻，大概也會大為激賞。他喜歡把曲面放進畫中，利用曲面反映周遭所有東西。玻璃球體、銅質器皿、珍珠——就像他作畫時很可能倚賴到的透鏡——適於用來顯露眼前所見事物背後的真實。在維梅爾的畫作中，有八幅都畫了戴珍珠耳環的女子，而且維梅爾在那些珍珠上畫了隱約可見的形狀和輪廓，暗示她們所處空間的結構。其中最搶眼的珍珠，莫過於〈戴珍珠耳環的少女〉裡那顆珍珠。那顆珍珠非常之大，大到很可能根本不是珍珠，而是上了清漆、使其呈現珍珠光澤的淚珠狀玻璃墜子。珍珠的表面映照出少女的衣領、頭巾、讓光從左邊照在她身上的窗子，隱約映出她所坐的房間[2]。仔細觀察維梅爾筆下的一顆珍珠，他蒼白的畫室赫然浮上眼前。

這一無限交錯反映的現象，顯然呼應了十七世紀人類最偉大的發現：世界宛如一顆珍珠，乃是懸浮於空中的球體。新世界觀降臨，認為世界乃是連續不斷的平面，在其之上，沒有無法到達的地方，任何地方都暗含了其他地方的影子，世界是所有事物共同擁有的，現在沒有一件事不是世界的一份子，沒有什麼其他的世界了。這樣的世界觀教十七世紀的人大為苦惱。同樣叫他們苦惱的，乃是他們居住在永遠騷動不安的現實世界，在那樣的世界裡，人不斷在動，東西可能跨過半個地球，以便一處的買家能買到另一處製造者所製造的東西。這些苦惱迫使他們以全新而陌生的方式思考自己的人生。對某些人而言，例如中國第一部科技百科全書《天工開物》（一六三

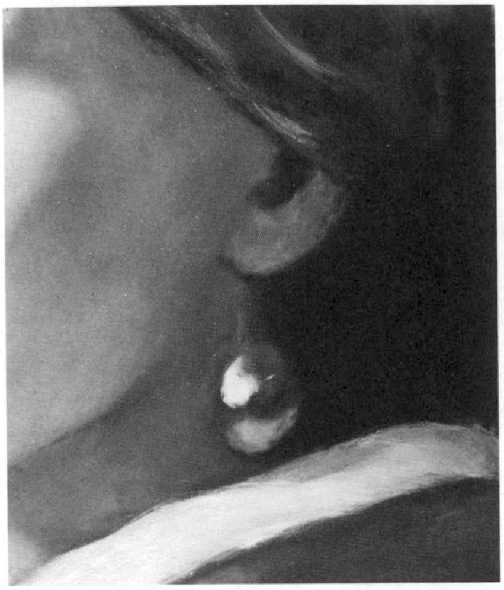

呈現珍珠光澤的淚珠狀玻璃墜子讓維梅爾的畫室浮現眼前。

七年）的作者宋應星，這一流動現象正象徵著生活在更開放、更美好的年代。「滇南車馬，縱貫遼陽嶺徼，」宋應星在《天工開物》的序裡慷慨陳詞，「宦商衡遊薊北，為方萬里中，何事何物不可見見聞聞？若為士而生東晉之初、南宋之季，其視燕、秦、晉、豫方物，已成夷產，從互市而得裘帽，何肅慎之失也。」

對其他人而言，這新興的全球性流動現象，不只重新界定了他們的世界觀，還拓展了他們的眼界，開啟了數十年前不可能出現的機會。不管宋應星認知到有個更廣闊的新世界存在之後，心中多麼雀躍，他終究只能窩在中國內陸，憑想像神遊世界大地，以此度過一生——他的生活天地離海太遠，終其一生大概連海都沒見過，更別提航行其上。但宋應星這位中國百科全書編纂者若有同輩荷蘭人那樣的機會，大有可能成為威廉·科內利斯·舒騰（Willem Cornelisz Schouten）那樣的人。舒騰來自荷蘭的胡恩港，這是許多荷蘭第一代航海船長的故鄉。他首先於一六一五至一六一七年環航地球一圈，然後在一六二〇年代隨荷屬東印度公司人員重返亞洲水域。但一六二五年，船隻返鄉，經歷穿越印

宋應星的《天工開物》是中國第一部科技百科全書。

度洋的漫長旅程，正要抵達馬達加斯加島東岸的安東吉爾灣（Antongil Bay）之際，舒滕不幸身亡，下葬在該島，死因未有記載。有一首紀念他的詩，不知出自何人之手，稱頌舒滕體現了時代精神。

在我們這西方世界，他出生、長大的所在，
勇敢的舒滕無法停下腳步；他最深處的火熱靈魂
催促他追尋再追尋，遠行，奮力向前。

這位詩人大可以哀嘆勇敢的舒滕客死異鄉，無緣回歸故鄉胡恩，但他並沒有如此，反倒頌揚這位水手之死是一大成就，是他所選擇環遊全球生涯的巔峰。

安然走過無數漫遊之後，他躺在自己所希望的世界裡，
正可謂死得其所。啊，偉大且奮進的人
長眠在幸福的平和之中！

對舒滕而言，十七世紀死在海外，並不是客死異鄉，反倒是永遠安居在他所想望的世界。若他待不住馬達加斯加，他最後的唯一歸宿也不是胡恩，而是天堂。

……但若是他的靈魂不願
永遠困居狹促的安東吉爾，
（一如塵世裡你大無畏的選擇了
東、西海洋間未知的水道，
腳程快於太陽，超前一晝一夜），
你往上飛昇，這次凌駕太陽的高度
然後在上帝所居的天堂，找到希望和永遠的安息。

在東西方，十七世紀最狂熱的追求，乃是航過「東西海洋間未知的水道」；透過旅行、接觸、新知識，縮減原本無可彌合的距離；人們離開故鄉，尋找自己想望的世界。那是十七世紀人心中的激情。偉大且奮進之人狂熱的追求，他們製造出的失序、混亂，並非叫每個人都興奮莫名。一六〇九年一名中國官員抱怨，這場旋風般的巨變，其最終的結果，就只是「富者愈富，窮者愈窮。」就連舒滕躺在吊床上，慢慢嚥下最後一口氣時，都可能懷疑辛苦這一生是否值得。但有相當多的人被拉進變動的漩渦，進而相信自己的腳步也可以比太陽還快。他們的世界——正快速變成我們世界的世界——將永遠改觀。因而，像維梅爾這種一輩子守在故鄉的藝術家，卻能夠瞥見這改變的身影，也就不足為奇了。

## 注釋

1 明朝建於一三六八年，一六四四年叛軍攻陷北京，迫使明思宗崇禎皇帝自殺，隨後，滿人入關，將叛軍逐出北京，明朝滅亡。滿清王朝維持到一九一一年。

2 當時的歐洲人喜愛既大又圓的珍珠，而這顆珍珠雖然大，但是不圓。中國人欣賞大顆珍珠——上等珍珠直徑至少得有三．七五公分——但除了大之外，按照中國的珍珠鑑賞規則，還得「一邊稍扁，猶如倒蓋鍋子。」這種品質的珍珠叫作「墜珠」，只供用於耳飾。

# 2 維梅爾的帽子

Vermeer's Hat

歐洲上流社會流行的毛氈帽，其原料來自加拿大海狸毛皮。背後竟然牽涉到加拿大原住民休倫族人的滅亡。

維梅爾想必有幾頂帽子。雖然沒有文獻提及，但是維梅爾那一代有他那種身分地位的荷蘭人出現在公開場合，絕不會光著一顆頭的。看看〈台夫特一景〉前景處的人，不管是男是女，人人都戴著帽子或包著頭巾。窮漢湊和著戴的寬邊帽名叫 klapmuts，較有錢的男子為了向人炫耀，戴上〈軍官與面帶笑容的女子〉（*Officer and Laughing Girl*，彩圖二）中的那種帽子。看到那位軍官在屋裡還戴著他那頂時髦的大帽子，根本不必大驚小怪。維梅爾筆下只有正在工作的男子沒戴帽子：音樂老師或科學家。追求女性的男人，絕對戴著帽子上場。男人進屋或向女人致意時要脫帽的習俗（今日已少有人記得的習俗），在當時還沒有。只有在君王面前，溫文有禮的歐洲男子才會脫下帽子，然而荷蘭人自豪毋須向任何君王鞠躬致意，鄙視那些奉行這規矩的人，因此荷蘭人時時戴著帽子。維梅爾在兩幅畫中將自己畫進畫裡，而那兩幅畫裡，他都戴著帽子。在〈老鴇〉（*The Procuress*，彩圖十）中，他屈居樂師這個小角色，戴著幾乎垂到一邊肩膀的華麗貝雷帽（譯按：扁圓的無簷帽）。十年後，在〈畫藝〉（*The Art of Painting*，彩圖十五）中，他戴了更小得多的黑色貝雷帽，而即使在那時候，那都是這位藝術家有別於他人的獨特標記。

維梅爾還有其他社會角色要扮演，因此需要符合那些角色身分的服裝。他在台夫特民兵組織裡當「射手」，享受這職務帶來紳士般的身分地位，但沒有證據顯示他懂得如何使用火槍。維梅爾死後，妻子卡塔莉娜．博爾涅斯擬出他身後財產清單，以作為她申請破產的依據，清單中有一柄長矛，胸鎧、頭盔各一具，但沒有槍和軍服。從當時描繪著軍服荷蘭紳士的許多肖像

〈畫藝〉中的畫家正是維梅爾本人，他戴的是黑色貝雷帽。

畫來看，他需要一頂和〈軍官與面帶笑容的女子〉中那位軍官所戴一模一樣的氣派毛氈帽。若戴貝雷帽，會被人視為輕慢，而鐵頭盔戴起來不舒服，只有作戰時才穿。身為民兵，代表擁有特定的社會地位，而且必須穿著得體，以免有失身分，因此，維梅爾想必擁有一頂像〈軍官與面帶笑容的女子〉中所見的那種帽子。

我們所不知道的乃是他是否曾擁有那樣的帽子。死後財產清單裡沒有那頂帽子的蛛絲馬跡，但那種帽子很值錢，而卡塔莉娜又急缺錢用，因此在維梅爾死後到她提出破產保護這兩個半月間，卡塔莉娜很有可能已將它賣掉。我們能確知的是他家族裡有位製帽匠。維梅爾的叔伯迪爾克・范德敏內是個毛氈製造商兼製帽匠，一六五七年死時有一個兒子、兩個外孫人在東印度公司。或許迪爾克做了幾頂帽子給侄子維梅爾，或許〈軍官與面帶笑容的女子〉中的那頂帽子就是其中之一。

那頂帽子將會是我們在這幅畫中所要開啟的門，但我們在此先花點時間想一想這幅畫作本身。我們看到什麼？一身鮮紅外衣、打扮炫麗、身形超乎正常比例（維梅爾所愛用的視覺變形手法效果）的軍官，在向美麗的年輕女子（我猜是以卡塔莉娜為模特兒畫成）示愛。畫中場景或許看似在表現非常個別的行為，但其實不折不扣展現了他作此畫那個時代的社會風氣，因為它以當時近乎稀鬆平常的場景，呈現了一六五〇年代末講究儀禮的荷蘭社會裡，年輕男女追求異性時奉行的新規則。

再早個幾十年，軍官沒有機會和更高地位的女性如此對坐調情。社會風氣不允許追求者和被追求者私下相會。維梅爾在世時，追求異性的規矩改變，至少在荷蘭城市地區如此。謙恭有禮取代戰場上的英勇廝殺，成為贏得女人芳心的法門。浪漫愛情取代金錢，成為贏得愛意的憑藉，演出兩性之間的緊繃態勢改在家中上演。男女仍為獲致性和終身伴侶而商談——這正是那位軍官和面帶笑容的女子正在做的——但這時商談化身為調情，而非討價還價，商談的目的是結婚，以及一棟配有鉛框窗子和昂貴家具的堅固磚屋，而非床上一小時的歡愉。

資產階級生活的新象徵擠掉了老舊的金錢象徵，禮貌取代了喧鬧，男女的互動變得更拘謹，更輕盈而高雅。因此，描繪調情場景的畫家，不再像十七世紀先前那樣，以熱鬧的妓院為背景，他們開始把調情男女放在家屋之內。維梅爾在世的年代，正是兩性關係轉變的高峰，以及隨之衍生出來的繪畫傳統手法的高峰。〈軍官與面帶笑容的女子〉顯示他理解了這項轉變的結果。

為漫長獨立戰爭上過戰場的荷蘭士兵，可能曾視女人為戰利品而恣意掠奪，但那樣的時代當時已結束。維梅爾為何在這對交談男女後面的房間後牆上，掛上〈荷蘭全境和西佛里斯蘭的新精確地形圖〉（*The New and Accurate Topography of All Holland and West Friesland*），原因或許在此。那份地圖來自一六〇九年停戰前承製的一份宣傳品，其目的在頌揚荷蘭人追求獨立的奮鬥精神，但此時早已是陳年往事[1]。軍官不再扮演那樣的戰場角色，他們擁有的權威和尊敬也大不如前。維梅爾顛倒地圖上的設色，把土地畫成藍的，水畫成褐的，或許暗喻軍人地位的逆轉。陸地和海易位；軍人和平民的相對關係在不同的社會秩序裡也改變了。男女的相對關係，可能也有了改變，因為畫中的軍官雖然神氣活現，但擺出懇求姿態的是他，而這場婚姻的決定權在女方。維梅爾在世時，荷蘭社會正經歷大規模的變遷——從軍事社會過渡為平民社會，從君王制過渡為共和制，從天主教過渡為喀爾文教派，從商行過渡為公司，從帝國過渡為國家，從戰爭過渡向貿易——而上述反轉現象，正是那大變遷的一部分。

但是在這幅畫中，我們所走進的門不是那張地圖，而是那頂帽子，因為在那扇門的另一邊，有著通往更廣闊天地的通道。走到通道盡頭，我們會來到一六〇九年七月三十日早上尚普蘭湖（Lake Champlain）邊，今日叫克朗波因特（Crown Point）鎮的地方。

「他們望著我，我望著他們，」撒繆爾・尚普蘭（Samuel Champlain）回憶他雙手拿著火繩槍，走出原住民盟軍隊伍那一刻，如此寫道。尚普蘭是聖羅倫斯河（St. Lawrence）地區法國傳教團的團長，一心想踏查五大湖區，找到通往太平洋的西北通道。這時，在他的前方，數十名身穿木盔甲的莫霍克族戰士擺出了戰鬥隊形。三名酋長站在最前頭。他們一看到尚普蘭就定住不動，然後開始往前。尚普蘭寫道，他們一舉起弓，「我立即端起火繩槍，直直瞄準其中一個酋長。」木板條製的盔甲，抵不住槍彈。「一個擊發，就有兩個倒地，一個受傷，稍後不久那傷者傷重不治。」

尚普蘭火繩槍的彈膛裡有四顆鉛丸。在三十公尺的距離下，四顆彈丸出去，可能一個目標都打不中，但不知為什麼，竟有三發命中。那三個莫霍克族酋長倒地，兩個當場死亡，酋長身後的戰士嚇得呆住，尚普蘭身後則響起歡呼聲。他的盟軍歡呼聲「大到若是打雷都聽不到。」

一六〇九年，在尚普蘭湖岸邊，撒繆爾．尚普蘭朝莫霍克族戰士開槍。取自撒繆爾．尚普蘭所寫的《尚普蘭先生航行遊紀》（Les Voyages du Sieur de Champlain）。

尚普蘭得花整整一分鐘替火繩槍重新裝填彈藥，敵軍若是在這時反擊，他只能任人宰割，因此這番混亂來得正是時候。莫霍克族戰士還沒來得及回神，尚普蘭事先安排在樹林裡的兩名法國火繩槍手之一，從樹林裡朝莫霍克族側翼開了槍。據尚普蘭所寫，這一槍「再度嚇壞他們。見到酋長已死，他們無心再戰，開始逃跑。他們拋棄田地和要塞，逃進森林深處。」

尚普蘭的原住民盟軍跟進攻擊。齊發的箭掠過他頭頂上方，射中一部分敵軍弓箭手，給了他重新裝填彈藥所需的掩護。他朝敗退的莫霍克族戰士背後再度開槍，又殺掉幾個。這場戰役從開打到結束只有幾分鐘而已。尚普蘭的盟軍割下十幾個莫霍克族戰士屍體的頭皮作為勝利信物，以便帶回村子，而回到村子時，會有女人朝他們的獨木舟游來迎接他們，並接下頭皮掛在脖子上。他們還抓了十幾個莫霍克人北返，以填補村子裡日益短少的壯丁。部落間的殺伐，正使交戰雙方年輕男子愈來愈少。尚普蘭的原住民盟軍有一些受了傷，但要不了命。這場戰役的結果是一面倒，一方死亡、敗逃，另一方則中了些箭傷。尚普蘭一方大獲全勝。

那天早上所發生的事，乃是白人、印第安人關係史上的轉捩點之一——白人、印第安人混血的加拿大籍歷史學家奧莉芙・狄卡松（Olive Dickason），更說那是白、印關係史上唯一的轉捩點。從此，印第安文化和生活方式慢慢走上毀滅之路，而不管是戰勝的印第安一方，還是戰敗的印第安一方，這個傷害至今都未平復。這一切究竟是如何發生的？

撒繆爾・尚普蘭是入侵北美大陸的第一波歐洲人之一。一六〇三年，他以法國考察隊一員的身分，初次溯聖羅倫斯河而上，進入五大湖區——他稱之為加拿大的地區——以尋找貿易夥伴。那次航行他所遇見的最重要人物是酋長阿納達畢朱（Anadabijou），阿納達畢朱統領法國人稱之為蒙塔涅（Montagnai）的部族[2]。當時有五千蒙塔涅人住在聖羅倫斯河北岸，薩格奈河（Saguenay River）匯入聖羅倫斯河處的塔杜薩克（Tadoussac）一帶。法國人來到此地之前，薩格奈河就是重要的貿易路線，但法國人引進大量製造品，特別是鐵器，使原住民毛皮與銅的貿易量跟著提高——毛皮與銅的產地最遠及於哈德遜灣。掌握塔杜薩克，使阿納達畢朱和蒙塔涅人得以享有富足生活，但也使他們成為其他急欲掌控該貿易的部族——特別是莫霍克族——攻擊的標的。阿納達畢朱以盛宴隆儀接待尚普蘭；他需要援引法國人為助力，一如法國

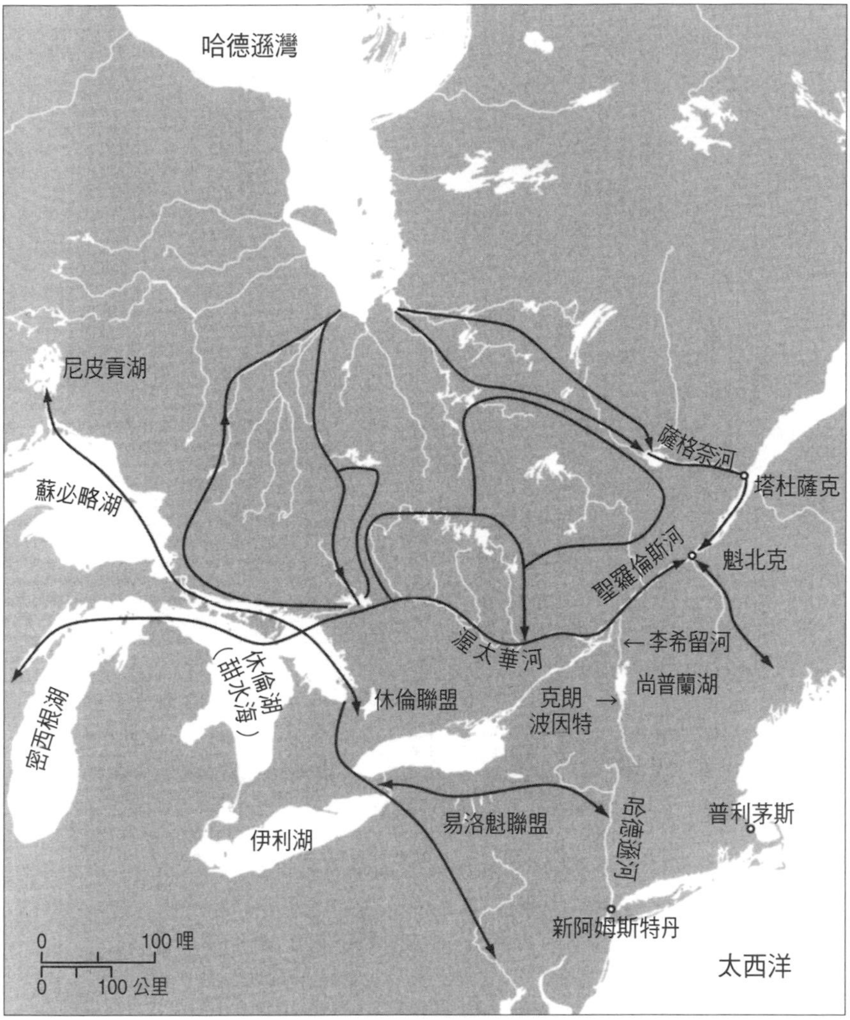
哈德遜灣
尼皮貢湖
蘇必略湖
薩格奈河
塔杜薩克
聖羅倫斯河
魁北克
渥太華河
←李希留河
尚普蘭湖
休倫湖
（甜水海）
休倫聯盟
克朗
波因特
密西根湖
易洛魁聯盟
哈德遜河
普利茅斯
伊利湖
新阿姆斯特丹
0
100 哩
0
100 公里
太西洋
五大湖區貿易路線

人需要援引他為助力。

尚普蘭知道，沒有蒙塔涅人的支持，法國人捱不過一個冬天，更別提要打進既有的貿易網。但尚普蘭也理解到，讓阿納達畢朱掌控他的貿易通路，他的利潤就少。他必須跳過蒙塔涅人，將觸角往聖羅倫斯河上游伸去，更接近海狸棲息地。因此他才會在一六〇九年，在尚普蘭湖邊和莫霍克人交火。他需要內陸地區的盟友，好帶他往更上游走，而獲致盟友的最穩當辦法，就是和他們並肩作戰。貿易所得可以支付他考察的開銷，但貿易要能成，有賴信任，而作戰將助他贏得那份信任。接下來的三十年裡，尚普蘭陸續和好幾個印第安部族——也就是他所謂的「邦」——結盟，蒙塔涅人則是他第一個結交的盟友，但在一六〇八年時，他已準備繞過阿納達畢朱，把法國基地搬到更上游處魁北克的狹谷。不過他仍然與蒙塔涅人交易，並且在隔年溯河而上，前往尚普蘭湖時，只搭乘他們的獨木舟，小心翼翼維持對蒙塔涅人的尊重。

那年夏天，尚普蘭在魁北克與伊洛凱特（Iroquet）的兒子結盟。伊洛凱特是阿爾貢昆族（Algonquin）的酋長[3]，急於想拓展取得歐洲商品的管道。他還想與法國人結盟，因為阿爾貢昆人比蒙塔涅人更易遭受莫霍克人的夏季劫掠。尚普蘭向他兒子保證，隔年六月他會再來，和伊洛凱特的戰士一起襲擊莫霍克人。在蒙塔涅人、阿爾貢昆人之後，第三個部族——休倫人（Huron）——加入他的陣營[4]。組成休倫聯盟的四個部落，住在安大略湖——這是溯聖羅倫斯河而上第一個碰到的五大湖——北岸的林地裡，分布為大約二十四個大聚落。他們的語言屬於易洛魁語系，而非阿爾貢昆語系，但他們與阿爾貢昆人結盟，而非與安大略湖南岸的易洛魁人

（Iroquois）。尚普蘭還未進入休倫人地盤，休倫人就已經知道他這號人物。其中一個休倫部落的酋長奧夏斯特甘（Ochasteguin）與伊洛凱特是盟友，一六〇九年，他透過伊洛凱特認識尚普蘭。奧夏斯特甘跟伊洛凱特一樣，都希望打開貿易之門，但也希望在與易洛魁聯盟的長久戰爭中得到外力之助。

易洛魁聯盟由五個部族於十六世紀時組成，莫霍克人位居最東，掌控安大略湖南岸整個森林地區。莫霍克人被稱為易洛魁聯盟的東部大門，被委以保衛該聯盟東翼的重任，從而使他們在聯盟五個部族裡最先接觸到歐洲人。莫霍克人渴求歐洲的商品，特別是斧頭，為了取得歐洲貨，每年闖進聖羅倫斯河谷洗劫一次。尚普蘭拿莫霍克人與休倫人相比，稱莫霍克人是「壞易洛魁人」，休倫人則是「好易洛魁人」（因休倫人所操語言屬於易洛魁語系）[5]。莫霍克人的威脅使休倫人、阿爾貢昆人、蒙塔涅人恢復本已停擺的結盟關係，以為因應。最初他們不確定法國盟友有多可靠，而且懷疑法國人只是來做買賣，打仗的興致可能不大。伊洛凱特和奧夏斯特甘雙雙向尚普蘭私下透露，一六〇八年那個嚴冬期間，謠傳法國人是商人，沒興趣打仗。

尚普蘭質疑這項謠言，信誓旦旦說絕無此事。「除了打仗，我別無意圖；因為我們所有的，就只有武器，而非用來以物易物的貨物，」他們第一次會面時，他如此宣示。「我唯一的念頭，就是實踐向你們許過的諾言。」他甚至反過來質疑他們。「要是我聽到中傷你們的謠言，我會把那些造謠中傷者，當成比你們的敵人還更不可饒恕的敵人。」伊洛凱特和奧夏斯特甘和顏回答，他們從沒相信謠言，甚至連聽都不去聽。每個人都知道，他們口中的造謠者是蒙塔涅人，蒙塔涅人不願失去獨攬法國貨物的特權地位，但為了更大的目標——攻擊莫霍克人——他們放下猜忌，一致對外。多部族組成的聯軍在六月二十日出發。

部分人脫隊，帶妻子和貨物回到休倫尼亞地區（Huronia），之後，這支作戰隊伍由二十四艘獨木舟組成，每艘乘載三人。法國人搭乘他們所帶來的斜桁橫帆雙桅船——可坐十名划槳手加一人掌舵的河船——但尚普蘭較喜歡和蒙塔涅人同乘獨木舟。法國人那艘雙桅船很快就碰上麻煩。一行人得溯李希留河而上，划向尚普蘭湖，但途中得攀上數道急流。法國船太重，上不去急流，而且也無法走陸路扛過去。根據尚普蘭為讓法國大眾了解他的冒險事蹟（且為替自己的冒險活動爭取經費）所寫的自傳，他向原住民諸酋長抱怨，你們「先前所告訴我的，和我在急流區所實際見到的，全都不一樣，也就是說，用那艘雙桅船，根本過不了急流。」各酋長對尚普蘭的苦惱表示同情，答應會帶他看其他「好東西」以為彌補。奧夏斯特甘和伊洛凱特先前怕失禮，因而未直接告訴他不該帶那種雙桅船來。他們認為，與其潑他冷水，惹他不高興，還不如讓他自己去學到教訓。

隊伍前進時，派了斥候到前頭搜尋敵人蹤跡。天黑時，斥候即返回主隊伍，然後所有人睡覺，營地裡不派人值夜。尚普蘭看不慣如此鬆懈，挑明表示原住民盟友讓他失望。

「你們該派人站崗，聆聽、注意動靜，」他告訴他們，「而不該如你們現在這樣，活得像bestes。」bestes 是 bêtes 一詞的古法語拼法，意同英語的 beasts（野獸），但在此譯為「蠢東西」，或更糟糕的「蠢畜生」，或許較為貼切。雙方對於對方語言都只懂到某種程度，因此，一方言語傷人，另一方很可能沒聽懂而感受不到。無論如何，他們之間的問題不只在語言。尚普蘭眼中明智的防備措施，在原住民眼中，根本是聞所未聞。

「我們不能醒著，」一名原住民很有耐心的向這位氣急敗壞的歐洲人解釋。「白天打獵時，我們已做了夠多的活。」

按照法國人的軍事思維，在這樣的情境下，主張人只做必須做的事，不做沒必要做的事，根本沒有道理。易洛魁聯盟的戰士已距離不遠，此時還不設衛兵，的確愚蠢，但在敵人還未進入可攻擊我方的範圍時，就把寶貴精力浪費在站崗上，又更愚蠢。尚普蘭腦海中的戰爭是另一種戰爭。他不知道，原住民行軍作戰的方式謹慎，但異於歐洲人。

來到距尚普蘭湖不到一日行程時，作戰隊伍必須決定繼續往前或折返。那時候，原住民戰士不只花費許多心思找尋附近是否有易洛魁人的跡象，也費心觀察是否有蛛絲馬跡透露這次冒險行動是吉是凶。訴說、傾聽彼此的夢境，乃是預卜吉凶的辦法之一，但還沒有人做出明確預示未來的夢。這時，就得請教薩滿僧。

那天晚上，薩滿僧搭起為幽靈所寄身的棚屋，預卜最明智之道。棚屋安置妥當之後，他脫下袍服，鋪在棚屋上，裸身進屋，然後起乩。他猛流汗，抽搐得非常厲害，致使棚屋跟著附在他身上的力量晃動。眾戰士蹲成一圈，圍住那間被施了巫術的棚屋，聆聽薩滿僧一連串無法理解的話。從薩滿僧口中，一下子是他本人清楚的說話聲，一下子變成低沉沙啞的幽靈說話聲，好似薩滿僧在和幽靈交談。他們還留意棚屋上方空中是否有靈火出現的跡象。

預卜結果是吉。作戰隊伍應該繼續前進。做了這項決定之後，眾酋長集合戰士，排定戰鬥隊形。他們在清出的空地上擺上枯枝，每根枯枝代表一名戰士，以讓每個戰士知道開戰時自己的位置。然後眾戰士輕鬆排練隊形幾次，以了解作戰隊形的運作和遭遇敵人時的對應之道。尚普蘭喜歡這作戰計畫，但不喜歡占卜那一段。他稱那位薩滿僧是「神棍」、「惡棍」、「無賴」，他所玩的那一套全是騙人把戲。參加那儀式的人，同樣遭他鄙視。尚普蘭說他們「像猴子一樣蹲坐在地」，全神貫注看著占卜儀式的進行。他稱他們是「可憐蟲」，被「那些道貌岸然的人」誆弄、欺騙。誠如他向法國讀者所透露的，「我常跟他們說，他們的作為愚不可及，他們不該相信那些東西。」他的盟友想必認為他靈性不足，才會不懂人該吸收更高深的知識。

在某件占卜上，尚普蘭最後還是讓了步，接受當地習俗。他的原住民同伴常彼此詢問做了什麼夢，也常問他這問題，而他一貫表示沒做過夢。但後來，他真的做了夢，就在距離與敵人接觸只有兩三天行程，一行人正在尚普蘭湖上往南划的時候。他們緊貼著湖的西岸划，往南深入，直到阿迪朗達克山（Adirondack Mountains）進入視線。他們知道自己愈來愈接近莫霍克人的地盤，這時得改成夜行，白天則靜悄悄躲在森林裡最濃密的地方。不能點火，不能出聲。尚普蘭最終還是做起夢來。

尚普蘭醒來之後，他們一如以往問他有沒有做夢，他語氣堅定地說：「我夢到我們的敵人易洛魁人，在我們眼前，溺死在某座山附近的湖中。」收到這樣的徵兆，他的盟友大為興奮。他說起夢中他曾想救那些溺水的人，結果引來他們的嘲笑。「他們全該死，」他們篤定地說，

「因為他們是廢物。」但是尚普蘭的夢收到他所要的效果。他的盟友因此信心滿滿，不再擔心襲擊可能失敗。尚普蘭或許惱火於他所說「他們經常舉行的迷信儀式」，但他也夠精明，懂得將計就計，利用他們所深信而他不認同的信仰，給了他們所要的東西。

六月二十九日拂曉，他們划了一夜的船之後上岸紮營，眾酋長開會，修改戰術。他們向尚普蘭解釋，他們會組成整齊隊形面對敵人，而他得站在第一線。尚普蘭想提出替代方案，好讓法國人帶來的火繩槍更能發揮威力。他所構想的戰術不只要贏得那場戰役，還要徹底擊潰敵人，但他無法解釋自己的構想，為此而大為苦惱。溫達特裔（Wendat，譯按：即法國人口中的休倫人）史學家喬治．悉維（Georges Sioui）懷疑，尚普蘭的目標乃是把莫霍克人全數殲滅，而不只是打贏一場仗而已。北美原住民認為，戰爭的結果若是羞辱敵人、讓敵人跑掉亦無不可，但歐洲人不甘於如此。用今天的話來說，原住民的目標是調整該地區各部族之間的生態邊界。反之，尚普蘭的目標乃是要為法國人在內陸建立一個固若金湯的根據地。他希望殺掉愈多莫霍克人愈好，而那不是為了取得輝煌戰功，而是為了防止莫霍克人干擾法國人獨占貿易的霸業。而他有武器遂行這心願——一把火繩槍。

尚普蘭的火繩槍將是這場襲擊勝敗的關鍵，也將是打破許多原住民部族之間原本就岌岌可危的均勢、讓法國得以一手重組該地區經濟的石頭。一六〇九年，火繩槍還是相當新的發明。雖然歐洲人發明了火繩槍，但火器並非源自歐洲；最早製造火藥並利用火藥發射火焰、發射投擲物的乃是中國人。但歐洲的鐵匠展現高明本事，將中國人的火炮按比例縮小，造出便於攜帶而又可靠的火器。arquebus（火繩槍）一詞，意為「鉤子槍」，因槍口處鑄上一個鉤子而得名。火繩槍笨重，不容易拿穩，也射不太準。鉤子讓槍手得以將火繩槍掛在攜帶式三角架下，穩定槍身以便射擊。另一個穩住火繩槍身的辦法，乃是將槍管擱在叉架上，立起的叉架和槍手水平視線一般高。十七世紀之初，槍炮匠已開始製造更輕而可省去這些配件的火繩槍。荷蘭槍炮匠把槍減輕到四點五公斤，相當不可思議。尚普蘭所帶去的那把槍就是這種較輕型的槍，不是荷蘭所製，而是法國製，不需鉤子或支架這些累贅就能瞄準。

但火繩槍再怎麼瘦身，射擊仍然很不方便。一六〇九年時，扳機還在研發當中。當時的火繩槍仍需用到火繩機，火繩機是帶有已點燃之火繩的金屬夾具，用來引燃引火盤中的起爆藥。啟動火繩機，使火繩落到引火盤上，起爆藥隨之點燃，引火盤上的火焰通過槍膛的小孔進入膛內，使膛內的發射藥爆炸（十七世紀中葉時，槍炮匠開始製造不管何時放下槍都不易爆炸的扳機，滑膛槍自此取代火繩槍）。擊發裝置雖然不易使用，但火繩槍還是改寫了歐洲地圖。勝敗再也不光是取決於兵力的多寡，而是要靠軍隊武裝配備的精良與否。荷蘭槍炮匠在軍火研發上領先群倫，替荷蘭這個新國家的軍隊提供了更便於攜帶、更精準、更易於大量製造的武器。荷蘭火繩槍兵結束了西班牙在歐洲大陸的霸權地位，使尼德蘭也得以挑戰葡萄牙人、西班牙人在歐洲境外的支配地位。而像尚普蘭這樣的法國火繩槍兵，則讓法國勢力得以伸入五大湖區，日後更削弱荷蘭在歐洲的影響力。

歐洲諸國之間的競爭，推動了火繩槍的發展，而火繩槍則使所有的歐洲人在面對世界上其他地區的民族時占了優勢。沒有這項武器，西班牙人不可能征服墨西哥和秘魯，至少在傳染病開始肆虐、大肆摧殘當地居民之前是如此。這項科技優勢使西班牙人得以奴役被征服者，逼迫他們在南美大陸安地斯山脈的銀礦場工作，進而從那些礦場採得大量的貴金屬，支付在印度、中國的批發市場大量進貨的開銷。南美的白銀重組了世界經濟，使歐洲、中國以前此未有的方式串連在一塊，而如此的神奇效應乃是在槍口威脅下所促成的。

火器一旦傳入擁有金屬加工技術的文化裡，它的神奇威力往往就脫離了歐洲人的掌控。日本人學習槍炮製造工藝特別快。最早出現在日本的火繩槍，乃是一五四三年搭中國船前往日本的兩位葡萄牙冒險家所帶入。當地的封建領主見到這項武器之後大為讚嘆，付巨款買下他們的槍，然後立即將槍轉送到當地一名刀匠之手，不到一年，那名刀匠就造出還堪用的複製品。幾十年的工夫之後，日本已經武裝完備。一五九二年日本入侵高麗時，就帶著數萬隻火繩槍上戰場。要不是帶著日本人所亟欲取得的更先進火器到來，荷蘭人不可能在一六〇九年——也就是尚普蘭向張口結舌的莫霍克人展示火繩槍威力的那一年——獲准開設他們在日本的第一個通商口岸（日本歸於一統之後，德川幕府即在一六三〇年代禁止火器進口，表明他們選擇退出火器研發精益求精的惡性循環。這一政策形同自我解除武裝，直到十九世紀中葉才改弦更張）。

北美原住民文化那時還不知道如何加工金屬，但很快就懂得如何使用火器，且透過貿易取得火器。尚普蘭曾試圖阻止槍枝流入原住民手中，心知那將削弱他的軍事優勢。他之所以能打贏一六〇九年尚普蘭湖邊的那場仗，乃是因為還沒有槍枝落入莫霍克人手中。其他歐洲商人則沒這麼提防。英格蘭人拿槍換毛皮，但只跟與他們友好的原住民部族交換。以新阿姆斯特丹（今天的紐約市）為據點做買賣的荷蘭人，則沒那麼注重是敵是友，賣火繩槍不拘對象。原住民商人很快就知道槍的價值，於是要求歐洲人以槍交換他們的貨物。大量的槍因此流入內陸，很快就輾轉流到歐洲人所掌控不到的地方。荷蘭人最後才理解到，他們賣給盟友的火繩槍，最終落入敵人的手裡，於是宣布凡是將槍賣給原住民的歐洲人，一律處死。不幸的是，這道命令下得至少遲了十年。

在那場戰役中，尚普蘭的火繩槍還發揮了另一個作用。事情發生在戰事結束後的隔一天。話說戰敗的代價，就是得接受活祭。活祭不能在作戰地點舉行。阿爾貢昆人和休倫人這時深入莫霍克人地盤，深怕敵人以更大的兵力迅速反撲。第一場勝利的奇襲效果，不可能再得；他們必須離開。但他們不想放掉抓到的莫霍克戰士。年輕男子是寶貴資產，不該浪費掉。有些男俘虜會被帶回部落，如果可能的話，還會融入俘虜他們的部族之中。但至少要有一個得用來獻祭。他們割斷俘虜的腿筋，使他們行動不便，然後綁住手臂，把他們押上獨木舟，以最快的速度往北划。到了那天太陽下山時，他們已划了將近四十公里，已經到了可以舉行活祭的距離。那是重大的儀式，要通宵舉行。

抓一名莫霍克戰士獻祭，乃是為了向作戰時相助的幽靈感謝，為了向作戰前給予夢兆的幽靈致敬，為了向死於易洛魁人先前幾次襲擊的戰士幽靈報仇。對於活祭者本身，那也是個無比重大的儀式，是對勇氣的終極考驗，他將在考驗中證明自己是個偉大的戰士，還是抬不起頭的懦夫。儀式始於請他開唱戰歌。他一邊唱，俘虜他的人從火堆裡拿出火紅的枯枝，燙他的身軀。他們慢慢燙。這項折磨得持續到太陽升起。每次那位莫霍克戰士昏過去，他們就往他背部倒冷水，要他醒來。一夜的折磨於天亮時結束，換成開膛剖肚和儀式性的食人肉。

尚普蘭想提早結束這折磨。那名莫霍克俘虜沒犯罪，也未擁有有用情報，按照歐洲作法，根本不該受折磨。

「我們不做這種殘忍事，」尚普蘭語氣堅定的說。「我們殺人很乾脆。你們如果希望我用火繩槍射死他，我會很樂意。」然後他昂首闊步走開，清楚表露他的不悅。他的原住民很苦惱，為了讓他高興，於是請他回來解決那莫霍克人。事情最後如他所願，而那不是因為原住民認同他的說法，認為他的作法是對、自己是錯，而是因為禮儀要他們主隨客便。或許他們認為用火繩槍射殺，乃是法國人執行勝利獻祭的方式。

次年夏天，奧夏斯特甘和尚普蘭再度聯手，第二次痛擊莫霍克人。一六一一年夏，他們第三次相見時，奧夏斯特甘帶了休倫聯盟的其他幾個酋長同行。雙方想協商擴大直接貿易的規模。休倫酋長們給了尚普蘭四串貝殼珠，作為信守承諾的保證。這種貝殼串珠，就是今日所謂的**wampum**，在原住民文化裡，既充當貨幣，也作為合約信物。四串貝殼珠綁在一塊，表明休倫聯盟四部族的酋長保證與法國人站在同一邊。那就是今日所知的休倫結盟帶（Huron Alliance Belt），至今仍存。

除了貝殼串珠，諸休倫酋長還送上尚普蘭所最想要的東西：五十張海狸毛皮。休倫人只知道在他們自己的文化裡，海狸皮是很值錢的東西，但或許不知道法國人為何對海狸毛皮的需求永不滿足。法國人需要海狸毛皮，不是像原住民那樣，為了拿牠富光澤的上層毛皮來替衣服襯裡或鑲邊。法國人想要的乃是下層絨毛，這是製作毛氈的原料。海狸毛具獨特的倒鉤特性，放在含有醋酸亞銅和加汞阿拉伯膠的毒湯裡燜煮時，很易於牢牢纏結（製帽匠以易精神錯亂而著稱，因為工作時吸入毒湯的氣體）。如此燜煮過的毛皮，一旦經過捶打、曬乾，就成為製造上等帽子的絕佳毛氈。

十五世紀之前，歐洲製帽匠用的是歐洲的海狸毛皮，供應製造帽子所需的毛氈材料，但因為過度捕捉，使海狸數量減少了十之八九，而北歐開墾野地又拔除牠們的天然棲地。然後毛皮貿易轉移到北方的斯堪地納維亞，但過度捕捉又使斯堪地納維亞的海狸滅絕，海狸毛皮帽的生產隨之斷絕。

到了十六世紀，製帽匠不得不用綿羊毛製作毛氈。羊毛氈不是理想的製帽材料，因為毛質較粗，且沒有海狸毛那種可如茅草屋頂般覆蓋的天然特性。毛氈製造者可加進兔毛，以協助促成這種覆頂效果，但成品仍不如海狸帽結實。碰到下雨，羊毛氈往往吸水而不排水，一旦變濕，馬上就會變形。羊毛也因為顏色灰撲撲而不討喜。羊毛可予以染色，但毛氈匠所用的天然染料，固著不牢，特別是碰到下雨時。羊毛氈也沒有海狸毛皮那種強度和柔韌。荷蘭窮人的標準帽子 klapmuts，就是用羊毛氈製成，因此會下垂。

十六世紀末，出現海狸毛皮的兩個新來源。第一個是西伯利亞。俄羅斯設陷阱捕獸的獵人進入西伯利亞，尋找更理想的獵捕地點，但陸路運送遙遠，而荷蘭人雖試圖掌控波羅的海貿易，以確保毛皮穩定輸入歐洲，但俄羅斯貨源不穩定。另一個新闢的來源是加拿大，開闢的時間約略相同。在聖羅倫斯河注入大西洋處的北美東海岸捕漁的歐洲人，發現東部林地裡海狸眾多，且原住民設陷阱捕獸的獵人樂於高價賣出海狸毛皮。

加拿大的海狸毛皮於一五八〇年代開始小量出現在歐洲市場，隨後需求暴增。海狸帽重新大為流行。這個時尚首先在商人圈流行，但又過了幾十年，就擴延到宮廷、軍方的上層人士。不久，凡是講究派頭的人，都必然有頂海狸帽。一六一〇年代，海狸帽的價格漲到羊毛氈帽的十倍之高，使帽子市場一分為二，一種是買得起海狸帽的人，另一種是買不起的人。價格分割的效應之一，乃是出現活絡的二手市場，供應那些買不起新海狸帽而又不想將就羊毛帽的顧客需求。歐洲諸國政府擔心蝨子帶原的疾病散播，嚴密規範二手帽的市場。

買得起海狸帽的人比派頭、比身分，製作海狸帽的商人爭奪市場占有率，使製帽匠競相製作出更為稀奇古怪的帽子，以領先競爭對手。海狸帽開始講究顏色和表面絨毛的細微差異，這場時尚熱潮持久不墜。帽頂抬高、壓低，變窄、變寬，拱起、下陷。帽簷於一六一〇年代時開始變寬，隨時尚而翻起或垂下，但整體趨勢是愈來愈大。帽子加上彩色帽帶，以標榜真正的時髦，帽帶上則嵌入酷炫的裝飾。〈軍官與〈面帶笑容的女子〉中那位軍官，在帽帶上嵌入什麼裝飾，我們看不出來，但他的帽子乃是當時最時髦的男用毛帽——這種時尚也正步入尾聲，約十年內就會消失。

加拿大供應的海狸毛皮刺激了帽子的需求，進而推高帽子價格和毛氈販子的利潤。對當時正欲在聖羅倫斯河谷建立第一批小殖民地的法國人而言，價格、利潤的飆升是一大利多，因為這給了他們意想不到的收入來源，可藉以支應勘察、殖民的開銷。在巴黎值一里弗赫（Livre，譯按：法國舊貨幣，相當於一磅白銀）的商品，運到北美洲換海狸毛皮，再運回巴黎，價值升為兩百里弗赫。這一買賣也使原住民和歐洲人的關係更為緊密。早年，原住民認為他們在占貿易夥伴的便宜。「拿海狸來做什麼都很好用，」某位蒙塔涅族設阱捕獸者暗笑著對一位法國傳教士說。「它可以用來製茶壺、輕便斧、劍、小刀、麵包；簡而言之，做什麼都可以。」他認為買他毛皮的歐洲人，特別是新英格蘭地區的英格蘭人很好騙。「英格蘭人沒腦筋，拿二十把像這樣的小刀跟我們換一張海狸毛皮。」法國人付的價碼稍低於英格蘭人。在原住民經濟裡，海狸皮的價值遠沒有歐洲人所付的那麼高。雙方都認為對方吃了虧，而在某個方面來看，雙方的看法也都沒錯，這樁買賣因此得以如此興旺。

對尚普蘭而言，一六〇九年是毛皮貿易關鍵的一年。按照規定，他的商業集團所享有的十年壟斷期在前一年就要到期，而巴黎的製帽公司極力主張結束壟斷，好讓價格下降。尚普蘭極力反對，擔心沒有壟斷權之後，他的計畫將因資金短缺而無以為繼。壟斷期滿之前，他懇請國王亨利延長期限。請求獲准，但只延長一年。因此，一六〇九年時，海狸毛皮市場全面開放。競爭對手立即搶進，使海狸毛皮價格下滑了六成。尚普蘭唯一的希望，就是利用個人與原住民的友好關係，在沒有競爭對手涉足的更上游處做買賣。為了不讓休倫市場落入對手之手，尚普蘭拿義子（他晚婚，膝下無子）交換奧夏斯特甘，以示雙方友好，永無異心。因此，失去國王給的壟斷權，反倒促使尚普蘭更往北美大陸深處探索。

尚普蘭往西推進，除了尋找毛皮，還為了找別的東西：中國。他向亨利解釋為何需要繼續擁有壟斷權時指出，他不只想造福他的生意夥伴。他買下毛皮，乃是為了支應更重要活動所需的開銷，而那個更重要的活動就是「找出不受北方冰山干擾或酷熱區熱氣折磨的通往中國的通道。目前，我們的海員前往中國時要經過那酷熱區兩次，回程又要經過兩次，艱苦、危險難以置信。」對尚普蘭而言，毛皮在巴黎得維持高價，才能從中賺取高額利潤，支付前往中國的成本。

那並非這時才有的想法。一六〇三年，他一開始接下亨利交付的任務時，合約中就已言明這點：他應「以沿著海岸和取道大陸的方式，努力找出可輕易穿越這國度，抵達中國、東印度諸國或盡可能遙遠之其他地方的路徑。」因此，他原來的任務就是尋找「一條有助於和東方人通商的通道。」那個念頭一直在鼓舞他往西深入北美大陸。

當時已知歐洲前往中國的路線有兩條，分別繞經非洲、南美洲的最南端。這兩條路線距離長又艱苦，時時有葡萄牙人、西班牙人嚴密巡邏防守，不讓外人染指。然後還有西北航道、東北航道，一條繞過美洲，另一條走過俄羅斯上方。這時，荷蘭人、英格蘭人已證明繞經俄羅斯、加拿大的北極圈路線不可行，但仍有些人希望，亨利．哈德遜（Henry Hudson）所找到進入哈德遜灣的通道能接往抵達太平洋的路徑。法國人想在沒有冰山或其他歐洲強權的阻撓之下，抵達傳說中的東方，而要一遂此願，唯一的寄望就是找出橫越北美大陸的通道。尚普蘭需要原住民的知識來找出這條隱藏的通道，他還需要和原住民做買賣，以取得獲利，足以支應他探勘開銷的商品。他無意為征服而征服或是為殖民而殖民，也就是說他若征服或殖民，也是為了實現他唯一的夢想：找到前往中國的通道。

在尚普蘭之前，卡提耶（Jacques Cartier）已經勘察過聖羅倫斯河口，尚．阿爾豐斯．德聖通日（Jean Alfonse de Saintonge）則已在一五四〇年代航行過拉布拉多半島沿岸，但都未能找到通往中國的路徑。那成為他們和他們之後的其他人探索那些海域的動機。尚普蘭第一次來到美洲期間，英格蘭人韋茅斯（George Weymouth）航入北極區，當時他帶了一封伊莉莎白一世寫給中國皇帝的信，並附上拉丁文、西班牙文、義大利文的譯文，好讓中國境內的耶穌會傳教士若不懂英文，可透過其中一種譯文轉譯成中文。韋茅斯未能抵達目的地，未能將伊莉莎白女王的親筆信交給中國皇帝，但那是他此行所欲達成的目標。尚普蘭同樣受到這目標的激勵，但他認定通往中國之路不在繞經大陸，而在貫穿大陸。他希望溯聖羅倫斯河而上，最終可抵達中國。一六〇三年尚普蘭來到聖羅倫斯河源頭附近的索聖路易（Sault St. Louis）急流群而不得不折返時，那夢想仍在腦海裡徘徊不去。十五年後，尚普蘭提議，一旦打通通往中國之路，就在那裡設立河畔海關，課徵行經此地的貨物稅。那地方如今叫拉辛納（Lachine），意即「中國」[6]。

在近代歐洲努力擺脫孤立、進入更廣闊的世界的時期，憧憬抵達中國，乃是貫穿那段時期的一條虛構主線。那條主線始於十四世紀末，一名遊歷過中國的威尼斯商人返回家鄉之時。那商人講述東方的新奇國度和驚人財富，讓每個願意聽他講故事的人聽得津津有味。那個人就是馬可波羅，威尼斯人叫他 Il Milione，意為「百萬趣聞先生」。他引人入勝的《遊記》是十五世紀的暢銷書，是他在獄中時一位寫通俗傳奇文學的牢友替他執筆寫下。馬可波羅眼中蒙古人忽必烈汗治下的中國叫人著迷，純粹是因為在十四世紀的歐洲，沒有哪個國家有那麼氣派恢宏的王廷、那麼遼闊的土地、那麼龐大的經濟、那麼壯觀的城市。那個人稱 Cathay 的地方，乃是無法抵達的歐亞世界另一端財富與權勢的象徵。

一個世紀後的一四九二年，哥倫布帶著一本馬可波羅《遊記》，率領三艘小船往西橫越大西洋，那時他已經知道世界是圓的，往西航行會抵達亞洲。他對世界的了解夠深，因而會有先抵達日本、緊接著抵達中國的認知。他所不知道的是，亞洲與歐洲相隔多遠。他所未預料到的乃是它們之間隔著一個大陸。回到西班牙後，他向國王斐迪南報告，抵達伊斯帕紐拉島（Hispaniola，今天的多明尼加共和國）時，「我認為那可能是陸地，是中國的一省。」其實並不是，因此哥倫布才必須說服國王，第一次西航幾乎已經抵達目的地，第二次西航一定會達成目標。如果那島不是中國或日本，那必然是日本東岸之外的島嶼。傳說中富裕的中國，因此已經不遠。在這同時，他向斐迪南保證，只要他的水手動身尋找，必能在他所發現的那座島找到黃金。藉此，他把一把必輸的牌——伊斯帕紐拉不是日本或中國——反而打成一手好牌。但他深信，下一座島會是日本，再過去會是中國。

歐洲人對中國傳說中的富裕深信不疑，因此斐迪南才會同意資助哥倫布第二次西航。隨著歐洲人更了解全球地理，欲抵達中國的熱情更為強烈，這心願更為可能成真。在莎士比亞的《無事生非》（*Much Ado About Nothing*）中，班尼迪克宣稱，寧可去揪「一根大汗的鬍鬚」，也不願跟她講話，藉此拒斥與畢翠絲為伍。倫敦觀眾懂莎士比亞所要表達的意思。若說那大概是男人所能許下最難辦到的誓言，他們大概會同意，但那並非辦不到。十六、十七世紀之交時，這一傳說中的國度在歐洲人的腦海中非常鮮活，讓希望到中國發財致富的憧憬變得更為強烈。當時一則中國諺語，稱中國人有兩隻眼，歐洲人有一隻眼，世界其他地方的人盲眼——明褒暗貶那些執著於單一看法的人。

因此，尚普蘭才會溯聖羅倫斯河而上：要找出橫越大陸抵達中國的水路。這是當時人已然深信的想法，因為安特衛普的地圖繪製大師奧特利烏斯（Abraham Ortelius），在印製於一五七〇年的一張地圖中，以紅色標出這樣一條水道。甚至在尚普蘭之後，這看法仍存在於一六三四年《環宇水道測量圖》（*Universal Hydrographical Chart*）中的北美地圖上。這本地圖是法國的地圖繪製員尚．蓋拉爾（Jean Guérard）所繪，他在五大湖西邊的空白處加注指出，「據信從這裡可通到日本[7]」。

尚普蘭問了原住民可走哪條路前往中國，但是得不到答案，於是轉而問他們哪裡有鹹水。一六〇三年夏，在聖羅倫斯河上游，有位原住民告訴他，從注入下一座湖（今天的安大略湖）的那座湖（伊利湖）再往上那座湖（休倫湖），湖水是鹹的。這正是尚普蘭所企盼的消息，但

1634 年法國尚．蓋拉爾所繪的《環宇水道測量圖》。

那個地區的其他阿爾貢昆人的說法與此相反。他仍繼續問人。有個阿爾貢昆族青年說，他第一個會碰到的那座湖（今天的安大略湖）最西端的湖水微鹹。尚普蘭就需要這個叫人振奮的消息。他保證會回來親自嚐嚐那湖水，但最後，他深入內陸，已是幾年後的事。一六一三年，布律萊（Étienne Brûlé）——也就是尚普蘭用來當人質交換奧夏斯特甘的義子——告訴他，休倫湖不是鹹的。又過了兩個夏季，尚普蘭才親自造訪這座湖。他嚐了湖水，發覺 douce，意即「甘甜」，證實休倫湖並未與太平洋相連這個令人氣餒的事實。

尚普蘭是地圖繪製員，第一次航行時，他就靠地圖繪製本事，首次得到上司的注意。他一生替當時稱作新法蘭西（la Nouvelle -France）的那個地方，繪了好些張詳細地圖。他的第三張地圖繪於一六一六年，是史上第一張描繪休倫湖的地圖。他把那湖稱作Mer Douce，意為「甜水海」，一方面確認那個新發現的事實，同時可能在提醒自己，探尋之路還未結束。在這張地圖上，尚普蘭有一個含糊不清之處，還有一誇大之處。含糊之處在甜水海的盡頭——他讓那湖延伸到地圖左側之外，作法叫人費解，難道是因為沒人知道它通往何處？誇大之處在北側。他把北冰洋的海岸線畫成往南延伸，非常逼近休倫湖——那裡某處必然有通往海洋的通道。他想要表達什麼？無非就是：只需鍥而不捨的探察，法國人（他）就會找到那條橫越大陸、連接法國與中國的隱藏通道。

十六年後，尚普蘭出版他最後一張描繪新法蘭西的地圖。這張地圖更完整描繪了五大湖區，但伊利湖、密西根湖仍然未出現。這時候，尚普蘭已知甜水海並未往西一直延伸到太平洋，而是有其盡頭（不久之後，甜水海這名稱就會式微，而為休倫湖一名所取代）。但在這淡水湖的盡頭之後，還有另外一大片水域，大小、面積都不詳的大湖（今天的蘇必略湖），靠一連串急流與其相接：有朝一日，這位於系列湖泊中的另一座湖，說不定可證明就是通往中國的路徑。

尚普蘭從未踏足蘇必略湖，但尚・尼科萊（Jean Nicollet）卻曾經去過。尚普蘭旗下有好幾名負責深入林區搜集皮貨的皮貨商（coureur de bois），尚・尼科萊就是其中之一。尚普蘭出版一六三二年地圖的一、兩年前，尼科萊碰到一個歐洲人從沒碰過的部族，他或其他人就將那部族稱作皮安人（Puants），意為「發惡臭的人」。在最後一張地圖上，尚普蘭標出那個部族，指出有個「皮安族」，即「臭人族」，住在最終注入甜水海的湖泊邊。法語的「臭人」一詞乃是對阿爾貢昆語「髒水」一詞的訛譯，而阿爾貢昆族用「髒水」形容微鹹的水，也就是嚐起來帶鹹味的水。這個部族不自稱皮安人。他們是威尼皮古人（Ouinipigous），也就是今日所稱的溫尼貝戈人（Winnebago）[8]。但是因為一番曲折複雜的推理，始終堅稱地平線另一頭的下一個水域必定是鹹的，必定是「臭的」——必定是太平洋——的推理，於是，這個名稱就冠在他們頭上[9]。

溫尼貝戈族酋長邀尚．尼科萊前來作客。尼科萊知道絕不能失禮，因此出席這場為他而辦的盛宴，出現在數千名遠道而來的賓客面前時，他穿上他行李裡最體面的衣服：繡了花鳥的中國袍服。

像尼科萊這種活躍於內陸的代理商，不可能自己弄到這件衣服。他不可能有機會接觸這種東西，更別提有錢買這東西。那件袍服想必是尚普蘭的。但尚普蘭如何弄到那東西？這種稀奇古怪的東西，直到十七世紀初才從中國流入歐洲北部。這件衣服今已不復存在，我們無從追查它的來處。它很可能來自中國的某個耶穌會傳教士，那傳教士把它帶回或寄回歐洲，以證明他是為那個有教養的文明國家奉獻一生。英格蘭旅人伊弗林（John Evelyn）在巴黎見到一批中國袍服，大為驚艷。它們是「非常漂亮的長袍，縫製、繡製在金布上，但色彩非常鮮艷，那種光采、艷麗是我們歐洲人做不出來的。」尚普蘭待在加拿大的頭幾年間，在巴黎不可能弄到像尼科萊所穿袍服那樣的東西，因此他想必是在一六二四至一六二六年這兩年賦閒時，以高於行情的價錢買來，因為他深信這東西對他在加拿大的冒險事業很有用。他知道耶穌會士上朝時一身中國官服打扮，而如果他本人沒有機會穿那件中國袍，他的使者可能會有。畢竟要上朝，穿著就要得體。結果，得以見到這華服的不是中國人，而是溫尼貝戈人。

尼科萊的袍服只是說明尚普蘭夢想抵達中國的另一個表徵而已。從一開始赴北美洲冒險，那夢想就在他腦海中盤旋。他有個朋友是詩人，曾為他一六〇三年的第一部自傳寫詩題獻，在那首詩中，那位詩人稱尚普蘭矢志於「走得更遠，傳教，發現東方，不管是經由北方或南方，以抵達中國。」他的所有探險、結盟、戰鬥，全都是為了這個目的。在尚普蘭湖岸，尚普蘭冒生命危險射殺三名莫霍克族酋長，就因為他想抵達中國。他得控制供應歐洲毛氈製造商所需毛皮的貿易，但更重要的是，他得找出通往中國的路線。尼科萊的袍服是實現那夢想的工具，維梅爾的帽子則是那追尋的副產品。

尚普蘭的偉大冒險當然沒有成功。法國人從未能以搭獨木舟橫越加拿大的方式抵達中國。不管他們是成是敗，他們的作為讓東部林地的原住民死亡慘重。休倫人受害尤深。一六三〇年代，一波波傳染病透過歐洲人傳進休倫聯盟，一六四〇年最為嚴重，惡性天花傳播，使該聯盟原有的兩萬五千人口驟減了三分之二。有些休倫人亟於保住自己部落免於滅絕，轉而求助於一六二〇年代就已開始進入休倫尼亞的法國耶穌會傳教士的教義。有些休倫人或許從耶穌會的基督教謙恭教義中得到慰藉，但那慰藉對於抵銷另一個更具體的傷害沒什麼幫助——他們無力抵抗易洛魁人。一六四一年，法國人決定撤銷禁賣火器給休倫人的規定——只同意賣給皈依基督教的休倫人——讓這部族能武裝禦敵，但為時已晚。

一六四九年夏、秋，幾千名休倫人退到甜水海東南角的嘎霍恩朵島（Gahoendoe）避難。約有四十八名法國傳教士、工匠、軍人加入他們。休倫人想在島上某個內陸湖邊緣紮營，法國人則決定在甜水海岸邊建造遠遠就可見到的木柵，準備最後一次抵抗易洛魁人。為了紀念這最後的抵抗，嘎霍恩朵島改成今日所知的名字——基督徒島（Christian Island）。

結果，最後抵抗的對象不是易洛魁戰士，而是飢餓。這個島面積太小，獵物不足以餵飽那麼多難民，而且他們所種的玉米成熟得太晚。隨著冬天漸漸降臨，他們所能捕到的魚和從更北方的部族所買到的六百蒲式耳（譯按：按英制，一蒲式耳合三六．三六八升）橡實，已經不足以餵飽所有的人，饑荒隨之降臨。受害最大的是孩童。有個走訪難民村的耶穌會傳教士，說到有個乳房鬆垂的母親，看著自己小孩「一個接一個死在自己懷裡，連把他們丟入墓穴的力氣都沒有。」他那賺人熱淚的描述點出那年冬天苦難的深重，但所言並不盡屬實。大約三十年前，有一組考古學家和原住民助理挖掘了那個遺址，在村子旁邊的沙質土壤裡挖出幾具死於營養不良的骨骸，而那些遺骸都經過細心埋葬。挖掘完畢之後，他們將遺骨同樣細心地放回原處，讓幼小的落葉樹林收回那地方，以後將無人知道那些墓的所在位置，沒有人會再來打擾他們。

那年冬天快結束時，數百名休倫人決定冒險越過結冰的湖面，向在大陸地區巡邏的易洛魁人投降，但湖面的冰禁不住他們的重量而塌陷，許多人溺死。其他人等待冰雪融化，然後分路逃命。一組人消失於北方內陸，另一組人護送法國人回到魁北克。他們的後裔溫達特人如今仍居住於該地。

如今，高大的山毛櫸、樺樹林，已蓋住基督徒島上最後一個休倫人村落的遺址。除非你碰巧知道村落的所在，否則是絕對找不到的。如今，基督徒島已闢為奧吉瓦布人（Ojibwe）保留區，我在島上待了幾個夏天，每次走在那曲折繞過孩童埋骨處而樹影斑駁的小徑上，總會回想起一六四九、五〇年之交那個挨餓的冬天，驚嘆於歷史的大網將那個不為人知的地方與十七世紀出現的全球貿易、征服網綁在一塊。那些孩子是那段歷史裡失落的環節，是拼命尋找通往中國之路、為支應那尋找活動而尋找財源的歐洲人雄心之下遭人遺忘的受害者，是將維梅爾的帽子放在那位軍官頭上那齣歷史劇裡渺小的演員。

## 注釋

1 這幅地圖呈現新成立之尼德蘭聯省共和國的沿海一半國土，以西方為地圖的上方。最初由台夫特一地以繪製地圖為業的范伯肯羅德（van Berckenrode）家族編成，一六二〇年剛過不久，由阿姆斯特丹最負盛名的商用地圖繪製師威廉·布勞出版。維梅爾將這幅地圖入畫，或許是為影射或嘲弄荷蘭先前的繪畫傳統，以地圖之類代表世界的圖象，來貶抑畫中人物——特別是女性——庸俗的傳統。

2 在今天的加拿大，蒙塔涅人被稱作「伊德魯第一部族」（Idlu First Nation），也以羅馬字母拼為Innu，意為「人」。

3 阿爾貢昆（Algonquin）一詞意為「親戚」或「盟友」，過去用於指稱零散分布在今日魁北克、安大略兩省境內的阿爾貢昆語族。與尚普蘭結盟的乃是其中名叫Onontchataronons的一支，今日稱作「小阿爾貢昆部族」（Petite Nation Algonquins）。

4 與尚普蘭戰鬥的休倫人是 Arendarhonons，意為「岩石邊的人」，為休倫聯盟四個部族之一。休倫（Huron）一詞似乎是法國人所創，作為 Arendarhonon 的簡稱，因法國人認為該族人的髮型類似野豬頭上的毛（hure de sanglier），因此取名休倫。休倫人自稱溫達特人（Wendat），意為「島民」，因為在其宇宙起源神話裡，先民生活在悠游於宇宙海的龜島背上。如今，他們的後代，在魁北克稱作 Wendat，在奧克拉荷馬稱作 Wyandot。

5 該世紀更晚時，易洛魁聯盟擴張為六個部族；這六個部族如今居住在安大略省西南部。易洛魁人自稱 Rotinnonhsionni，意為「造屋者」（法國人將其改稱為 Hodénosaunee）。阿爾貢昆人稱易洛魁人為 Naadawe，意為「蛇」。莫霍克人自稱 Kanyenkehaka，意為「燧石地之人」。「莫霍克」一詞是阿爾貢昆人對他們的蔑稱，意為「吃活物者」，影射他們是「食人族」。法國人稱他們 Anniehronnon。

6 取這地名的並不是尚普蘭，而是那些嘲笑一六六九年德拉薩勒（René-Robert de la Salle）欲找出通往中國的水路卻無功而返的人。當年那些探險家無功而返，回到魁北克時，人稱他們是「中國人」，而德拉薩勒位於索聖路易的采邑，則改名拉辛納（Lachine），且沿用至今。

7 尚．蓋拉爾的一六三四年世界地圖，《環宇水道測量圖》（Carte universelle hydrographique），在哈德遜灣旁邊加了如下註解：「一六一二年由英格蘭人亨利．哈德遜所發現的大洋；據信從這裡可通到日本。」

8 尚普蘭在其地圖標出的這座湖乃是尼皮貢湖，只是位置標錯。尼皮貢（Nipigon）是 Ouinigipous 的另一種說法。後來，這名字再度遭修改，用以指稱馬尼托巴的第一個大聚落，Winnipeg。

9 法國人也稱他們是 Gens de Mer（海上民族）和 Peuples Maritimes（沿海民族）。欲將他們與海水搭上關係的念頭，強烈得無法動搖。

# 3 一盤水果

## A Dish of Fruit

盛著水果顯示明朝的青花瓷盤飄洋過海到歐洲，成為他們的流行時尚。

維梅爾的〈在敞開的窗邊讀信的少婦〉（*Young Woman Reading a Letter at an Open Window*，彩圖三），約略與〈軍官與面帶笑容的女子〉繪於同時。我們看到同樣的樓上房間、同樣的桌椅、甚至穿同樣衣服的同一個女人，我想那應該又是以他妻子卡塔莉娜・博爾涅斯為模特兒繪成。兩幅畫中女子的動作有異，但所要闡述的事大同小異：男女之間的追求示愛。在〈軍官與面帶笑容的女子〉中，這件事明顯無隱，我們看到男子正在追求女子。相對而言，〈在敞開的窗邊讀信的少婦〉中，只看到那女子。男子存在於畫中，但不是具體的存在，而是透過女子所讀的信而存在於無形。他在外地，可能在半個地球之外。她在窗邊，就著陽光讀信，但這一次，窗不只是半開，而是大大敞開。情郎離家在外，只能透過書信對她傾訴。情郎遠在他鄉，促使維梅爾營造不同的氛圍。在少婦聚精會神看著我們所無緣看到的字句時，輕鬆交談的明快消失，由內化的張力取而代之。

如果說這兩幅畫擁有同樣的空間和主題，它們所展示的物品卻有所不同。〈在敞開的窗邊讀信的少婦〉，畫面不凌亂，但畫中的東西卻較多，且那些東西的作用不只在營造視覺活動。為了平衡這些教人眼花撩亂的東西，維梅爾讓牆壁空白。空白但不單調蒼白，這無疑是西方藝術裡質感最豐富的空牆之一。X光分析顯示，維梅爾最初讓那面牆上掛了幅丘比特畫像（後來他在〈站在古鍵琴邊的女士〉（Lady Standing at the Virginals，彩圖十六）用到這畫像），讓觀者知道她在看情書，但後來他決定不用這類明顯的象徵性暗示，而將它塗掉。為了讓房間帶有縱深和體積的感覺，他用了垂簾這項傳統手法，一張簾子掛在敞開的窗子上，另一張則拉到前景處一側，彷彿有人將它拉開，露出了這幅畫（在畫前掛上簾子，以保護畫免受陽光曬壞和其他傷害，乃是過去常見的作法）。桌子蓋了布，這次蓋的是色彩艷麗的土耳其地毯——一如今日，這類地毯太值錢，捨不得鋪在地上——而且地毯一端擠成一團，讓畫面顯得生動有力。桌子中央的地毯上，有個狀似那位軍官的帽子而斜起擺放的東西，指向她情郎或丈夫可能去的更廣大世界。那東西是擺了一堆水果的瓷盤。

我們看畫時，目光會先投向那個少婦，但在維梅爾那個時代，那只盤子大概會和那少婦爭奪觀者的目光。在當時，那樣的盤子賞心悅目，但仍舊不常見，而且貴得並非人人都買得起。在那之前一、二十年，中國瓷盤鮮少出現在荷蘭繪畫中，但那之後一、二十年，中國瓷盤到處可見。一六五〇年代那十年，正是中國瓷器在荷蘭藝術裡——一如在荷蘭人生活裡——占了一席之地的年代。十七世紀的荷蘭畫家將靜物打造成一種藝術表現形式，而中國瓷器正是這種新流行的繪畫體裁表現的一部分。畫家挑選可差不多歸為一類的東西（水果）或看來表現同一主題（腐敗、虛華的象徵）的東西，然後將之以賞心悅目的方式安排在桌子上。一只中國大瓷盤，正是可將較小的東西（例如水果）聚攏，雜亂擺放成堆，同時傳達出動感的那種東西。畫靜物的難處，在於要讓畫面逼真到騙過觀者的眼睛，讓人以為那不是畫，而高明的畫家可能在畫裡畫上一隻蒼蠅，好像那蒼蠅也上當被騙似的。以錯視手法營造幾可亂真的效果，正是維梅爾作畫生涯裡樂此不疲的挑戰。

在卡塔莉娜前面桌上擺上那盤水果，用意在悅目，但維梅爾用雜亂擺放的水果靜物，傳達她讀遠方——可能遠自荷屬東印度群島——情郎來信而竭力想控制思緒時那種心情的混亂。她的姿態和舉止顯示她是冷靜之人，但即使連她都無法穩住思緒。她前面滾出盤子的水果也是。當然，那全是安排和裝模作樣。情郎是虛構的，畫中女人所拿的那張紙，上面很可能一個字都沒有，而地毯、盤子、簾子全是刻意擺上。但那個世界確實存在，且是我們所追尋的。台夫特以生產精緻陶器而著稱，因此在繪於台夫特的畫作中畫上這只盤子，絲毫不顯突兀。這只盤子將是一道門，透過那道門，我們將走出維梅爾的畫室，走上從台夫特通往中國的數條貿易長廊。

赤道以南十六度，距西非沿岸兩千公里處，一座火山島孤懸於大西洋海面上。十八世紀時，英屬東印度公司將聖赫勒拿島（St. Helena）併入大英帝國，然後在該島背風面，當時叫教會灣（Church Bay，今詹姆斯敦灣）的地方，建造了詹姆斯敦（Jamestown）。這個島最為人知之處，就是一八一五年拿破崙兵敗滑鐵盧之後，遭英國放逐於此——漫長的英法爭霸戲碼在此劃下句點，英國崛起為十九世紀全球首要強國。

英國人占據聖赫勒拿島之前，這個島是從亞洲返回歐洲的任何國籍船隻，在漫長航程途中停靠的小站。它正好位在將船隻從好望角往北推送的東南信風的路徑上，是船隻和船員遭遇暴風、疾病折磨後休養生息的避難之地；是休息、修理、在最後一段返鄉航程之前補給淡水的避風港。現代船舶不需這類島嶼，都是過聖赫勒拿而不入，使這個偏處汪洋大海中的孤島，如今只有觀光客上門。

一六一三年六月一日早上十點左右，教會灣裡唯一的船隻是艘英格蘭船——英屬東印度公司的皮爾號（Pearle）。皮爾號在兩週前就已入港，當時有一支船隊從亞洲返回倫敦，皮爾號是那船隊的六艘船之一。船隊中還有一艘英格蘭船索羅門號，但另外四艘屬於荷屬東印度公司。十七世紀時荷蘭、英格蘭時常交戰，但雙方的船長都樂於擲開歧見，結隊航行，合力抵禦他們真正的競爭對手——西班牙人和葡萄牙人。這六艘船在聖赫勒拿待了兩星期，休息、整補，以便踏上返回歐洲的最後一段航程。但六月一日清晨船隊啟航時，皮爾號並未隨隊出發。該船抵達聖赫勒拿時，五十二名船員中已有一半掛病號，船隊離港時，大部分病患仍虛弱得無法幹活。那天早上，船員仍然在把水桶裝入清水，運上皮爾號。船長約翰·塔頓（John Tatton）別無選擇，只得把啟程時間延到隔天早上，希望能趕上船隊。

那天早上稍晚，其他五艘船已經離開，塔頓和船員正忙著準備出航事宜時，教會灣南端岬角外出現兩艘葡萄牙大船的身影。那是名叫凱拉克（carrack）的大型武裝商船，葡萄牙人建造來運送遠洋貨物之用。兩艘武裝商船已完成前往臥亞（Goa）——印度西岸上的葡萄牙小殖民地——的處女航，載了大批胡椒要返回里斯本。這種武裝商船是當時歐洲人所建造最大的木船，塔頓心知皮爾號絕不是它們的對手。他知道不能硬碰硬，最保險的作法是趕緊逃到他們大炮的射程之外，於是立即揚帆，迅速離港。由於事起倉促，水桶和那一半生病的船員，都留在島上。但他不打算一走了之，而是別有計畫。他拼命追那支英、荷船隊，希望說服荷蘭艦隊司令揚·德里克松·拉姆（Jan Derickzson Lam）將船隊調頭，回教會灣奪下那兩艘武裝商船。

天黑後，皮爾號趕上拉姆的旗艦阿姆斯特丹市徽號（Wapen van Amsterdam）。拉姆「欣然同意，打信號指示船隊跟進，」塔頓後來如此報告。但並非所有荷蘭船都注意到他調頭的命令。萬丹號（Bantam）、白獅號（Witte Leeuw）調頭跟來，但佛利辛恩號（Vlissingen）未收到信號，另一艘英格蘭船索羅門號（Solomon）也是。拉姆未因此喪氣。四艘對兩艘，或許不如六艘對兩艘那麼有把握，但他的船隊有奇襲的優勢。

經過一天半費力的搶風航行，由四艘船組成的英、荷船隊返抵聖赫勒拿。葡萄牙人果然疏於防備，拉姆和塔頓的奇襲奏效。葡萄牙艦隊艦長赫羅尼莫・德・阿爾梅達（Jeronymo de Almeida）想必有看到皮爾號逃離，但不把那艘英格蘭船放在心上。他沒想到它會折返，也就未對此預作防備。他的旗艦拿撒勒聖母號（Nossa Senhora da Nazaré），整個船身橫著面向大海，停錨於海灣內。加爾默羅山聖母號（Nossa Senhora do Monte da Carmo），與它並排靠攏停泊，形同被那艘更大的船堵在裡面。

葡萄牙人還來不及將武裝商船調度為較有利於防禦的位置，拉姆即發動攻擊。他命萬丹號和白獅號，以葡萄牙人幾乎無法開炮反擊的角度，朝拿撒勒號的船首、船尾駛去，然後命市徽號直直航向它。塔頓後來寫道，拉姆應該試著談判招降，但他似乎一心只想奪取。「太貪心了，」塔頓如此評斷。

據塔頓的記載，萬丹號攻擊拿撒勒號，「使葡萄牙人的士氣涼了一大半」。然後，白獅號船長勒洛夫・西蒙茨・布洛姆（Roeloff Sijmonz Blom）朝拿撒勒號船尾開炮，在船身水線以上部位轟出大洞。布洛姆將船駛得更近，打算割斷拿撒勒號的錨纜，希望藉此讓它漂上岸擱淺。加爾默羅山號位在拿撒勒號後面，只能眼睜睜看著友船遭攻擊，無力相助，但總算能遞上一條替補纜繩，重新穩住拿撒勒號。布洛姆將白獅號駛到與拿撒勒號、加爾默羅山號平行靠攏的位置，準備登上對方旗艦。在這同時，他的右舷炮手與加爾默羅山號以炮火互轟。

接下來的戰局，如今有兩派說法。有一說葡萄牙人的炮火直接命中白獅號的火藥庫。另一說則主張白獅號下甲板故障的火炮爆炸。不管是哪個原因，爆炸炸掉白獅號的後部，船頃刻之間沉入海底。塔頓深信布洛姆和他的四十九名船員，還有船上兩名英格蘭乘客，全給炸死或溺死在海灣裡，但事實上有些人獲救，被葡萄牙人帶回里斯本遣返回國。

失去一整艘船和其船員、船貨之後，海軍將領拉姆禁不起再拿別的船來冒險，於是下令其他船撤退。撤退之前，塔頓遺棄在島上的船員，已聚集在海灣北岸邊求救，而塔頓最終也將皮爾號駛到夠近的地方，救走了其中十一名。這趟遠航的不幸並未到此結束。萬丹號航進阿姆斯特丹內海須德海（Zuider Zee，今艾瑟爾湖）途中，穿過泰瑟爾（Texel）水道時擱淺解體。拉姆實在是時運不濟。荷屬東印度公司在這水道沉沒的船隻，用五根手指頭就數得完，偏偏萬丹號就碰上這倒楣事。（那支葡萄牙艦隊的命運也只稍微好一些而已。艦隊長阿爾梅達讓兩艘船順利返抵里斯本，但加爾默羅山號受損太嚴重，不得不就此除役。）

白獅號沉入三十三公尺深的海底時，大批船貨跟著葬身海底。該船的船貨清單現仍存於荷蘭某檔案機構裡，根據該清單可查出失去了哪些東西。上頭列了一萬五千袋的胡椒[1]、三百一十二公斤的丁香、七十七公斤的肉荳蔻，還有總重達四八〇．五克拉的鑽石共一千三百一十七顆。清單是在萬丹寫成，萬丹是荷屬東印度公司在爪哇島最西端的商港。該公司對於細節一絲不苟，要求每筆收支均得清楚記下，因此可以合理推斷，凡是搬進貨艙的物品，全都已先記錄於公司的分類帳裡。正因如此，一九七六年下海打撈白獅號船骸的海洋考古學家，才會驚訝於所找到的東西。他們認定船上的香料老早以前就腐爛，鑽石早已消失於港灣漂移不定的沙中，認為不可能找到船貨。他們的本意乃是打撈該船的金屬製品，特別是火炮。結果，在四分五裂的船殼底下，爛泥之中，竟散落數千件在一六一三年時與中國（China）一詞是同義詞的東西——瓷器（china）。

那些瓷器會不會是後來停泊的船隻為減輕負載而丟下，沉入那船骸上？有可能，但有太多瓷器集中於一處，而打撈上岸的瓷器，其風格和年代都指出它們製於明萬曆年間，而萬曆皇帝崩於一六二〇年。所有證據——唯獨該船的船貨清單不是——都指出，這批貨來自白獅號。那場爆炸所毀掉的東西，居然讓那批瓷器留存至今。那些細心打包好的瓷器若順利運抵阿姆斯特丹碼頭，大概會給賣掉、轉賣，碰出缺口、出現裂痕，最後遭到丟棄。十七世紀運回尼德蘭的瓷器，最後的下場幾乎都是如此。如今有一些古瓷器散落在全球各地的博物館和私人收藏家手裡，但它們是個別殘存的瓷器，脫離了將它們運到歐洲的時空環境，脫離了它們所原屬的那整批船貨。白獅號的爆炸，無意間讓這批船貨免於落入那樣的下場。沒錯，打撈出的瓷器大部分已不全，但諷刺的是，如此倖存下來的瓷器，比它們若順利運抵阿姆斯特丹，再經過一六一三

1650 年代，中國青花瓷盤是荷蘭人生活中很重要的一部份。

年到今天這四百年，所能倖存下來的還要多。它們或許受損，但仍在一塊（現藏阿姆斯特丹國立博物館），而那意味著我們可以從中了解十七世紀初期瓷器的船運情形。

中國瓷器初抵歐洲，教見到或拿到的歐洲人大吃一驚。要歐洲人形容那東西，他們只想得到拿水晶來比擬。上了釉的表面堅硬而富光澤，釉底圖案輪廓鮮明，色彩亮麗生動。最上等的瓷器薄到對著光看的時候，可以看到另一面拿著瓷器的手的影子。

最令歐洲人側目的風格是青花。青花瓷是薄白瓷，以鈷藍在表面作畫，並塗上完全透明的釉。青花其實是中國製瓷史上的晚期產物。在江西，有常替宮裡製作瓷器的窯都景德鎮。景德鎮的陶工在十四世紀才發展出燒製純瓷的技術。燒瓷必須將窯溫推升到攝氏一千三百度，才足以將釉料燒成如玻璃般透明，使釉料與瓷體融合為一。永遠固著在釉與瓷體之間的乃是教人看得目不轉睛的藍色圖案。歐洲最近似青花瓷的乃是釉陶（faïence）。釉陶是以攝氏九百度的高溫燒成的陶器，表面塗有氧化錫釉。釉陶表面似瓷器，但薄度和半透明度不如瓷器。歐洲人在十五世紀從伊斯蘭陶工那裡習得製瓷技術，當時，伊斯蘭陶工已懂得製造品質足與中國瓷匹敵的平價瓷器，以取代進口品。直到一七〇八年，才有位日耳曼煉金術士在德勒斯登郊外的邁森（Meissen）鎮，模仿出製造純瓷的技術，不久，邁森也成為精瓷的同義詞。

白底上藍顏料的效果，叫歐洲買家驚艷。今人認為純白底飾上深鈷藍色線條、圖案，乃是典型的中國風，但其實那是借來的美學風格，或至少是經過改造轉化的風格。中國陶工開始燒製純瓷時，中國在蒙古人治下。當時蒙古人還掌控了中亞，使貨物得以從他們的大陸帝國一端經陸路運到另一端。波斯人很早就喜愛中國的陶器，八世紀起波斯一地就有中國陶器販售。波斯陶工造不出像中國陶那麼白的陶器，於是發展出用仿似中國釉的不透明白釉掩蓋灰黏土的技法。他們在白底上繪上藍色裝飾圖案，以本地的鈷為藍顏料，效果不凡。十三世紀波斯、中國都在蒙古人統治下而有更直接的往來，中國陶工更容易將產品推入波斯市場。一貫敏於市場需求的他們，調整產品外觀，以符合波斯人的品味。將鈷藍裝飾納入圖案，就是他們調整的項目之一。中國的鈷，顏色比波斯的鈷淡，景德鎮的陶工於是開始引進波斯鈷，以製造出他們認為能迎合波斯買家需求的顏色。

青花瓷就從這漫長的創新過程中誕生。它在波斯銷路甚好，而這有一部分得歸功於《可蘭經》禁止就著金盤或銀盤進食。有錢人想以昂貴餐具招待賓客，既然不得用貴金屬器皿盛放食物，就需要同樣討人喜歡、同樣高貴的東西取代，但在《可蘭經》問世的時代，沒有那樣的東西。景德鎮的瓷器正符合這需求。蒙古、中國的買家也著迷於這瓷器的外觀。我們所認為與「中國」同義的瓷器，其實是不同文化的物質因素、美學因素無意間相交會的產物，而這個產物讓全球的陶瓷製造為之改觀。例如帖木兒宮廷裡的敘利亞陶工在十五世紀初開始仿中國瓷製陶。隨著全球陶瓷貿易在十六世紀擴展到墨西哥、中東、伊比利半島，十七世紀時擴展到英格蘭、尼德蘭，這些地方的陶工也跟進模仿。人人致力於模仿中國青花瓷的外觀和感覺，但有很長時間未能如願。在十七世紀時，中國以外的市集裡，賣陶瓷的攤位上，凌亂擺著品質與真品差了一大截的次等仿製品。

一五九六年，荷蘭讀者從揚・惠根・范林索登（Jan Huygen van Linschoten）筆下，首度知道中國瓷這東西。范林索登是荷蘭人，但受雇於葡萄牙人，前往印度工作。他的暢銷《旅行日記》（*Itinerario*），啟發了下一個世代的荷蘭世界貿易商。范林索登在臥亞的市場見到中國瓷器。他沒去過中國，但蒐集到有關此貨物相當可靠的情報。「說到那裡所製造的瓷器」——在此他所說的中國是從臥亞打聽來的——「大家聽了絕對不相信，還有那些每年外銷到印度、葡萄牙、新西班牙、其他地方的瓷器也是！」范林索登得知，瓷器造於「內陸」——如景德鎮——而且只有次級品外銷。一級品「精美得水晶玻璃都比不上」，留在國內供宮裡使用。

至少從十五世紀起，印度商人就已開始將中國瓷器帶進南亞次大陸。瓷器販子將瓷器從中國內陸運到中國東南沿海，轉賣給東南亞的中國商人，那些中國商人再轉手賣給印度商人。繞經非洲的海上貿易路線開闢之後，隨之替瓷器打開了歐洲市場。葡萄牙人是最早在臥亞取得中國瓷器的歐洲人，但是再過不久，他們就會將貿易路線拓展到華南，進而可以在那裡向中國盤商直接批貨。那是荷蘭人想瓜分的路線，而不久之後他們也如願以償。但最早運到阿姆斯特丹的一大批中國瓷器，並不是荷蘭人千里迢迢運來，而是荷蘭人、葡萄牙人在公海上敵對的結果，而且就發生在聖赫勒拿島外海。一六〇二年，白獅號沉沒的十一年前，一隊荷蘭船在該海域拿下葡萄牙船聖伊阿戈號（San Iago）。他們輕鬆奪下聖伊阿戈號，將它連同所有船貨帶到阿姆斯特丹。在該城碼頭上，隨之出現大批中國瓷器，首次抵達荷蘭的大批瓷器，引來全歐各地的買家搶購。荷蘭人稱那是凱拉克瓷（kraakporselein），以表明那來自葡萄牙的凱拉克武裝商船。

隔年又有一大批瓷器用船運到尼德蘭，來源和第一批同出一轍。荷蘭人在麻六甲海峽——連接印度洋與南中國海的海上通道——的柔佛，奪下聖卡塔莉娜號（Santa Catarina）。這是十七世紀最轟動的掠奪船貨案。聖卡塔莉娜號載了總重超過五十噸的十萬件瓷器（還有一千兩百捆的中國絲，由於那年義大利絲的生產停擺，那批絲銷路甚好）。為北歐諸國國王採購的買家群集阿姆斯特丹，各國國王要他們不管現行價格多少，一律買下。

當時荷蘭正發動一場戰爭，矛頭主要指向西班牙，而非葡萄牙。奪取聖伊阿戈號、聖卡塔莉娜號，還有白獅號沉沒，只是那場戰爭裡的幾場小衝突而已。一五八〇至一六四〇年間，葡萄牙受西班牙國王統治，葡萄牙作為屬國，處處聽命於西班牙。而在荷蘭人眼中，葡萄牙人為虎作倀，把他們也納入攻擊目標，自是順天應人。但西班牙才是主要敵人：西班牙在十六世紀占領低地國，曾以令人髮指的行徑鎮壓荷蘭的獨立運動。西班牙和尼德蘭聯省共和國（譯按：荷蘭共和國的全稱）於一六〇九年簽訂的停戰協議，已讓低地國境內的直接敵對態勢消弭了一段時間，但在歐洲之外，西班牙王國和荷蘭共和國之間的鬥爭仍未停歇。

但在公海上演的敵對行為——西班牙理所當然稱之為「劫掠」——並不只和荷蘭本身的獨立運動有關，還和重新劃定全球秩序有關。那得追溯到一四九三年，哥倫布首次航行到西印度群島的隔年。鑑於在大西洋彼岸發現新土地，教皇在該年敕令，以摩洛哥外海佛得角群島（Cape Verde Islands）以西一百里格（譯按：舊長度單位，一里格約合五公里）處畫下的南北子午線為界，凡是在那線以西所發現的新土地，全歸西班牙管轄，以東的新土地則歸葡萄牙管轄。其他歐洲國家全不得進入新發現地區貿易，也不得擁有那些新地區。隔年，西班牙、葡萄牙簽訂托德西亞斯條約（Treaty of Tordesillas），更動了一四九三年教皇詔書的條款。該條約將分界線往西移兩百七十里格，而這可能是因為葡萄牙人知道，或至少懷疑，有一部分南美土地往東突出於該線之外（沒錯，那就是巴西）。

至於在地球另一邊，這條分界線該劃在哪裡，托德西亞斯條約完全沒提，因為締約雙方當時都還沒去到那裡。因此，葡萄牙、西班牙迅即朝相反方向出發，力圖搶先完成環球壯舉，葡萄牙人往東經過印度洋，西班牙人往西經過太平洋。他們知道中國在地球的另一頭，誰先在世界那個地區立足，誰就有資格取得世上最有價值的東西。中國政府無意讓他們任何一國在中國建立據點。中國只准外國人以到訪外交使節團成員的身分在中國短暫居留。外交使節團的界定很有彈性，且雙方對此有共同認知，前來向中國皇帝「納貢」的鄰國使節團，從實際運作角度來看，形同貿易代表團。來華使節可以從事貿易，前提是貿易量不能太大。要做買賣，就得以使節身分前來，而那就是葡萄牙所想要的。他們早西班牙一步抵達中國，極力想開啟與明朝的正式溝通管道，但一再遭拒，不得不在離島的背風處從事非法貿易。十六世紀中葉，終於達成一個非正式協議，讓他們在華南沿海的一處狹長半島上落腳，這就是澳門。他們在那裡紮根，建立小殖民基地，作為與中國、日本貿易的根據地。

十六、十七世紀之交，荷屬東印度公司的船隻也出現在南中國海上，在澳門以北遠至福建的沿海，尋找可與中國貿易的地方。中國政府已和一批「佛郎機人」（他們對歐洲人的稱呼，襲取自阿拉伯人的用法）達成非正式的貿易協議，讓他們以澳門為貿易據點，因此無意再給另一批佛郎機人貿易特許權。但中國民間商人熱衷於和任何佛郎機人做買賣，如果價格合理，有些官員也願意睜隻眼閉隻眼。其中最惡名昭彰的官員，乃是掌管海關關稅的太監高寀（音譯）。海關稅收直接送進皇室私庫而非戶部，因此，為主子謀利的高太監開始不顧朝廷禁令，在一六〇四年，在某離島的背風處，設立私營的貿易集散地，讓他的人可以和荷蘭人做買賣，高太監和皇帝從中得到豐厚的餽贈。地方巡撫不久即風聞這計謀，派水師前去阻止高太監的走私勾當[2]。

相較於中國，東南亞欠缺強大國家，使該地區成為荷蘭人尋找立足點較為理想的地區。西班牙人（以菲律賓的馬尼拉為基地）和葡萄牙人人數太少，不足以宰制該地數千座島嶼，荷蘭人迅速進入，一六〇五年從葡萄牙人手中奪走當時所謂的香料群島。四年後，荷屬東印度公司在爪哇島最西端的萬丹，設立其第一個常設貿易站。拿下東邊的雅加達之後，該公司將總部遷到雅加達，並將雅加達改名為巴達維亞。從此，荷蘭在地球的另一頭有了一個可據以挑戰西、葡人獨占亞洲貿易的基地。這個新安排對該公司的營運大有幫助。荷蘭從該地區的進口額，每年成長將近百分之三。

在亞洲貿易市場的爭霸戰中，白獅號是尼德蘭最早且較重大的損失之一。那艘船早在一六〇一年，也就是荷屬東印度公司成立的前一年，就已完成從阿姆斯特丹到亞洲的處女航，航程兩萬五千公里[3]。隔年七月返國。荷蘭與葡萄牙船隻在亞洲水域的對峙態勢升高之後，荷蘭人替該船的船頭、船尾加裝了六門新的青銅炮。一六〇五年，白獅號啟程二度前往亞洲，掛名荷屬東印度公司旗下。一九七六年打撈沉船的考古學家從海灣打撈出的銅炮上，就記載了這一新的商業安排。鑄炮師傅亨德里克・米爾斯（Hendrick Muers）在炮背刻上他的名字和製造年代——Henricus Muers me fecit 1604——在那上方，則刻上荷屬東印度公司相交疊的頭字母VOC，加上該公司阿姆斯特丹會所的識別符號A。

白獅號順利完成第二次遠航，然後在一六一〇年展開它第三次遠航，此去再無復返。那一次，船在萬丹卸貨，然後被撥入一海軍中隊，隨該中隊前去平定香料群島肉荳蔻商人的暴亂。那年冬天，白獅號一直隸屬該艦隊，協同獵捕駛出馬尼拉的西班牙船，共捕獲五艘。接下來的春、夏季，白獅號被調去執行島與島之間的貨物運送，然後奉命返回萬丹裝貨，展開第三度的返航阿姆斯特丹之旅。一六一二年十二月五日，白獅號與另外三艘船合編為船隊出發，船隊司令是海軍將領拉姆。隔年夏天六月一日，白獅號離開聖赫勒拿島，展開返回阿姆斯特丹的最後一段航程。接下來的發展，大家都已經知道了。

荷蘭的海上劫掠引來歐洲其他國家的抗議，抗議國不只葡萄牙[4]。一六〇三年荷蘭人奪占聖卡塔莉娜號時，葡萄牙要求歸還該船和船上所有的貨物，堅稱那是非法侵占。荷屬東印度公司的董事覺得，必須好好為自己辯護，以在吹捧自己的本事之餘，還能不致因這類海盜行為而受罰。他們需要借助國際法則，證明自己所為名正言順，於是從台夫特聘請了精明的年輕律師惠格·德·格洛特（Huig de Groot，他在英語世界以拉丁名格勞秀斯（Grotius）更為人所知）寫辯護狀，替他們的主張——奪取葡萄牙、西班牙船隻不是劫掠，而是為捍衛該公司合法利益所採取的措施——提出有力論據。

一六〇八年，格勞秀斯提出荷屬東印度公司董事所要的東西，長篇大作《論戰利品法》（De jure praedae）。他在這部論文中主張，西班牙海軍封鎖尼德蘭——當時仍在封鎖——乃是戰爭行為。這種挑釁行為讓荷蘭有權將葡萄牙、西班牙船隻視為交戰船。因而，奪取他們的船是合法的戰利品，而非非法侵占。隔年，格勞秀斯將《論戰利品法》擴大為他的代表作《海洋自由論》（*Mare Liberum*），英文版的完整書名為《論海洋自由或荷蘭參與東印度貿易的權利》（*The Freedom of the Seas or the Right Which Belongs to the Dutch to Take Part in the East indian Trade*）。

在《海洋自由論》中，格勞秀斯提出好幾個新奇而大膽的主張。其中最大膽的，乃是人人有權貿易這個自古未曾有人提出的主張。貿易自由首度被宣告為國際法的一項原則，從那之後，貿易自由一直是國際秩序的一環。根據這基本原則，任何國家都無權阻止他國國民利用海道從事貿易。如果貿易是自由的，那麼，賴以從事貿易的海洋，也是自由的。葡萄牙、西班牙無權獨占對亞洲的海上貿易，剝奪他人的貿易自由權。西、葡兩國主張，他們辛苦到那些地區貿易，將基督教帶給那些地區的土著，獨占貿易大餅乃是他們那番辛苦付出所掙來，但格勞秀斯不接受這說法。讓異教徒改信基督，確是崇高的作為，但未崇高到可以獨占貿易；不只如此，在格勞秀斯眼中，這種作為還違反了人人都應受平等對待的原則。「宗教信仰不能不顧主權所從出的自然法或人類法。」他人拒絕接受基督教信仰，「並不足以構成向他們開戰或掠奪他們財物的正當理由。」同樣的，某國投注資金在使他們皈依基督之上，也不代表該國就可以名正言順禁止其他國家和他們貿易。荷屬東印度公司從極自私的角度解讀格勞秀斯的觀點，合理化自己的作為，隨之允許旗下的船長，凡是碰上不准他們入內貿易的地方，均可以用武力強行進入。

荷屬東印度公司的董事還認知到，主宰瓷器貿易最穩當的辦法，乃是透過正規的貿易管道取得瓷器，而非從其他船隻搶來瓷器。他們開始告知離開萬丹的旗下船長，船上若沒載中國瓷器，就別回來。一六〇八年，他們發出一份船貨清單：五萬只奶油碟、一萬只盤子、兩千只水果碟，還有鹽瓶、芥茉瓶、多種寬碗和大碟各一千只，加上數量不明的罐、杯。這份清單表示需求暴增，而中國商人最初未能滿足這暴增的需求。但需求推升價格。「這裡的瓷器通常非常昂貴，」失望的萬丹業務主管在一六一〇年給荷屬東印度公司董事的信中如此寫道。更糟糕的，只要有荷蘭船隊到港，中國商人「立即坐地起價，價格漲到叫我看不出有何利潤。」唯一能遏制價格波動的辦法，乃是不再買進，要求中國人改善供貨品質。「從今以後我們要留意瓷器品質，與中國人簽合同時要求他們多帶些貨來，」他寫道，「因為目前為止他們所帶來的貨，數量不多，且多半品質低劣。」該年所求售的瓷器，他決定一件都不買。「只有非常珍奇的東西才看得上眼」。

一六一二年冬天，白獅號在萬丹碼頭裝貨時，中國商人已經開始供應符合荷屬東印度公司要求的較高品質的瓷器。阿姆斯特丹市徽號——也就是拉姆那支毀損大半的船隊的旗艦——只帶回五桶瓷器，每桶裝了五個大碟。那些是特地買來要送給荷屬東印度公司官員的瓷器。這一趟所要運回的瓷器，主要裝在另一艘到港的荷蘭船佛利辛恩號上。該船卸下三萬八千六百四十一件瓷器，從上菜用的昂貴大盤、白蘭地細頸瓶到樸素但討人喜歡的油罐、醋罐、承置蠟燭的小杯都有。這批貨價值六千七百九十一荷蘭盾，根據當時一名老練工匠一年可賺兩百荷蘭盾來看，這算不上是天文數字，但也算不小。漫長的瓷器貿易就此開始，且貿易額逐年成長。到了一六四〇年，隨便挑艘船來看，比如拿騷號（Nassau），就運了十二萬六千三百九十一件瓷器回阿姆斯特丹。那艘船上利潤最高的貨物不是瓷器，而是胡椒——拿騷號運回九千一百六十四袋胡椒——但瓷器是荷蘭社會裡最常見的貨物。十七世紀的頭五十年期間，荷屬東印度公司船隻所運回歐洲的瓷器，總數超過三百萬件。

中國陶工為全球各地市場製造瓷器，但也為國內市場製造瓷器，且為此製造的瓷器，量與質遠大於、遠優於他們為國外製造的瓷器。明朝的中國人和荷蘭家庭一樣熱衷擁有美麗的青花瓷，但他們選購青花瓷時，依據複雜得多的鑑賞標準。

文震亨（一六四五年歿）是他那一代的藝術鑑賞大家和藝術品評權威。白獅號爆炸、沉沒時，他活在文風薈萃的蘇州。蘇州生產、消費中國境內最俗氣的藝術品和文物，也生產、消費最精緻的藝術品和文物。文震亨得此地利，得以寫出他有關文化消費、高尚品味的著名指南《長物誌》。他是十六世紀大書畫家文徵明的曾孫，工於文章，出身自蘇州極有錢的上流家族，由他來代表他所屬階級，評斷在好禮的上流社會裡何者得體、何者失禮，何物該擁有、何物該避免——這正是《長物誌》著墨之處——再恰當不過。該書針對如何買對、用對好東西提出指導原則，對於那些本身不像文震亨那樣的文人雅士，而學識或家庭教養又不足以了解那些東西的人，這正切合他們所需。那是為了那些渴望得到更上流人士認可的暴發戶所寫的書。就文震亨本身而言，利用他們的無知來牟利，倒也不失為高明的生財之道，因為那本書銷路甚好。

文震亨像（右圖）與其《贈文弘先生》書法（左圖）。

在論飾物那一節，文震亨將上等瓷器的標準定得很高。他同意瓷器是文人雅士所該蒐集、擺設的東西，但認為大約一四二五年之後生產的瓷器大概沒有價值可言，至少那是你不會想讓朋友知道你擁有的東西，以免貶低個人品味。他說瓷中逸品該「青如天，明如鏡，薄如紙，聲如磬」，但他也很了解現實，懷疑如此逸品根本未曾造出過，甚至在十五世紀亦然。的確有一些十六世紀的瓷器通過他的評鑑，但前提是那些瓷器只供日常使用。例如可能會有人以陶工崔國懋所製的茶杯奉茶待客（崔國懋在景德鎮開設的民窯——崔公窯——在一五五〇至一五七五年間，生產包括青花瓷和多彩瓷在內的精美瓷器）。但文震亨批評，那些杯子實則稍嫌過大而有失優雅。只有在別無杯子可用時，才該用上。

對於那些想躋身更上層社會的人，擁有高雅器物不難，使用它們才得戰戰兢兢、小心以對。即使擁有一件文震亨所認為值得擁有的好瓷器，仍需小心勿用錯地方或時機。例如，擺出花瓶供人觀賞時，只適合擺在一種家具上，那就是他所說的「倭几」（譯按：日式桌子）。桌子的大小依花瓶大小、風格而定，而花瓶大小、風格又取決於花瓶所擺設房間的大小。「春冬用銅，秋夏用瓷，」他如此主張，其餘皆不宜。「貴銅瓷，賤金銀。」應避用貴金屬材質的器物，並非為了避免傲慢，而是讓那些徒然有錢而沒教養或品味的人了解自己有多低俗。他還勸道，「忌有環，忌成對」。

文震亨所立的許多規矩，包括花瓶裡該擺什麼花。他對擺花提出種種勸誡之後，語重心長總結道，只要擺上超過兩株，房間就會落得「如酒肆」。歐洲人買來中國瓷瓶之後，興致勃勃，插上大把花朵，荷蘭畫家在不是畫客棧情景時，喜愛畫上繁麗花朵（有時畫客棧情景時也是如此），文震亨若是見到，大概會覺得這些人品味低劣得無以復加，俗得無可救藥。不妨想像一下他若見到歐洲人使用中國茶杯的方式，他會何等錯愕。例如用崔公窯生產的瓷杯喝茶時，以水果、乾果配茶，他認為無妨，但絕不可以橘子相搭。橘子香氣太濃，不宜配茶食用，茉莉、桂皮亦然。在這場文震亨批評低俗品味的戰爭中，歐洲人若是上場較量，必輸無疑。

歐洲人不可能知道這些攸關身分、品味的規矩。他們才剛進入瓷器的世界，只想著如何把一些瓷器弄到手，哪想得到使用瓷器的規矩？歐洲人也有規矩，但他們對奢侈品的使用禮儀，那時還沒那麼講究，至少在陶瓷器上是如此。從佛利辛恩號卸下的珍貴瓷器，一六一三年在荷屬東印度公司的倉庫拍賣時，買氣非常熱絡，買家完全不在意其風格或品質。它們所唯一傳遞的文化價值，乃是它們稀有、獨特、昂貴。歐洲人未曾用過瓷器，剛買進瓷器之後，可能會擺在任何他們認為合適的地方。中國碟子開始出現在餐桌上，因為瓷器非常易於清洗，不會殘留前一餐的菜味。瓷器也拿來擺設，被當成來自地球另一端的高貴珍奇物品。瓷器成為美化桌子、展示櫃、斗篷、乃至門上過梁的飾物（十七世紀中晚期，荷蘭室內場景畫開始仔細著墨於門框，這時可見到門框上高高擺著碟子或花瓶）。若要歐洲人只能將上等花瓶擺在低矮日式桌子上，根本毫無意義，因為當時歐洲人根本不知道日式桌子長什麼樣子。他們想把花瓶擺哪裡，就擺哪裡。

文震亨極為看重這些規矩。在他所處那個身分地位區隔複雜的世界，只要有富而無禮的有錢人，氣燄勝過徒有豐富學識而無錢無勢的人，高雅凌駕低俗的態勢就隨時可能遭扭轉。財富無法去除低俗。反之，隨著文震亨所置身的那個商業時代，愈來愈多暴發戶汲汲於炫富擺闊，不懂追求生活品質，財富反倒較可能讓人流於粗俗，而非助人擺脫粗俗。那些沒教養的有錢人，就著銀盤、金盤進食，完全沒意識到自己的粗俗可鄙。他們拿新近燒成的瓷杯洗毛筆，不知根本不該用瓷器，而該用玉或青銅製器皿——文震亨認為只有造於一四三五年前的瓷水罐才值得用。這些規矩很嚴，只有那些具備文化素養的文人雅士才深諳此道，那些有錢老粗不可能具備那些素養，說來諷刺，除非他們去買一本《長物誌》。在身分地位的爭奪戰中，新取得地位者總是處境艱險，因為他們沒機會定下規矩。另一方面，他們至少有機會下場一玩。畢竟，窮人連機會都沒有。

文震亨若到貫穿蘇州城的大運河邊碼頭，看看要裝船運往荷蘭的瓷器，大概會嘲笑那些瓷器太不入流。那些大部分是為外銷而製造的凱拉克瓷器。從文震亨的標準來看，凱拉克瓷器瓷壁太厚，畫工太劣，裝飾的圖案毫無精巧雅緻可言。那正是那種可用來騙外地外行人的劣質貨。蘇州的文人雅士絕不會將點心盛在畫工拙劣而底部寫上「上品」（許多外銷品上寫有這標誌）的碗裡，供客人傳遞取用，絕不會用底部刻有十五世紀假年代、表面塗了乳白釉、釉面密布小孔的低劣碟子盛蜜餞招待客人，絕不會把好茶倒進前一年才造的杯子裡。一六三五年有本自大的北京指南寫道，景德鎮偶爾還是能造出讓不致擁有者有失顏面的「佳品」，但真正的瓷器鑑賞家會盡可能避用當代的東西。若是有所懷疑的時候，古瓷通常是比較保險的選擇。

從中國人的標準來看，歐洲人把荷屬東印度公司船隻卸下的瓷器當成寶物一般，可知見識淺陋，但從歐洲人本身的標準來看，那可是識貨的表現。因為歐洲除了義大利、法蘭德斯陶工所製造那些粗糙、易碎的陶盤、陶罐，還能拿什麼跟中國瓷器一較高下？無論在精緻、耐用、風格、顏色、還有其他幾乎所有陶瓷品質上，中國瓷器都更勝一籌。歐洲陶工無人能造出那樣高品質的東西，因此才會一有荷屬東印度公司的船隻抵達荷蘭，就有來自各地的人前來搶購。

十七世紀初，瓷器初抵歐洲北部的時候，價格高到大部分人都買不起。莎士比亞在一六〇四年寫成的《一報還一報》（*Measure for Measure*）中，讓劇中丑角龐貝以他妓院老闆奧佛東夫人最後一次懷孕的冗長故事，逗得埃斯卡魯斯、安哲魯哈哈大笑。而他說那故事時，提到她叫人端來梅子乾。「那時我們屋裡就只剩兩顆梅子，盛在一只水果碟裡，一個要價約三便士的碟子；您老爺看過那種碟子；那雖不是中國碟子，可也是非常好的碟子。」奧佛東夫人的妓院經營得不錯，才買得起好碟子，但還是買不起中國碟子。但就在僅僅十年後，這樣的台詞就顯得不合時，因為十年後，中國瓷器開始大量湧進歐洲市場，價格開始下滑。一如撰寫阿姆斯特丹史的作者在十年之後所論道，「瓷器數量與日俱增」，以致中國碟盤已「和我們密不可分，一般人的日常生活幾乎無時不用到。」到了一六四〇年，有個走訪阿姆斯特丹的英格蘭人說道，「不管是哪種地位的人家」，家裡多的是中國瓷器。

瓷器輸入歐洲，全拜那位阿姆斯特丹作家口中的「那些航運」之賜，那些航運以往往教歐洲人大吃一驚的方式和速度，改變歐洲人的物質生活。因此笛卡兒才會在一六三一年驚嘆，阿姆斯特丹是「貨物無奇不有」之地。十年後，英格蘭旅行家約翰・伊弗林來到阿姆斯特丹時，同樣驚嘆於這城市的風貌：「多不勝數的店鋪群和在那城市前方往來不斷的船隻，放眼現今全世界，那城市無疑是最繁忙的地方，那城裡的人無疑是最熱衷於經商者。」阿姆斯特丹雖然繁華熱鬧，歐洲其他大城其實也不遑多讓。三年後伊弗林走訪巴黎，吃驚於「各種想得到的天然或人工珍奇物品，印度製或歐洲製珍奇物品，供奢侈享受或日常使用的珍奇物品」，「等著人用錢來買。」在塞納河邊某個市場區，有個叫諾亞方舟的店鋪教他特別驚艷，他在那店裡發現各式各樣琳瑯滿目的「櫥櫃、貝殼、象牙、瓷器、魚乾、稀有昆蟲、鳥、畫、上千件珍奇奢侈品。」這時，瓷器已是大家輕鬆買得起的奢侈品之一。

對東方製造品的需求暴增，不久就開始影響那些製造品的生產。在那之前，中國陶工幾百年來一直都很清楚，該迎合外國品味製造器皿，比如將通常呈葫蘆狀的花瓶造形扁平化，使其外觀如土耳其細頸瓶，或者製出帶有分隔條的盤子，以配合日本人的飲食習慣。隨著來自歐洲的需求成長，東南亞港口的中國瓷器販子得知歐洲人的喜好，隨之在回到中國時將那訊息告知供應商，要他們據此重新設計產品。景德鎮的陶工製造外銷品時，不理文震亨所提的中國鑑賞標準。他們只想知道哪種產品賣得掉，為了迎合歐洲人品味，也肯換季就更改設計。例如土耳其鬱金香在一六二〇年代風靡歐洲北部，景德鎮陶工就在碟盤上畫上鬱金香。瓷器繪師沒見過鬱金香，畫出來的花和鬱金香幾乎是天差地別，但不礙事，重點在他們立即回應市場的變動。一六三七年鬱金香市場崩盤時，荷屬東印度公司趕緊取消所有繪飾鬱金香的碟盤訂單，唯恐進

荷蘭人稱之為 klapmuts 的大湯盤。

貨後滯銷，一個都賣不出去。

景德鎮陶瓷廠特別針對歐洲人的喜好，前後設計出多款混合東西文化的出色產品，而荷蘭人稱之為 klapmuts 的大湯盤就是其中之一。這種盤子的形狀讓人想起荷蘭下層人士所戴名叫 klapmuts 的廉價羊毛氈帽，因此得名。從白獅號貨艙裝有大量這類湯盤來看，這是當時很受歡迎的商品，那名稱雖然給人品味低俗的聯想，但仍沿用至今。

中國人不用這種盤子。問題癥結在湯。中國湯較接近清湯而非燉湯，與歐洲湯不同；中國湯是拿來配主菜喝，而不當主菜。因此，拿起碗湯，不算失禮。因此，中國湯碗壁斜碗陡，利於就著碗口喝。歐洲用餐禮儀嚴禁拿起碗，因此需要特別為此設計大匙。但把歐洲匙放進中國湯碗裡，湯碗會翻倒，因為碗邊太高，重心不夠低，無法支撐匙柄的重量。扁平狀的 klapmuts 大湯盤因此應運而生，碗口寬，擺進歐洲匙不必擔心出意外。

中國消費者對於外銷歐洲的產品興趣不大。如果那怪玩意兒在中國境內流通，也純粹當它是珍奇物品在流通。後人在兩座十七世紀初的中國人墳墓裡挖出少數凱拉克瓷器，而墓主很可能就因為這理由而擁有那些東西。有件以歐洲風格裝飾的分菜用大盤，出土自一六〇三年去世的明太子墓，兩對 klapmuts 大湯盤式樣的盤子，出土自某省級官員的陪葬品。兩座墳都位在江西省，也就是瓷都景德鎮所在的省份，說明這兩人因地緣之便而取得那些東西。他們為何想要那些東西，如今只能訴諸揣測。他們或許認為凱拉克風格是當地正好弄得到的迷人異國風。在此，有個耐人尋味的殊途同歸現象：歐亞大陸兩端的上層人士都擁有凱拉克瓷器，在中國，那是因為他們認為那體現了西方異國風格，在歐洲，則是因為他們覺得那是典型的中國產物。

荷屬東印度公司運送瓷器的船次在一六一〇年代更為固定，中國碟盤隨之不只用來裝飾桌子、填滿餐具櫃、擺在衣櫃上方，還出現在荷蘭油畫裡。最早一幅畫有中國盤子的荷蘭畫，由彼得．伊薩克茨（Pieter Issacsz）繪於一五九九年，也就是那批搶來的葡萄牙船貨第一次大拍賣，使荷蘭買家有機會入手那些東西的幾年前。第一幅畫有 klapmuts 大湯盤的畫，乃是兩年之後尼可萊斯．吉利斯（Nicolaes Gillis）所繪的靜物畫。吉利斯畫了一堆雜亂擺在桌上的水果、乾果、罐子、碗。在今人看來，那和其他荷蘭靜物畫沒有兩樣，但在一六〇一年的人看來，畫的主角在那件只有最有錢的人才買得起的中國瓷器，大部分荷蘭人從沒見過實物，更別提摸過了。以吉利斯的收入，他所畫的那件瓷器不可能是他的。要再過兩年，聖伊阿戈號的船貨才會抵達阿姆斯特丹，要再過十年，中國瓷器的價格才會降到一般人買得起。因此，他很可能是受那瓷器的主人委託將之畫下：那時候，那不只是靜物畫，還是珍貴個人物品的畫像。

到了十七世紀中葉，荷蘭家家戶戶都裝飾了瓷器。繪畫追隨生活，於是畫家將中國碟盤放

尼可萊斯・吉利斯所繪的靜物畫。

進室內場景，以在表現真實生活景況之外，也傳達些許階級的優越。在台夫特，中國瓷器在維梅爾出生之前就已開始出現於市面。荷屬東印度公司台夫特會所的旗艦——台夫特市徽號——兩次遠航亞洲，分別於一六二七、一六二九年返回，總共運回一萬五千件瓷器，其中有些在維梅爾在世時大概還存於當地。台夫特收藏中國瓷器最多的是台夫特會所的所長尼可萊斯・費堡（Niclaes Verburg）。費堡的船運來鹿特丹、再轉搭平底船往上運到台夫特的瓷器，他都買得起，因為他於一六七〇年去世時，是台夫特最富有的人。

瑪麗亞・蒂恩不是費堡那種大富人家，但還是希望自己家能符合時下的優雅品味。如果維梅爾的油畫可作為判斷依據的話，則蒂恩、維梅爾家也應該擁有幾件瓷器。〈在敞開的窗邊讀信的少婦〉中那件klapmuts 大湯盤，也出現在〈睡婦〉（*A Woman Asleep*，彩圖十一）中，因此那很可能是他們自家的。他們家可能還擁有一件中國青花帶柄大口水壺或水罐，因為〈彈琴遭打斷的女孩〉（*Girl Interrupted at Her Music*，彩圖十三）中，有一只這樣的瓷器出現在桌上的魯特琴後面。但這不可能是直接得自荷屬東印度公司，因為已有歐洲工匠替其加上銀蓋，替這只百合瓷壺增色。在〈戴珍珠項鍊的女子〉左側桌上，也擺了一只凱拉克式的薑汁罐。罐子表面的弧形倒影，映出左邊一個未見於畫中的窗戶，說明了如此著迷於光線的維梅爾，畫起像中國壺罐如此富光澤的東西，想必樂在其中。在這張桌上，帶項鍊女子的正前面，有一只碗壁曲而陡的小碗，這是否表示蒂恩、維梅爾家不只三件中國瓷器呢？

荷屬東印度公司運回歐洲的瓷器乃是供虛榮性消費的昂貴商品，只落入那些買得起的人手中。對於其他買不起的人，歐洲陶器製造者提供進口替代品，搭這股中國瓷器熱的順風車撈油水。其中卓然有成的包括台夫特的陶工和製陶磚工。他們的先祖十六世紀從義大利的法恩察（Faenza）遷來（名叫釉陶的多彩陶器，就因原產於該地而得名 faïence），先往北遷到安特衛普討生活，然後繼續北移，以躲避西班牙軍隊鎮壓荷蘭獨立運動掀起的戰亂。他們帶來陶器製造知識，在台夫特知名的啤酒廠裡設立燒窯，當時已有許多台夫特啤酒廠因勞動階級棄啤酒改喝杜松子酒而被迫關廠。在這些新近改建的製陶廠裡，他們開始根據來自中國的新陶器審美風摸索複製，成品推出後受到市場歡迎。

〈倒牛奶的女僕〉（The milkmaid，彩圖十二）中女僕腳邊是一個暖爐，牆角貼著台夫特陶墻磚，墻磚上描繪丘比特（左）和一些其他人物。

台夫特陶工的仿冒品，品質比不上中國的青花瓷，但也還過得去，而且價格低廉。在荷屬東印度公司開始貿易的頭幾年，一般人只買得起幾件瓷器，台夫特精陶為這些人提供了買得起的替代品。台夫特陶工不只模仿而已，同時還有所創新。他們最暢銷的低階市場產品乃是青花壁磚，滿足了台夫特資產階級興建新宅的需求。壁磚的藍散發一絲迷人的中國風，而壁磚表面所繪人物的線描風格，隱約重現了一般人大概會認為是中國風格的東西。安東尼．貝利（Anthony Bailey）在維梅爾傳記中說得好。「剽竊遙遠異地的東西，從中造出如此富創意的產品——創造出一種民俗藝術——實在少見。」這一產業欣欣向榮。維梅爾開始作畫時，台夫特城的勞動力有四分之一投入與陶器貿易有關的工作。台夫特精陶受到那些買不起中國瓷器的人青睞，銷路既好又廣，該城名字台夫特（Delft）跟著那產品傳開。在英格蘭，碟盤被稱作 china（瓷器），在愛爾蘭，則稱作 delph。

台夫特陶磚出現在五幅維梅爾的畫中。畫家和製陶磚匠同屬聖路加藝匠公會，而且維梅爾還是該公會的頭頭之一，因此他必然認識開窯廠的人，甚至認識一些地位高於一般製陶磚匠的陶器畫師。維梅爾似乎很欣賞陶磚上信手描上的裝飾圖案——建築與船、丘比特與軍人、撒尿的男人和抽菸的天使——因此他把其中某些圖案畫進自己的畫裡。他似乎很喜歡他們所用的鈷藍色，因為那顏色成為他繪畫的標記之一。十八世紀風靡歐洲的中國式裝飾風格（chinoiserie），在他的鈷藍設色和他在光亮表面仔細重現光線的手法，或許就已露出端倪。

雖然欠缺具體證據，我們仍可以推斷，維梅爾既然在荷屬東印度公司的會所城鎮生活，執業作畫，他應該見過中國畫。我們知道台夫特會所的所長尼可萊斯．費堡收藏了幾件中國畫，但那些畫不大可能拿到他家外面展示。但想必有一些中國人眼中的漂亮畫作，由好奇的水手帶回，在公領域流通。約翰．伊弗林寫道，他在巴黎的諾亞方舟店見到奇怪的外國畫，那裡面會不會有中國畫？阿姆斯特丹有位諷刺作家，在著作中虛構「有幅畫一筆到底描出十二個橘子」，讓讀者看了大笑，在此，他認定讀者熟悉中國畫家那種奔放流暢的筆法。如果尼德蘭有中國畫流通，維梅爾肯定會想辦法一睹。

裝飾物的流通，不只是單向從中國到歐洲。歐洲器物和繪畫也在中國流通。一六一〇年三月五日，白獅號第三次離開阿姆斯特丹航往亞洲的途中，文震亨動筆寫《長物誌》的幾年前，有位夏姓藝品商前去拜訪他很常往來的客戶李日華。李日華住在嘉興，是著名的業餘畫家和有錢的藝品收藏家。李日華往來的上流人士，與文家往來的是同一批人，因此大概認識《長物誌》的作者。他是夏姓商人的老主顧，向他買畫和古玩已有多年。夏剛從長江三角洲另一頭的南京回來，而南京是古玩奇珍的買賣重鎮。他帶了一些特別挑選的稀世珍品給李日華過目，包括一只明憲宗成化年間（一四七〇年代）的瓷酒杯，一只寫書法時用來替墨汁加水稀釋的臥虎狀青銅古硯滴，還有兩只拇指大小的淡綠色耳環。夏姓商人向李日華保證，那兩只耳環是稀有的水晶款，來自只在五代十國（九五〇年代）生產這類東西的某個窯，藉此暗示要賣個高價。

李日華對夏姓商人帶上門的東西大部分中意，但他一眼就看出那兩只耳環，夏姓商人看走了眼。他決定戲弄一下對方，於是假意拿起來仔細打量，然後點明它們是玻璃製的。它們不只不是宋代的古物，甚至不是中國的東西。那天稍晚，李日華在《味水軒日記》上所寫的，「此海南番舶所攜，乃夷國煉化物也，世間琉璃玻璃之屬，皆西洋諸夷銷石為之，非天然八寶也。」李日華很得意自己見識更勝夏姓商人一籌，但口氣中並無惡意。他知道買賣古玩總免不了碰上贗品，很高興這次被騙的不是買家，而是賣家。討來一番指教的夏姓商人心服口服而離開，不只為自己想把那耳環賣給像李日華那樣精明的人而難為情，恐怕對自己花了大錢在南京買下而更感尷尬。

這段軼事是否表明中國人對外國東西不感興趣？非也。我們得弄清楚李日華收藏文物的目的。在他眼中，收藏乃是為了找出足以證實古人文化優於今人的東西；因此，文物的真偽對他非常重要。他想要得到能讓他神遊更美好時代的東西，而更美好時代只存於過去。那則軼事所表明的，乃是十七世紀時外國貨的確流通於中國。如果外國貨到了南京，然後經由行商之手流通到周邊城市，那麼它們想必有其銷路。它們的流通規模不如外國商品在歐洲流通那麼大，但那時候它們抵達中國的數量畢竟少得多。此外，在歐洲，經過約略一個世紀的全球掠奪和貿易，已把歐洲人訓練成外國奇珍異品的鑑賞行家，中國則不是如此，外國珍奇物品在中國的需求並不大。對中國收藏家而言，外國貨並非不准碰的東西。在《長物誌》中，文震亨鼓勵讀者弄到某些外國貨。他推薦高麗的毛筆和紙，認為日本有好些東西——從折扇、青銅尺、鋼剪刀到漆盒、上等家具——都值得擁有。來自國外並不構成欣賞的障礙。

如果外國貨在中國構成「問題」，那並非因為中國人對外國東西有根深柢固的鄙視，而是和東西本身隨環境變化的特質有關。美的東西要能傳達文化意涵，才受看重；以骨董來說，就是要能傳達和平衡、和諧、崇古有關的意涵。骨董受到看重，乃是因為它們讓擁有者具體接觸到離今日已遠的美好過去。東西背負著必須傳達意義這個包袱，人就不易看出外國貨的價值。物因稀而貴，對收藏家而言，對神奇或古怪東西好奇，乃是應予認可的收藏動力，但叫人生起收藏念頭的最根本因素，乃是欲讓自己接觸文明的核心價值。因此文震亨才會推薦讀者使用高麗、日本的東西。中國與高麗、日本的文化互動，其來已久，因此高麗、日本的東西可視為和中國的東西屬於同一文明精神範疇。它們是和中國之物有所差異，但那差異不強烈，只是奇特，還未到怪異的地步。

歐洲之物則不可如此看待。對於海外的事物，李日華並非沒有興趣知道；事實上，他的日記裡有多處論及他所聽聞駛入中國沿海的外國船和外國水手。但來自外國的東西，在他的象徵體系裡沒有一席之地。它們不具價值，只是引人好奇而已。相對而言，在歐洲，中國之物帶來較大的衝擊。在那裡，差異使人想要擁有。歐洲人往往將之融入自己的生活空間，甚至更有過之，為此修正自己的審美標準。維梅爾〈在敞開的窗邊讀信的少婦〉前景處所放置的那個盤子，是外國之物，而那盤子所置身的那張土耳其地毯，也是外國之物。那些東西未引來鄙視或不安。它們是美的，且來自製造美好且可以買到美物的地方。就這麼簡單，而光是那樣就足以使之成為值得購買之物。

這類外國之物在歐洲人的居室裡占有一席之地，但在中國人的居室裡則沒有。到頭來，這個問題與審美或文化無關，癥結在於各自能以何種心態來看待更廣大的世界。有荷蘭官方全力支持的荷蘭商人，當時行走全球，將足以具體傳達世界另一頭是何風貌的神奇東西，帶回廓爾克碼頭。台夫特人把中國的碟盤視為中國富裕的象徵，在自宅裡欣然擺出。它們當然美，而且荷蘭家宅主人喜歡那種美所帶來的樂趣。但中國碟盤出現於荷蘭人家，也象徵了看待世界的正面心態。

李日華站在家鄉嘉興的碼頭往海的方向看，除了看到飽受海寇侵擾的海岸，還看到什麼？在他眼中，海外那更廣大的世界是威脅的來源，而非美好未來或財富的來源，更不是喜悅或啟發的來源。他沒理由去擁有象徵那威脅的東西，把它們擺在書齋之中。反之，對歐洲人而言，冒再大的危險和成本去把中國貨弄到手都值得。因此，白獅號沉沒的四年後，艦隊司令才會又回到南中國海劫掠西班牙、葡萄牙的船隻，奪取中國船隻，只為得到更多的中國貨。

## 注釋

1 一袋胡椒重約十二公斤。按照阿姆斯特丹每一舊磅（〇．四九四公斤）〇．八佛羅林金幣的零售價，這批胡椒值三十六萬四千荷蘭盾。

2 一六〇三年，高寀派半官方的代表團前往菲律賓馬尼拉的西班牙殖民地，以查明該地有座「金山」的傳言是否屬實。此舉讓西班牙人大為驚恐，深怕中國接著派兵入侵，於是大舉屠殺城裡的華人居民。三十六年後，屠殺華人事件再度上演，第六章就以此事為主題。

3 荷蘭人替船取名時愛用獅名，特別是荷屬東印度公司經營初期。隨便舉個例子，一六〇九年就有艘叫紅獅號的船駛往日本。荷蘭人也用地名作為船名。台夫特號於一六〇七年下水，往返臥亞、爪哇三趟；一六四〇年又建了一艘台夫特號。中國號於一六〇八年停泊於香料群島德納第島岸外時，沉沒於暴風雨中；一六七六年，荷屬東印度公司阿姆斯特丹會所下水另一艘中國號，船身比前一艘中國號大了一倍半。相對的，葡萄牙人以女聖徒之名替武裝商船取名，祈求她們的保佑。中國人以鳥替船取名，希望船在水上如鳥般疾飛。

4 一六〇六年一艘荷蘭船——碰巧又叫白獅號——在聖羅倫斯河劫掠法國船時，法國國王向荷蘭政府抗議，宣稱荷蘭人無權在他轄地內貿易。荷蘭人同意賠償那些船隻的船東損失，但也利用此次調查，順勢宣稱他們想在哪兒貿易，就可以在哪兒貿易，法國人無權阻止。

# 4 地理課 Geography Lessons

地理學家專注於描繪地圖，表現出十七世紀荷蘭人渴望了解世界的熱情。

有一幅維梅爾的畫，輕鬆就可從中找出那正包圍、入侵台夫特的更廣大世界的蛛絲馬跡，這就是〈地理學家〉（*The Geographer*，彩圖四）。那幅畫以維梅爾的一貫手法呈現他的畫室，我們看到那同樣的封閉空間，那在維梅爾畫作裡所預期會看到的空間，明亮的窗戶再度被畫成以極斜的角度面對觀者，因而從窗玻璃完全看不到窗外街道的景象。但這一次，房間裡東西雜亂，而且那些東西躍然指向更廣闊的世界。維梅爾在這裡所要表達的無關乎男女情愛（前兩幅畫的主題），也無關乎高潔人格的追求（我們不久就會探討的另一幅畫的創作源頭）。這幅畫主要在表現另一種追求，表達想了解世界的渴望，而這裡的世界不是家屋內部的世界，甚至不是台夫特的世界，而是商人和旅行家正在進入，正從那裡帶回奇妙東西和驚人新消息的廣大世界。那些東西迷住人的眼睛，但那些消息占據人的腦海，而維梅爾那一代才智不凡之士，正盡情吸取那些消息，開始用全新的角度看世界。他們要擬定新的量度標準，要提出新的理論，要以大至涵蓋整個地球的宏觀眼光，小至深入幽微、開始揭開一滴雨水或一粒微塵之神秘內在的微觀眼光，建造新模型。

這就是〈地理學家〉的主題。因此，那幅畫予觀者的感受異於維梅爾其他的畫作，也就不足為奇了。他以一貫手法圍繞著一個人物來構圖，那人正專注於自己的事，目光未投向觀者。但其他畫作裡那種讓觀者仿如置身畫中人旁邊的親切感，不見於此畫。我們的目光被引向那個停下來沉思的地理學家，一如被引向那個讀信的少婦，但我們未進入更深的心理層面。或許維梅爾想透過〈地理學家〉（和其姊妹作〈天文學家〉〈*The Astronomer*〉），展開新題材的創作，但不是很清楚如何讓這個知性的場景在觀者心中激起漣漪。對觀者、或對畫家本身來說，那股想藉由描繪世界地圖來認識世界的熱情，終究大大不如想藉由愛來了解另一個人的熱情來得引人入勝。或許，委託維梅爾畫這兩幅畫的人希望透過它們呈現對科學知識的新渴望，而維梅爾對這樣的主題提不起勁來。甚至，委託作畫的就是畫中的人，而最合理的猜測，這個人可能是台夫特的布商、測量員、博學之士——安東尼．范．列文虎克（Antonie van Leeuwenhoek）。

列文虎克的姓就是他的地址：「獅門旁那個角落」，而獅門就是〈台夫特一景〉中那對城門右邊的下一個城門。他最為著稱的事蹟就是以透鏡做實驗，因此被今人譽為微生物學之父。就文獻來看，維梅爾和列文虎克沒有直接往來，但就間接證據來看，他們是朋友的可能性很大。他們兩人同月生，住在台夫特的同一個區，又有共同的朋友。對於那些懷疑兩人是朋友的人來說，這三點大概還不足以改變他們的看法。但是在維梅爾死後，列文虎克扮演了關鍵角色。維梅爾死時，他的繪畫和藝品販售事業都處於低潮，死後兩個月，遺孀卡塔莉娜不得不申請破產，市政委員會接到申請之後，即指派列文虎克管理維梅爾的遺產。從另外一幅肖像畫來研判，這位推開桌上的土耳其地毯，手拿測量用的兩腳規，俯身在地圖上的男子，就是列文虎克。即使不是列文虎克，此畫所推崇的也正是列文虎克那一類的人。

有關更廣闊世界的蛛絲馬跡，在畫中處處可見。那位地理學家攤開在面前的文件，內容模糊難辨，但顯然是張地圖。一張羊皮紙質的海圖，捲開在他右手邊的窗下。兩份捲起的海圖擺在他身後的地板上。一份歐洲沿海圖——這幅地圖的頂端指向西方，而非北方，主題也就隨之明瞭——掛在後牆上。那幅海圖出自何人之手，尚不得而知，但與威廉．布勞（Willem Blaeu）所繪海圖類似。布勞是阿姆斯特丹的商用地圖出版商，印製了許多地圖，〈軍官與面帶笑容的女子〉中後牆上那張地圖，就是其中之一。整幅畫最上方有顆地球儀，那是亨德里克．宏第烏斯（Hendrick Hondius）一六〇〇年所出版地球儀的一六一八年版。

維梅爾筆下的地球儀，只露出宏第烏斯口中的東洋（Orientalus Oceanus）那一面，而東洋就是今人所謂的印度洋。對十七世紀初的荷蘭航海家來說，航越那片海域非常艱鉅。前往東南亞的葡萄牙路線，繞過好望角，再往北經過馬達加斯加島，一路順著弧形海岸線航行。這條路線的優點在於航行中可頻頻看到陸地，不易迷失於汪洋大海之中，缺點是航行方向逆風、逆洋流，而且這條路線掌控在葡萄牙人手中，雖然葡人不是荷蘭人的對手。一六一〇年，有位荷蘭航海家發現另一條路線。這條路線在抵達好望角後還要再往下到南緯四十度處，然後借西風和西風洋流之力，船隻可迅速航越印度洋邊緣，再乘著東南信風轉北航往爪哇，完全避開印度沿海。通往香料群島的航程，因此縮短了幾個月。

那只地球儀下方的渦卷飾（當時的地圖繪製員習慣以這種帶題詞的渦卷飾，填補地圖上的空白區）難以辨認，但現存的一顆該地球儀實物可彌補這個缺憾。宏第烏斯在渦卷飾裡，以印刷體簡短解釋這顆地球儀為何不同於他一六〇〇年出版的地球儀來為自己辯解。「每天有前往世界各地的考察活動頻繁展開，考察隊清楚見到並報告那些地方的所在位置，因此，如果這地圖大不相同於我們先前所出版的其他地圖，我想不會有人覺得奇怪。」然後，宏第烏斯懇請熱心的業餘人士鼎力相助——這方面知識的編纂，這種人是一大功臣。「在此懇請好心的讀者，若對某地有更為完整的了解，還請不吝賜教，以增進大眾福祉。」大眾福祉的增進，當然也代表銷售量的增加，但只要能讓產品更為可靠，當時沒人在意大眾福祉的增進是否會圖利廠商。當時外面是個新世界，為了理解那個世界，值得花錢取得相關知識，特別是無知的具體後果之一乃是船難。

西班牙耶穌會士亞德里亞諾・德・拉斯科特斯（Adriano de las Cortes）就因為對南中國海的認識不夠「完整」而吃到苦頭。一六二五年二月十六日早上，他所搭乘的吉亞聖母號（Nossa Senhora da Guia）在中國沿海觸礁。吉亞號是葡萄牙船，離開西班牙的菲律賓馬尼拉殖民地，欲前往珠江口的葡萄牙殖民地澳門。船於三個禮拜前離開馬尼拉，沿著呂宋島西側往北搶風航行，然後朝西穿越南中國海前往中國。航行在南中國海的第三天，寒冷的濃霧使船動彈不得。導航員應該帶有相關的海圖，以順利走完這條已走過多次的馬尼拉、澳門航線，但海圖用處不大，靠它們跟靠太陽、星星辨認方位沒有差別。濃霧、減速、緩流同時碰上，使他束手無策。大略估算出船與赤道的距離不是太難，但要估算出船在東西間的哪個位置，就沒辦法（確認海上經度所需的儀器，還要再過一百五十年才會問世）。兩天之後，風開始吹，但不久刮起大風，把船吹得偏離航道更遠。吉亞號的領航員無法算出所在位置，只能等看到陸地，根據海岸輪廓判斷所在位置。

二月十六日凌晨，距天亮還有兩小時，大風突然將船推上中國海岸。地圖上未標示出上岸

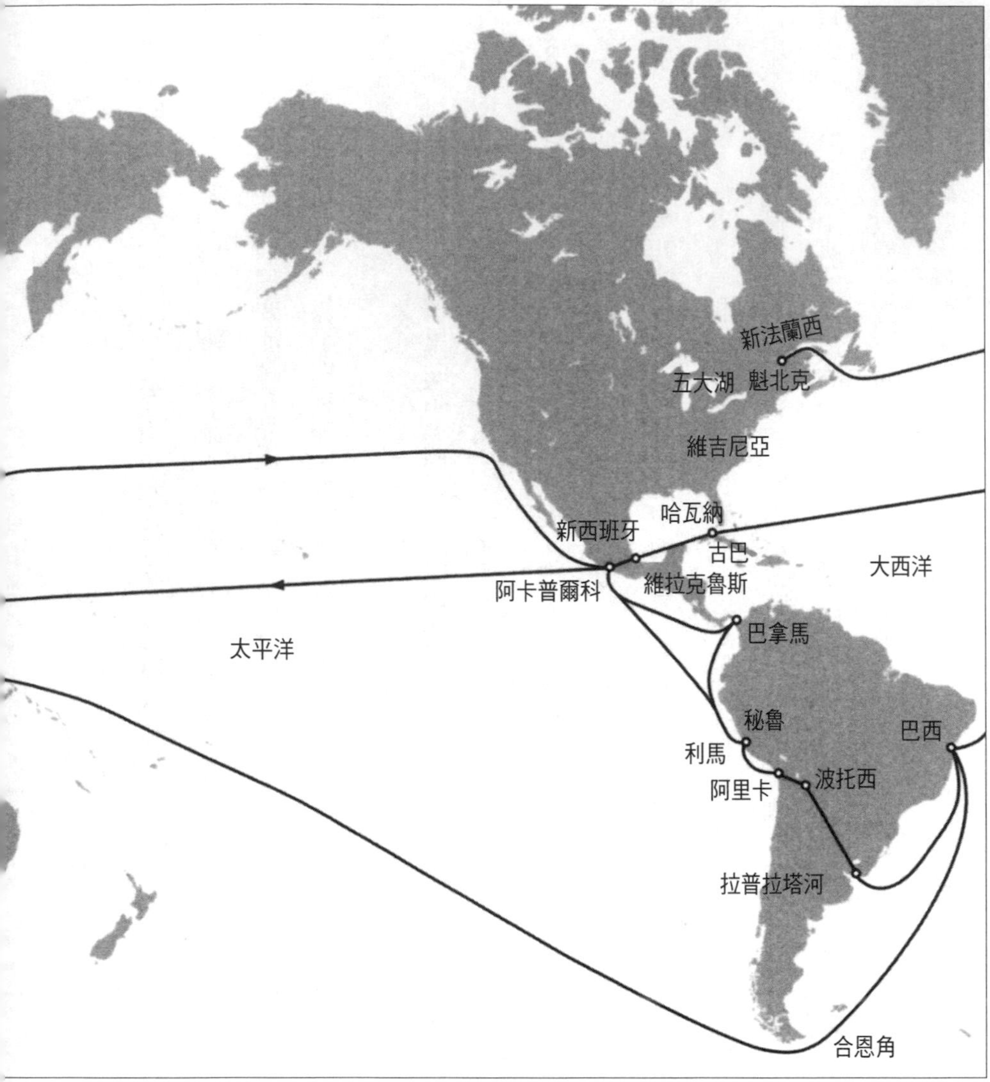
新法蘭西
五大湖
魁北克
維吉尼亞
哈瓦納
新西班牙
古巴
大西洋
阿卡普爾科
維拉克魯斯
巴拿馬
太平洋
秘魯
巴西
利馬
阿里卡
波托西
拉普拉塔河
合恩角

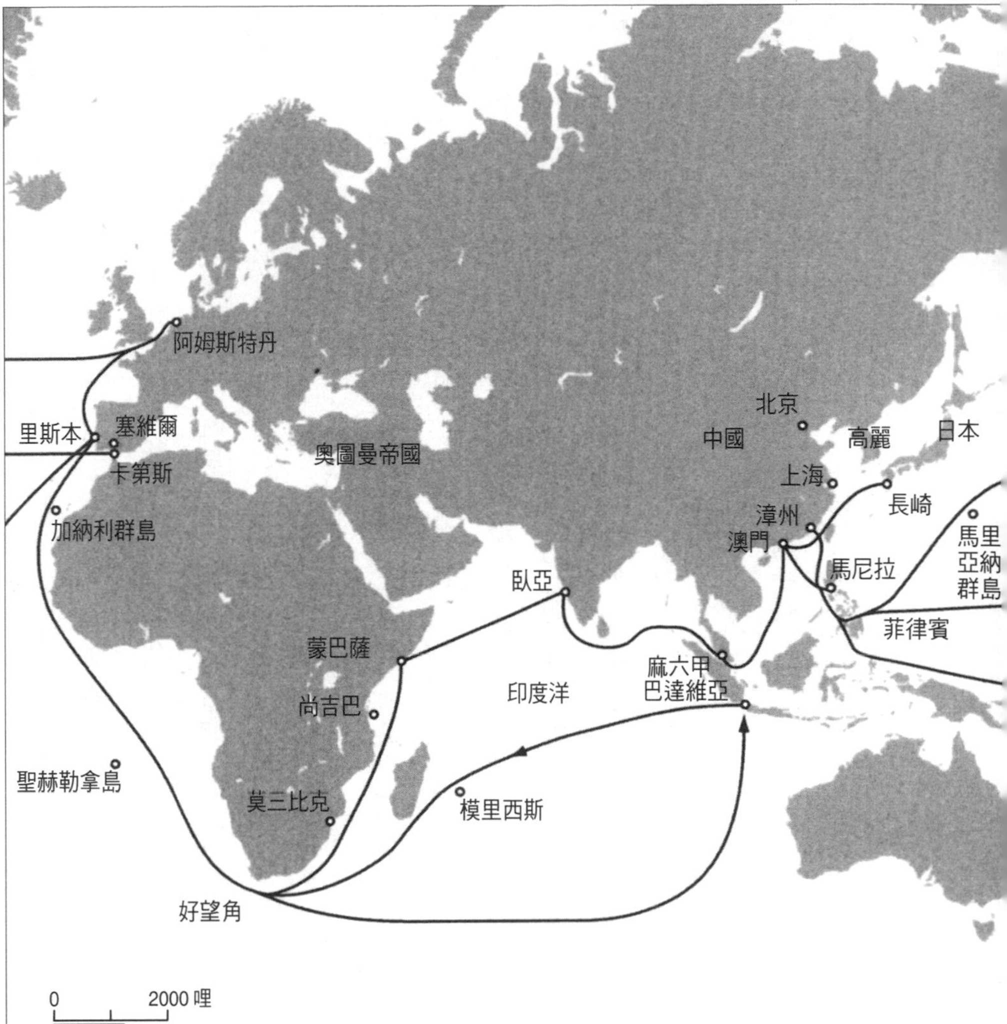
阿姆斯特丹
里斯本
塞維爾
卡第斯
加納利群島
奧圖曼帝國
北京
中國
高麗
日本
上海
長崎
漳州
澳門
馬里亞納群島
馬尼拉
臥亞
菲律賓
蒙巴薩
麻六甲
巴達維亞
印度洋
尚吉巴
聖赫勒拿島
莫三比克
模里西斯
好望角
0
2000 哩
0
2000 公里

十七世紀全球貿易路線

處，船上的人也無人認得。後來倖存者才知道，他們擱淺在澳門東北方三百五十公里處。船擱淺斷裂的所在，水不深，吉亞號上兩百多人，大部分人得以泅水上岸。只有十五人未能登岸：若干水手、若干奴隸（其中一名是女的）、一些來自馬尼拉的他加祿人、兩名西班牙人、一名年輕日本男孩。

附近漁村的居民下到海邊，盯著這批上岸的外國人瞧。他們爬上岸時，村民避得遠遠的。大部分村民可能從沒有這麼近距離見過外國人，因為這個沿海漁村不在兩條對外貿易的主要航線上——其中一條是從澳門到日本，另一條是從月港（今廈門）到菲律賓，而月港位在與澳門相反的方向上，距澳門兩百公里。住在這段海岸的漁民知道有外國人在那些海域航行，大概聽過澳門的葡萄牙人（中國官方稱那些葡萄牙人為澳夷），而且知道那些人不大可能攻擊他們。他們害怕的是倭寇和可怕的紅毛（這是剛出現的詞語，用以指稱荷蘭人）。官府於一五二五年禁止與日本人進行海上貿易，倭寇憤而襲掠中國沿海報復，吉亞號擱淺時，倭寇為患已有百年。他們以善使刀而令人生畏。當時當地仍流傳，曾有十二名日本人持刀，殺掉派去圍剿他們的三百名中國民兵。紅毛則讓他們更為害怕。荷蘭人襲掠那段沿海地區，只是最近兩三年的事，但因為手法凶殘，很快就惡名昭彰。從中國人替荷蘭人所取的綽號，可以知道中國人見到他們時，是什麼特徵最讓中國人印象深刻。對於中國人而言，黑色是正常的髮色。葡萄牙人往往也是黑髮，因此，在中國人眼中，他們只是長得醜，還談不上怪。荷蘭人則不然，他們金色帶紅的頭髮，叫中國人看了驚駭。凡是髮色如此的人，都是紅毛，都是荷蘭人，因而很危險。

上岸的不只紅毛、倭寇、澳夷而已，其中還夾雜了全然不同的另一種人——黑鬼。那些是侍候葡萄牙主子的非洲黑奴，在東亞的各個歐洲殖民地裡都有他們的身影。他們和中國人所見過的人都很不一樣，因而最令中國人害怕。

村民的目光停在那些外國人身上沒多久，就轉而盯上隨著生還者漂向岸邊的箱子和桶子。他們開始把漂浮的船貨拖上岸，翻找值錢東西。不久，當地民兵帶著刀和火繩槍抵達，他們的任務乃是把船難倖存者留在登岸處，等軍隊指揮官前來處理。他們也想撿拾船難後沖上岸的東西，但船貨已被村民搶先一步撿走，他們只好找上那些一身濕漉漉的倖存者。他們搜了一些人的身，叫其他人脫光讓他們搜查，認定他們身上一定藏有金銀珠寶。最初倖存者因為疲累且害怕，乖乖讓他們搜身，只有一些人不出聲反抗。民兵還沒搜到多少東西，倖存者就集合起來，朝內陸走去。

民兵擔心未控制住這群人會受罰，開始朝他們丟石頭、用長矛戳，讓他們知道該待在岸上。但那群為數兩百的外國人繼續前進，於是中國火繩槍兵開火，有一人中槍，是個日本人，但火藥威力太弱，彈丸只是打進那人衣服，而未傷到皮肉。民兵的刀則較管用。一名叫佛朗切斯科的葡萄牙水手挨了一刀，然後被砍頭。他是那批倖存者之中第一個遭俘擄他們的人殺死的人。然後一名叫米格爾·華雷斯（Miguel Xuarez）的澳門葡萄牙人遭長矛刺中。一名神父扶住華雷斯，但還是被民兵拖走，砍頭。

終於有位軍官帶著小隊侍從，騎馬抵達。吉亞號船長貝尼托·巴爾博札（Benito Barbosa）

趕緊上前，請求放過他乘客和船員，但那軍官揮刀威嚇，命令侍從割下巴爾博札一隻耳朵，表明他是犯人，沒有商量餘地，只有投降。

然後，大舉展開徹底搜查。民兵搜起身來肆無忌憚，把船難倖存者身上所能找到的全都據為己有。有些倖存者還是帶了些許財物上岸，而其中的大部份在受盤問時，把財物乖乖交出，但並非每個人如此。來自臥亞的印度穆斯林商人易司馬儀（Ismaël）早已把外套脫下，塞進包包裡。那包包引來一個民兵起疑，易司馬儀不肯交出，兩人一番拉扯，包包從他手中滑落，掉出六、七枚銀披索。易司馬儀抗拒不從，教那民兵怒不可遏，於是砍下易司馬儀的頭，結束這場爭執。另一名來自臥亞的印度商人布多（Budo）也和民兵起了類似的爭執。一名民兵懷疑布多嘴裡藏了東西，果然沒錯。幾名民兵想扳開布多嘴巴時，布多從嘴裡吐出兩枚戒指，踢進沙裡，藏了起來。失望的民兵一臉不在乎的模樣，但是十分鐘後，民兵從後面欺身而上，砍下布多的頭，當戰利品高高舉起。

其他人喪命，則不是因為拒不交出財物。一名叫蘇孔薩巴（Suconsaba）的男子和一名在臥亞附近出生的方濟會平信徒（譯按：未受神職的一般信徒），船擱淺時受了傷，上岸時已奄奄一息。那位西班牙耶穌會士亞德里亞諾．德．拉斯科特斯，事後寫了回憶錄記述吉亞號船難事件，根據他的記述，「我們有幾個人懷疑，那兩人遭中國人砍頭時還沒死。」有個叫馬斯馬穆特．甘普提（Masmamut Ganpti）的男子，可能是船主龔薩拉．費雷拉（Gonçala Ferreira）的奴隸。他安全上岸，但是為了保護主人不讓民兵搶走他的衣服而和民兵起衝突。中國人憤而抓住甘普提，砍斷他雙手雙腳，以示懲罰，然後更砍掉他的頭。拉斯科特斯稱甘普提是「摩爾水手」、「英勇的黑人」，「沒給中國人一點動手的藉口，就莫名其妙」喪命。費雷拉的另一名僕人也遭到同樣的下場，但不是因為抗拒民兵，而是因為後來中國人押著倖存者走向內陸時，身子太弱趕不上。

那天早上遭溺死、殺死的人，包括摩爾人、黑人、臥亞人、南亞穆斯林、澳門葡萄牙人、葡萄牙人、西班牙人、奴隸、他加祿人、日本人[1]。這份罹難名單具體說明了吉亞號上乘客，種族、民族出身的多元。船上葡萄牙人有九十一人，其中有些人生在澳門或在澳門居住、工作，其他人則來自散布全球各地——從加納利群島（Canary Islands）到臥亞、澳門——的葡萄牙殖民地。船上其他的歐洲人就只是六名西班牙人。西、葡兩國的聯合協議，禁止各自的船隻搭載對方的國民，但碰上有此需要時，特別是涉及到神父或從事傳教的天主教平信徒時，這項協議就給擱到一旁。那六名西班牙人就是因這身分而上了葡萄牙的吉亞號，其中有一人遠從墨西哥來。

乘客名單中，歐洲人只占將近一半。船上的第二大族群是六十九名日本人。澳門的葡萄牙人雇用了許多日本人，經手與中國人的生意往來。他們會寫漢字，因而談起生意協議的細節時，比葡萄牙人更能和中國人溝通。他們的膚色、五官，也使他們比歐洲人更便於在中國人之間走動，甚至有時溜進內陸而不會被發現，這是葡萄牙人出馬絕不可能辦到的。拉斯特科斯認識其中一名日本人，是個天主教神父，名叫米格爾．松田。他就是那個挨了火繩槍一彈，結果彈丸卡在衣服上，奇蹟似毫髮無傷的男子。松田因皈依基督教而在一六一四年遭日本政府驅逐到菲律賓，在馬尼拉跟著耶穌會傳教士學習，最終成為神父。他打算到澳門，搭葡萄牙船返回長崎，偷偷溜回國傳布基督福音。那是一趟危險的任務，到了日本，松田難逃被捕、處決的下場。

歐洲人、日本人之後的第三大族群，則是易司馬儀、布多所屬的那個族群：來自印度臥亞葡萄牙殖民地的三十四名穆斯林商人，其中兩人有妻子同行。最後，拉斯科特斯提到「來自馬尼拉附近的印度人（他加祿人）」、摩爾人、黑人、猶太人，但只是一筆帶過，並未交代這些族群的人數。

吉亞號乘客的多元民族組成，說明了當時有哪些人透過葡萄牙船運事業所維持的貿易網在遷移。若非拉斯科特斯費心寫下船難報告，若非他的手稿在大英圖書館保存下來，我們不會知道吉亞號竟搭載了如此形形色色的種族。該船的船主和船長是葡萄牙人，但乘客卻是來自許多國家，最東遠自墨西哥，最西遠自加納利群島。因此，透過拉斯科特斯的回憶錄，我們知道我們所認定為「葡萄牙船」的船隻，船上的人不盡然全是葡萄牙人，而是簡直來自全球各地的人。吉亞號並非特例，因為其他文獻也指出同樣的事實。最後一艘順利抵達日本的葡萄牙商船（一六三八年），船上有九十名葡萄牙人和一百五十名「歐亞混血兒、黑人、有色人種」（引自另一份文獻）。歐洲船或許主宰了十七世紀的海上航路，但歐洲人在船上占不到一半。

看到來自全球各地的各色人種泅水上岸，岸上村民大為驚異。從村民的反應，拉斯科特斯推斷，他們「從沒看過外國人或來自其他國家的人。」他猜「他們之中沒有人去過其他國家，大部分人從未離開家鄉。」那天早上在岸上相遇的兩個世界，分處於十七世紀全球經驗光譜的兩個極端：一端的人，一生只活在自己的文化籓籬內；另一端的人，則每日跨越文化籓籬，不斷和不同出身、膚色、語言、習慣的人打交道。

那些村民看到歐洲人時作何反應，無文獻可茲說明，因而，只能以來自其他情境的描述填補那空白。有個中國作家如此描述來到澳門的西班牙商人：他們身長鼻高，貓眼鷹嘴，鬈髮紅鬍。喜歡做生意。做買賣時，他們只伸出幾根指頭（以表示價錢），即使交易額高達數千兩的白銀，他們也不簽合同。每次要做保證時，他們指天為誓，而他們從不毀約。他們穿著優雅而乾淨。然後，這位作者竭盡所能將那些歐洲人納進他所熟悉的歷史。那些人來自中國人所謂的大西（歐洲），而大西位在比小西（印度）更過去的地方，因此他們必定和印度有所關連。這位作家或許聽過某些基督教教義，因為他接著表示，西班牙人想必原是佛教徒，但後來失去佛教徒身分，這時，在宗教上，只能接觸到邪惡的教義。

如果白人教他們好奇，黑人則教他們震驚。「我們的黑人特別吸引他們注意，」拉斯科特斯寫道。「他們看到黑人洗過身子後，沒有變得比較白，每次看，每次都驚訝。」（拉斯科特斯旅行時帶著一名黑僕，這會不會也洩露了他自己的偏見？）當時的中國人以幾種名稱稱呼黑人。中國人有時把外國人稱作「鬼」，因此黑人就給直接稱作「黑鬼」。中國人也用一千年前指稱黑皮膚印度人的字眼，稱他們為崑崙奴。印度位在中國西南邊陲崑崙山脈的另一頭，因此得名。那位碰上古玩商拿著所謂的中國古瓷上門、卻識破那不是中國之物的嘉興收藏家李日華從沒見過黑人，但他在日記裡，他說人稱他們是「盧亭」（這詞的源頭已不可考），甚通水性，因而漁民用他們來把魚引入漁網。有人告訴李日華，在華南，每戶漁家都有一名黑人。

中國地理學家王士性的描述則比較可靠些。他形容澳門的黑人「滿身如漆，止餘二眼白耳。」他說他們行徑可怕。「其生死惟主人所命，主人或令自刎其首，彼即刎，不思當刎與不當刎也。其性帶刀好殺，主人出，令其守門，即水火至死不去，他人稍動其扃鐍則殺之，毋論盜也。」有人輕推門，不管是否有行竊之意，黑人都會將其殺害。王士性還提到他們的水下功夫了得，與李日華的說法正相呼應。「又能善沒，以繩繫腰入水取物。」他關於他們的最後一項記載，乃是他們奇貨可居。「買之一頭，值五六十金，」這價碼很可能教他的讀者咋舌，因為那筆錢可買十五頭牛。

王士性周遊中國大地，考察包括澳門在內中國好幾個地方的地理環境和人文特色，予以翔實記錄，為此而有上述有關黑人的記述。李日華記下黑人之事，則

「黑鬼」凹雕版畫，作澳門葡萄牙人奴僕打扮，出自 1586 年蔡汝賢所著《東夷圖像》。黑鬼是當時中國人對黑人的稱呼。蔡汝賢則曾任廣東布政司。這可能是中國人最早所繪的非洲人畫像。

出於別的目的，也就是為了闡明他以下的信念：「天地之間偶有奇事出現；天生萬物，其數並非自始即定。」李日華認知到在自己所處的時代，傳統的知識範疇已無法盡詮世上的所有事物，為了理解十七世紀進入中國人世界的新奇事物，可能需要新的範疇。讓人感到遺憾、甚至可笑的，這個知識有很大部分來自道聽塗說。李日華筆下的荷蘭人——「紅髮，黑面，腳底長逾二尺」——描述的是對外國人普遍的刻板印象，而非可稱作有用知識的資訊。

遭俘的頭幾日，苦不堪言。那位軍官無意寬大待俘，只希望基於職務羈押他們的期限一到，就把他們送走，以免夜長夢多，引來上司找碴，於是期限一到，就把他們押送到喚做靖海所的要塞——那段海岸線上諸多有城牆圍護的海防哨站之一。要塞司令審問了他們，但因為沒有通譯，問不出什麼東西。他也認為，與其一時仁慈，後來出紕漏，要自己擔責任，還不如往最壞打算是比較保險，因此對於他們自稱正派商人，他置若罔聞，反倒認定他們是海盜，把他們當海盜看待。他把這些人再往上送給潮州府處理，潮州府官員仔細盤問了他們和那位靖海司令幾天。府裡同樣沒有通譯，但幾天後，潮州官員找到一名曾在澳門工作過的中國人，那人懂一些葡萄牙語，基本翻譯還應付得來。教眾人意外的是，那個人認出其中一名澳門商人——在葡萄牙出生的安東尼歐．維耶加斯（António Viegas），幾年前那個商人曾賣丁香給他。然後，有一名軍官主動站出來，那個人曾在馬尼拉做過補鞋匠，懂一些西班牙語，可以替那些西班牙人翻譯（他頗為坦然承認自己的職業，教拉斯科特斯吃驚，因為西班牙人認為補鞋是低下的工作，非有必要，不會承認自己有這麼一段不光彩的過去）。補鞋匠改行的那位軍官很有惻隱之心，低調為那些外國人斡旋，改善他們的處境。潮州府官員還找到一名曾在長崎的中國商人圈裡做過事、而且娶了日本女子的男子，替吉亞號上的日本乘客翻譯。

靖海要塞司令在潮州府上司面前，陳述了他認為他們是海盜的理由。他說那些外國人先動手，像海盜一般攻擊民兵並拒捕，過了一整天才束手就擒。他們還帶了銀子上岸，埋藏起來以備日後使用。這麼多國籍的人湊在一塊，絕不可能幹好事，絕對是結夥打劫的一群亡命之徒。他們之中有兩、三人是金髮白膚，清楚表明他們之中有紅毛。最後，毋庸置疑的，那群人裡有一大票日本人，而日本人是絕對不准上岸的。間接證據表明，那些人是海盜，要塞司令制敵機先，在他們還未造成危害前就先逮下他們。

然後，潮州府官員想聽聽那些倖存者怎麼說，特別是在隱藏銀子這件事上。官員問名叫路易斯．德．昂古洛（Luis de Ángulo）的葡萄牙神父，是否有中國人搶走他的銀子，神父表示，抓住他的那名民兵搶走他放在衣服裡的五十披索。這話一出且翻成中文，在場的靖海士兵立即全部跪下，激動辯解他們沒人幹下這種事，因為在執勤時竊取俘虜財物屬於重罪。這時，所有通譯請求退下。他們知道，再說出真相的話，靖海士兵會怎麼對付他們。讓官府懷疑要塞司令的說詞就已足夠，而隨著接下來的訊問又道出其他的盜竊犯行，官員更為存疑。偵察方向跟著轉向，換成靖海司令接受盤問。

凡是涉及外國人的事務，府級官員都無法作出最後裁奪，而必須轉呈廣東省府，由省府裁定是否釋放拉斯科特斯等人到澳門。整件事拖了一年才落幕。

為了外國人出現於沿海而憂慮不安的，不只有漁民或負責保護海岸防杜走私、海盜侵擾的官員而已。盧兆龍是讀過許多書的廣東上層人士，在官僚體系裡層層上爬，一六二〇年當上中央政府的禮部給事中一職。他是香山縣人，而澳門就位在該縣境內。沒有理由認定他知道吉亞號擱淺事件，但那是樁涉外事故，應該會有報告送到朝廷。不管怎樣，盧兆龍時時關注家鄉香山縣的動態，即使那只是基於維護自己家人和朋友的利益。

沿海地區出現這麼多外國人，教盧兆龍大為不安。還有更多的中國人非常樂於和那些海盜——特別是和紅毛——從事以物易物的交易，也教他不安。事實上，中國人對那些人所知甚少。逐日記載的官修國政史料《明實錄》對「荷蘭」這個國家最早的記述，出現在一六二三年夏天的記載，說他們的意圖無非是想取得中國之物，但朝廷官員認為紅毛是盤據沿海另一股無法控制的勢力而為此憂心忡忡。有些官員（例如盧兆龍）希望所有外國人——不只紅毛——全消失於中國沿海。

盧兆龍四度就外國人之事上疏崇禎皇帝，第一次上疏乃是在一六三〇年六月，也就是吉亞號船難的五年之後。當時，為了國家真正大患究竟在南疆或是北疆的外交政策問題，朝廷官員爭辯不休。誰對明朝威脅較大：是華南沿海的歐洲商人和日本商人？還是北部邊界上的蒙古、通古斯戰士？這是朝廷屢屢碰到的難題，而其答案決定了兵力將部署於哪一方。晚近南北疆的情勢發展使這個問題的回答更為迫切。北方的外族——不久後將取名滿族——已拿下長城外的大部分地區，這時更是恣意越過長城，入關劫掠。東南沿海則正遭紅毛、澳夷、倭寇的騷擾。

中國沿海沒有長城可供明軍倚為屏障，只有無險可守的開闊海岸。沿海許多地區不利大船靠岸，但有夠多的島岸泊地，供來自「大西洋」的船隻前來和中國商人通商，把中國的對外通商規定踩在腳下。

盧兆龍認定，中國的大患在南疆而非北疆。禮部給事中的職責在於監督禮部的業務，而禮部是明廷負責處理對外關係的部會，基於職務關係，他知道南疆的情勢。一六二〇年代期間，禮部看待澳門葡萄牙人及其耶穌會傳教士的態度常傾向於包容，教盧兆龍驚愕。在上給崇禎皇帝那四疏的第一疏中，盧兆龍勸諫皇帝勿與澳門的外國人有瓜葛。

「臣生、長香山，知澳夷最悉，」盧兆龍告訴皇帝。「其性悍鷙，其心叵測。」中國人與他們的接觸最初只限於在離島背風處做買賣，然後指出，葡萄牙人最終在澳門落腳。「初猶搭篷廠棲止耳，漸而造房屋，漸而築青洲山，又漸而造銃臺、造堅城，為內拒之計。」各色外國人跟著他們進來。就盧兆龍來說，這恰恰證明了葡萄牙人根本不把官府對於何人在什麼條件下可進入中國、進入中國後應遵守什麼行為規範的嚴格規定放在眼裡。尤其不能容的是，葡萄牙人未先徵求中國同意就讓日本人踏上中國土地，說明他們全然不顧中國律法。

「時駕番舶擅入內地，」盧氏出言提醒。「拒殺我官兵，掠我人民，擄我子女，廣收硝黃鉛鐵，以懷不軌，」而那些東西全是禁止出口的軍事物資。更糟糕的乃是這在中國百姓裡激起的效應。「閩之奸徒，聚食於澳，教誘生事者不下二三萬人。粵之盜賊亡命投倚為患者，不可數計。」癥結不在文化，而在於作奸犯科造成危害，特別是中國這一邊的作奸犯科。

盧兆龍就此事上疏皇帝的兩年前，朝中針對滿人與歐洲人何者威脅較大分成兩派，當時剛登基的崇禎帝認同滿人比歐洲人更可畏，於是同意召請葡萄牙炮手從澳門來京，協防北疆。但另一派的勢力也不小，把那支代表團在南京擋下。他們主張，即使北敵入侵迫在眉睫，欲增強防禦薄弱的邊界，難道就只能雇請外國傭兵？火炮不是中國所創先發明的嗎？中國的軍火為何不足以擔此重任？（拉斯科特斯在回憶錄中痛斥中國火器品質低劣。）「何必外夷教演，然後能揚威武哉？」更切中利害的是，為了某邊界上的危險，就該讓中國另一邊界陷入危險？

許多朝中官員支持借助歐洲火炮協防明朝邊疆。一六二二年在澳門，歐洲火炮的優越性有了最教人嘆為觀止的展現。話說那年六月，一隊荷屬東印度公司的船隻登陸澳門，企圖從葡萄牙人手中奪下這個有利可圖的貿易據點，接管對中國的貿易。若非耶穌會數學家羅雅谷（Giacomo Rho）為澳門守軍的某個炮手計算了彈道幾何，荷蘭人很可能就此得手。受到羅雅谷之助的炮手直接命中來犯荷蘭人所帶上岸、存放火藥桶的櫃子。羅雅谷那一擊中的，或許半靠瞄準，半憑運氣，但那不重要。事後，羅雅谷更因為他的數學本事讓葡萄牙人保住澳門，不致落入荷蘭人之手，而受贈勳章。

有些得意洋洋的中國官員從對葡萄牙人的這場勝仗體認到，外國人相爭，中國人只需操縱他們反目就能得利，就眼前狀況來說，其做法就是同意葡萄牙人貿易，但不准荷蘭人貿易。兩廣總督戴燿說道，「是以夷攻夷也，我無一鏃之費，而威已行於海外矣。」

盧兆龍不贊同為了解決中國難題而求助於外國人。雇用葡萄牙炮手正是自曝己短，而非己長。朝中其他人的觀點則較為積極進取。他們認為，羅雅谷的勝利正表明中國必須取得更先進的技術以求自保。崇禎皇帝也做如是想，於是在盧兆龍第一次上疏之前，就已下令同意葡萄牙火炮隊來京[2]。

這支代表團包括四名炮手、兩名通譯，加上二十四名印度、非洲的奴僕，由公沙的西勞（Gonçalo Teixeira Correa）帶隊。其中一名通譯是中國人，另一名是已擔任赴日傳教團團長幾年的耶穌會老神父陸若漢（João Rodrigues）。華南的官員早就認識陸若漢，但是不信任他。與盧兆龍交好的廣東府推官顏俊彥認為陸若漢干預中國內政。他懷疑這位老耶穌會士不只是通譯，但君命不可違，只好讓他過境廣東。

皇帝雖然已經召請代表團來京，但與盧兆龍持同樣立場的官員卻是處處阻撓。這支代表團一如前例，在南京被攔下。除非證實皇帝的確召請他們進京，官員不准他們再往前。陸若漢在送回國的報告中表示，他們在等風向轉為有利，再沿大運河乘船北上，但那只是顧全面子之詞。最後，一六三〇年二月十四日，皇帝敕令終於送達：火速進京。那時，京城附近已有滿族出沒騷擾，亟需外國人相助。

在京城南方六十五公里處，一支滿族突擊隊和正欲進京的葡萄牙炮手相遇。這是不期而遇，但對於主張利用歐洲科技那一派，卻是不可置信的好事一樁。那些炮手退到附近的涿州城，在城牆上架起八門炮。炮火未殺傷滿人，但炮火威力將滿人嚇跑。接下來未有實際交鋒，葡萄牙人未贏得真正勝利。但對於朝廷內所有支持他們來京的人而言，這正好可以震懾住盧兆龍之類反對派人士。

公沙、陸若漢一來京，馬上就知道自己人數太少，對於抵抗滿人的整個大局起不了什麼作用。滿人將領善於用兵，部隊調度機動神速，更別提還有能幹的漢人炮手投入他們陣營。整個戰局偏向滿人一方，光靠四個葡萄牙炮手，幾無可能扭轉。葡萄牙人決定趁此機會揚名立萬，於是建議從澳門再調來三百名騎兵。這很可能是負責練兵的詹事府詹事徐光啟的主意，他也是在一六二〇年時首次倡儀借助西人火炮禦敵的官員。他在一六三〇年三月二日上疏，說明歐洲人的火炮比中國火炮鑄造更精巧，而且金屬材質較佳。歐洲火炮使用較易引爆的火藥，而且因為瞄準具較佳，命中率更高。經過多番審議，崇禎皇帝要求禮部提出關於此事的具體建議。同年四月，徐光啟升任禮部左侍郎。六月五日，已任禮部侍郎的徐光啟正式建請皇上派陸若漢返回澳門訂購更多火炮，召募更多炮手，帶回北京，強化明朝邊防。同月，替葡萄牙保住澳門的耶穌會數學家羅雅谷應徐光啟之邀來到北京。

徐光啟——以受洗名徐保祿（Paolo）而為耶穌會士所知——是朝廷裡皈依基督教最高階的官員，他和盧兆龍一樣出身沿海人家，但是在更北邊的上海。而在上海，海上的威脅主要是日本，而非歐洲。那時，上海從未受到澳夷或紅毛的侵擾，澳夷、紅毛從事貿易的沿海地帶在南方，距上海甚遠。但經由一連串偶然的機遇——但徐氏本人濃烈的好奇心也是一大因素——這位上海子弟認識了許多歐洲人。不過，他所認識的歐洲人既非澳門商人，也非荷蘭海盜，而是來自歐洲各地的耶穌會傳教士。這些傳教士帶來新知，而徐光啟認為那些新知對於中國的振衰起敝大有助益。

一五九五年，徐光啟正為科舉功名而奮鬥時（譯按：徐二十三歲中秀才，四十三歲才中進士），在南方遇見一名耶穌會士郭居靜（Lazzaro Cattaneo），當時耶穌會士從澳門進入中國還不到十年。五年後，他遇見另一位耶穌會士，即聰敏過人的利瑪竇（Matteo Ricci）。利瑪竇率領耶穌會傳教團在中國傳教，到一六一〇年去世為止。徐光啟在一六〇三年與第三位傳教士首次碰面時，加入天主教，獲教名保祿。徐光啟與耶穌會士——特別是學問淵博的利瑪竇——過從甚密。他與利瑪竇合力進行多項宗教性與學術性的計畫，好讓中國人了解傳教士從歐洲帶來的新知很有用。當時只有極少數中國人信仰基督教；信仰基督教必須放棄傳統的禮儀、信仰，中國人囿於傳統，對此事心存疑慮。這一新宗教知識要求徐光啟全心奉獻給天主，而他不覺這有何不妥。他知道基督教和冶金學、彈道學、水力學、幾何學一樣，都只是歐洲知識體系的一環，而那些學問乃是他所熱切學習、轉化，以為中國所用的知識。他認為沒有理由接受西學的某些分支，而拒斥其他分支。

利瑪竇率領耶穌會在中國傳教。

在中國應否利用歐洲科技的爭辯

上，盧兆龍視徐光啟為頭號大敵，而在這點上，他倒是見識頗明。欲讓皇帝轉而相信他的觀點，唯一辦法就是讓徐光啟在皇上面前失寵。葡萄牙人在涿州那場小勝，使他這計謀更難得逞。他必須小心行事。盧兆龍的主要論點在國家安全。「何事外招遠夷，貽憂內地，使之窺我虛實，熟我情形，更笑我天朝之無人也。」讓外國人對中國知所敬畏的唯一辦法，乃是與之保持距離。若讓「此異類」三百人，「躍馬持刀，彎弓挾矢於帝都之內」，那景象思之令人不安，允實不宜。將國之安危交在他們手中，實是離譜的賭注。此外，將這麼一群人遠道招來，供其飯食，所費不貲。用同樣的花費，朝廷可鑄造數百門火炮。

最後，盧兆龍將其矛頭指向徐光啟的罩門——信仰基督教——以對徐光啟做人身攻擊，強化其訴求的正當性。「澳夷專習天主教，」他在就此事第一次上奏時如此批評。「其說幽渺，最易惑世誣民。」此外，他提及基督邪教已在中國幾個地方出現的例子。這項指控的用意不只在憂心三百名葡兵會有何等不當的行為，還在對於外國人會如何腐化中國文化的核心信念，表達更深層的焦慮。盧兆龍甚至暗指，外國宗教可能使中國人不再相信皇朝威權。近年來京畿地區已有白蓮教活躍，該教派更曾一度在北京城內煽起暴動。難道神秘的基督教會眾就不會鬧出同樣的亂子？更有甚者，中國基督教徒秘密勾結外國人，也就是與澳門有聯繫，誰曉得那些聯繫會招來什麼後果？「臣不識世間有天主一教西，」盧兆龍堅定表示，想知道皇上為何會聽像徐光啟這樣愛天主教義更甚於儒家學說之人的話。「又（徐光啟）鰓鰓然為澳夷計保全，謀久遠，何其深且切乎？」

徐光啟的罩門還不只皈依基督教一事，他與澳門的關係也是如此。中國人覺得外國人盤據澳門，居心叵測，那份不安乃是當時中國人對歐洲人所有不滿的主軸。一六一六年南京教難，禮部侍郎沈権將高一志（Alfonso Vagnone）、曾德昭（Alvaro Semedo）兩位傳教士驅逐出境，就是那份不安作崇使然。他們兩人被遣送回澳門，而據曾德昭日後記述此事的英文譯本所載，他們「被關在非常窄小的木籠（就是中國用來移送死刑犯所用的籠子）中押送，頸繞鐵鍊，雙手上銬，頭髮長長垂下，一身古怪打扮，用以表示他是化外的蠻夷之人。」曾德昭以第三人稱描寫他自己和高一志，稱「兩位神父被以如此方式押送，發出無法形容的聲響，那是神父用他們的腳鐐手銬發出的聲響。在他們前面，有人捧著三塊牌子，上面以斗大的字寫著皇帝判決，宣告所有人不得與他們通商或交談。他們在如此情況下離開南京。」他們關在木籠裡，三十天後押送到南方的廣東，再遣送澳門。押送者嚴厲警告，要他們回歐洲去，絕不要再來。

徐光啟是一六一六年時唯一為這兩位耶穌會士仗義直言的人，但那時他也勸誡另一位傳教士，耶穌會士應注意勿讓自己與澳門的往來關係曝光。他強調全中國的人都怕葡萄牙人，而澳門是叫中國人不安的地方。心懷敵意的官員認為，澳門不是正正當當的貿易站，而是葡萄牙人刺探天朝的基地，葡萄牙細作從澳門滲入中國，煽動內部宗教動亂，誘使百姓走私、叛國。傳教士被視為該組織的奸細。因此，沈権才會指控曾德昭、高一志是「佛郎機人之爪牙。」南京禮部所發出的報告正呼應這說法。澳門是耶穌會士往返外地的根據地，是讓他們得以通行世界各地的港口，是禮部所認定高一志每年藉以收到六百兩白銀，支應中國境內傳教開銷的管道

（禮部後來將金額下修為一百二十兩）。南京監察御史在三個月後發出的報告指稱，澳門不只是外國人貿易的基地，也是葡萄牙人侵犯中國主權的基地：耶穌會士最終理解到自己與澳門的關係不利他們在中國活動，但他們不能和那個殖民地一刀兩斷。他們在中國的傳教活動不能沒有澳門支持，和澳門切斷關係，就等於是切掉讓傳教活動得以維持不輟的組織支持和資金後盾。

徐光啟堅持紅毛和澳夷是兩碼子事，他的耶穌會友人大概也會要他這麼說。澳夷支持他們傳教，提供他們據以派傳教士進入中國的基地。如果荷蘭人從葡萄牙人手中拿下澳門，耶穌會在中國的傳教事業就要劃下句點。與耶穌會為友、為敵者，必然也與徐光啟為友、為敵。盧兆龍始終堅信外國人不可靠，不管是葡萄牙人或荷蘭人都一樣。「禮臣徐光啟隨具聞言內省一疏，娓娓數百言，」盧兆龍指責，「其大旨若為紅夷澳夷分順逆。」徐光啟必須作此區分，反擊葡萄牙神父和荷蘭海盜為一丘之貉的指控，以保護自己與耶穌會士的往來關係。

耶穌會士深切了解自己與澳門的關係乃是他們傳教成敗的關鍵。一六三二年，陸若漢結束率炮手進京的任務，回到澳門，隔年，他發了封信回歐洲，給耶穌會會長[3]。信中他力陳務必保護該殖民地和其名聲，「因為攸關大人所轄兩個印度（東印度和西印度，西印度指的是葡萄牙在南美洲，即今日巴西境內，所擁有的殖民地）之存亡的貿易活動，還有將中國、日本、交趾支那（譯按：越南南部一地區的舊稱）、東京（譯按：越南北部一地區的舊稱）和其他國家納入我們聖教旗下的傳教事業，都有賴於澳門一地。」澳門是耶穌會在東方傳教事業的財務中心和戰略中樞。陸若漢的陳述與南京禮部的聲明居然極其相似。「澳門城是子民和做彌撒、世俗給養所需的所有物資進入這些國家的狹窄入口。」陸若漢的信要是落入盧兆龍之手，大概會使他更合理懷疑澳門是外國勢力滲透中國的灘頭堡。他若是得知一六一七年被關在木籠裡押送出境的兩名神父無視中國法令，在一六三〇年代又進入中國內地，把他們可疑的教義灌輸給中國百姓，那麼他大概會就此堅信，澳門可能危害王朝威權的憂慮誠屬不假。

澳門是耶穌會在華傳教事業的資金收集調度中心，因此寫下吉亞號船難事件始末的耶穌會士拉斯科特斯會從馬尼拉前往澳門，而在途中遇上那次船難。拉斯科特斯在回憶錄中只提及他在澳門有買賣要做，並未進一步交代細節。他終於抵達澳門時，與他做那買賣的人不是別人，正是陸若漢。他們做的是什麼買賣呢？拉斯科特斯沒說，但是兩個月不到，他又搭上另一艘船回馬尼拉。

返航時，拉斯科特斯運氣又不佳，遇上暴風雨。結隊航越南中國海的五艘船，有一艘沒抵達馬尼拉。在回憶錄中，拉斯科特斯為失去那艘船的船貨而極為憂心，他指出那批船貨裡包括在澳門用三十萬披索買進的中國絲織品。那些是華麗的錦緞和輕如羽毛的薄紗，有著教人目眩神移的多樣色彩，乃是歐洲人織不出或在其他地方都買不到的織物，但拉斯科特斯在意的，不是那些絲織品的美，而是其價格。「如果考慮到它在馬尼拉所能賣得的價錢，」他如此寫到那批失去的船貨，「那麼，無疑得再加上二十萬披索，也就是說損失高達五十萬披索。」他將在中國長達一年的冒險事蹟寫成回憶錄，然後在書中鄭重估算那批船貨的損失，因而，那估算得失的作為所傳達的意涵，頗值得我們推敲。那批失去的船貨或許正顯露拉斯科特斯自己前往澳門的目的：買進中國絲織品，供耶穌會運到馬尼拉轉賣牟利，然後以所得支應他們在馬尼拉傳教的開銷。或許那也告訴我們，他乘吉亞號到澳門時，帶了一批白銀前去購買絲織品。如果那批遺失的絲織品是耶穌會的資產，拉斯科特斯前赴澳門這趟任務，不管去或回都蒙受了重大損失。

吉亞號偏離航道，在中國沿岸擱淺，教船貨貨主蒙受重大損失，但船上的人因此所吃的苦頭，也不遑多讓。乘客和船員在廣東待了一年，整件事才裁奪定案。審議工作由廣東按察史主持，按察史一職兼該省檢察總長和省長的職責。拉斯科特斯未寫下該按察史的名字，但很可能是潘潤民。

一六二五年，潘潤民剛接廣東按察史一職，再過幾個月，就會調升他處，但吉亞號船難事件發生時，他很可能仍在廣東。今人對潘潤民所知甚少，只知他來自西南內陸的貴州。貴州是部落地區，只有少數人得以取得當官所需的教育，那裡的外族人就只有生活在山區的部落民。拉斯科特斯可能是潘氏所第一個打交道的歐洲人。這位耶穌會士察覺到，潘潤民對外國人好奇，很留心注意小地方。事實上，比起調查這個案子，他似乎更感興趣於了解外國人。

潘潤民的調查行動，從仔細檢查船難生還者開始，檢查之仔細，甚至到了為查明他們是否曾遭強逼趕路而檢視赤腳者腳底的地步。不久，他就掌握充分證據，確認這些外國人曾遭他轄下軍官虐待。他傳喚靖海要塞司令前來訊問。要塞司令堅持他在潮州的說法：這些人是紅毛和倭寇，而非他們所說來自馬尼拉、澳門的正當生意人，他的手下因此將之逮捕。有些人或許受了傷，但那些是船難發生那天，還未被他拘捕之前就受的傷，而不是他所造成。要塞司令促請按察史把重點放在主要問題上，也就是船難倖存者乃是非法入境的外國人，其中包括日本人。

據拉斯科特斯對他們受審情形的描述，潘潤民想知道是否有船貨跟著外國人一起上岸。如果有，那批貨將被視為違禁品，凡是經手那些東西的中國人，都將犯了走私罪。（誠如盧兆龍友人廣東府推官顏俊彥，在審理某個涉及廣東士兵與荷蘭商人非法貿易的案子時指出，外國船船上的人不得將貨物帶上岸，岸上的人不得上船收取貨物。）靖海要塞司令堅稱，船難倖存者除了身上穿戴的，沒帶任何東西上岸。他堅稱吉亞號未載有白銀，堅稱他底下的人沒有一個搶那些外國人的財物。潘潤民審判經驗老到，知道那很可能是胡謅，但他沒有證據反駁，不得不放棄從他手下問出真相的念頭。

潘潤民轉而找上拉斯科特斯。他事先想好一串有助於釐清真相的問題訊問他。不久他就斷定拉斯科特斯比他自己轄下軍官更為可信，認定那些外國人的確曾遭不當對待，那艘船的確載有白銀，曾有人阻止白銀主人找回那些白銀，其中有些白銀後來給打撈上岸。潘潤民很想替那些外國人討回公道，但心知要塞司令不會提出有關白銀已被搶走的證據，他束手無策。然後他轉而問起斬首之事，證物——甘普提等人的人頭——就擺在衙門的一排簍子裡。

「案頭擺了一些人頭，你可有看到靖海的哪個人，殺死那些人？」

「老實說，」拉斯科特斯以堅定口吻說，「我們看到他們砍了我們之中七個人的頭，但我無法斷定他們是在這七個人還活著時或死了之後砍下他們的頭，無法斷定他們死於溺水，死於凍餒，還是死於船難時所受的傷。」

潘潤民想查明是否有外國人死於中國人之手，但拉斯科特斯選擇含糊以對。他推測若指控靖海官兵殺人，除了讓自己更晚才能脫身，無濟於事。潘潤民似乎也理解拉斯科特斯作此證詞的用意：同意認賠了事，了結此案，讓每個人儘早回家。只有那些已無法開口作證的人頭，他不得不以「死者不能復生」的老詞，駁回殺人指控。

白銀失蹤的問題，也必須以同樣方式模糊處理。誠如推官顏俊彥在另一案所提及，外國船所帶的白銀可多達萬兩，但在此案中，未有哪一方宣告遺失或取得任何白銀。潘潤民不得不將此事草草處理，在裁決時宣布，因無法斷定白銀是否有找回，該船所載白銀視同遺失海中。潘潤民也不願諭令靖海官兵賠償船難者的損失，還表示就這麼幾個歐洲人，似乎不可能擁有大量白銀。這項說法認定，用於貿易的白銀屬個人所有，而非公司所有。這若不是牽強的搪塞之詞，替自己無所作為找的藉口，就是說明了潘潤民對於對外通商認識貧乏。

潘潤民受了騙？我想不是。根據拉斯科特斯的記述，他似乎清楚知道整件事的是非曲直，甚至更清楚知道，因為沒有證據來自三百五十公里外的犯案現場，他無權起訴。他只得裁定，船難生還者來到中國純因意外，而非蓄意，他們不是海盜，應准予他們返回澳門，就此結案。所有指控遭駁回。

維梅爾筆下那位冷靜的地理學家，人在萬里之外，不可能親耳聽到潘潤民審案時庭上的那些論點，就算是聽到，也不可能認同那些論點。他不是飽受海盜威脅的沿海村民；他也不需要害怕海洋，因為他的同胞掌控了海洋；他也對荷屬東印度公司商人航行海外所賺得的利潤不感興趣。他感興趣的乃是那些商人所帶回的資訊：他將那些資訊蒐集、分析、綜合成一張張海圖、地圖，商人則拿那些海圖、地圖用在當時已更為人了解的更廣大世界上。那新取得的地理知識如果不管用，則再收集更新的知識，納入地圖之中。十七世紀地理學家的職責，乃是積極投入這不斷循環往復的回饋、修正過程。在那地理學家上方，那顆地球儀球面上的渦卷飾裡，宏第烏斯所要求的正是這個。那些從事「頻繁考察活動，每天（前往）世界各地」的人，是否願意將那些地方的所在位置回報給他，好讓他製出比他們面前那顆地球儀更準確的新版地球儀？

透過這種回饋機制（這涉及到頗為大量的借用、甚至直接盜用他人的成果），歐洲的地圖繪製員在十七世紀不斷修正自己的地圖。新知識取代舊知識，再被更新、更讓人覺得準確的知識所取代。這個過程未必不出差錯：許多北美地圖，在明知不可能找到橫貫大陸的東西向水道之後，仍久久未拿掉那條橫跨大陸的水道。但在這過程中，地圖不斷修正，日趨精細，漸漸填補世界地圖的空白。

但有些空白——非洲內陸、中太平洋、北美洲最北端、南北兩極——不肯屈服於這個知識蒐集過程，探險家應運而生，以填補這些空白為職志，而他們這麼做，往往就只是為了探明那些尚不為人知的地方，而非因為有人需要那知識。商人所需要的乃是海上航行路線的精確資訊，以降低船難風險，讓船隻能更快往返，進而提升資金周轉率。但這不是維梅爾的〈地理學家〉所表達的。列文虎克是以科學家，而非生意人的身分入畫。但沒有像他那種將一生精力用於積累有用知識的學者，商人不會有地圖可用。知識與取得貨物這兩股動力攜手合作。

中國的地理學家，處境則不同。中國沒有回饋機制，而且幾無改變現狀的動力。即使真能從沿海水手獲得海外地理的知識，中國學者也往往對那些知識興趣不大。地理學家張燮則是個異數，他編纂《東西洋考》時，特地請教去過東南亞海域的水手。一如他在該書凡例裡所述，「集中所載，皆賈舶所之。」張燮痛惡那些寫歷史時只知重複老掉牙的資料、而忽略晚近演變的學者。這種人使無知繼續存於世界，未能開啟新知。他的目標則是記錄下晚近的情勢，包括紅夷的情勢，因為那些情勢眼下正影響海上貿易。

這部著作未對那些實際四處旅行的人帶來多大的影響，但持平來說，讀者也不會認為這部著作該有重大影響。據另一位作序者所述，書中的資料乃是「供史氏他日之採」，而非供張燮當時的水手、商人所用。他不是為了那些人寫此書，而是為了其他像他那樣的學者——認定這輩子不會出海外、只想更了解海外世界的學者。張燮知道，這時候的中國人對於吉亞號之類的船隻出現在中國沿海，應該不覺意外，但若是思想較守舊的讀者，大概會覺得那想法太過驚世駭俗。

耶穌會會士利瑪竇在中國主持傳教工作到一六一〇年去世為止。他熱心引介歐洲人對自然世界的知識，因為他認定這會令中國人心生佩服，從而有助於讓中國人相信基督教義。除了透過地圖之外，他還能以哪種方式更清楚呈現新地理知識？那時歐洲人所繪的世界地圖以好幾種形式呈現，利瑪竇複製了那幾種地圖，並予以修訂，加上中文地名和解說，冀望這能讓他遇見的學者眼睛為之一亮，從而生起探究之意。晚明的中國人喜歡地圖。商用壁掛圖在中國沒有像在荷蘭那麼受歡迎，但還是有這種圖存在，並懸掛出來。中國人看著歐洲人所繪地圖時，不清楚該如何應對地圖所提供的資訊，因為大部分人欠缺可據以和利瑪竇的地圖互動的那種經驗。

徐光啟喜歡利瑪竇的地圖，因為他相信歐洲人的地圓說，深信地圖比文字解釋能更有力傳達那觀念。利瑪竇所帶來的歐洲世界地圖，也為其他學者所採用，因為當時的兩部大型百科全書，章潢所編的《圖書編》和王圻所編的《三才圖會》都收錄了它們。章潢欣然指出，這些新地圖意味著足不出戶，就能完全了解世界。但從屋裡到屋外那一步，並未跨出。這些地圖透過通俗百科全書而問世，本有可能引發回饋循環效應，促使中國讀者拿著地圖走出去，驗證所得的知識。但這並沒有發生。這些地圖沒像在歐洲那樣，得到進一步的修正、擴展，以新版地圖問世，也未能動搖傳統的宇宙觀。問題純粹在於幾乎沒有中國水手有機會去驗證、發展這一知識。沒有中國商人環航地球，發現地球是圓的。將這個來自更廣大世界的知識引進中國的全是外國人，而他們不盡然受到信任。因此，沒有人像維梅爾筆下的地理學家那樣，希望或能夠將源源不絕來自外面世界的資料納為己用，不斷修正有人用得著的整套有用知識。

在歐洲人眼中，外在世界正以觀念和器物的形式進入他們的生活，其中有些觀念和器物可見於維梅爾所繪的那間房間裡。對大部分中國人而言，外在世界仍在外面。外在世界或許進了徐光啟的腦子；甚至潘潤民也都意識到，從那些被外在世界丟進他牢裡的人身上可學到東西。但只要靖海要塞司令和盧兆龍有發言權，而且的確發了言，外在世界就別想進來。

## 注釋

1「摩爾人」是歐洲人所取的名字，原用來指稱來自伯羅奔尼撒半島沿岸摩里亞（Morea）一地的穆斯林商人，後來擴大為指稱地中海周邊地區的所有穆斯林，最後更泛指世界各地的穆斯林。馬斯馬穆特一名很可能是穆罕默德一名的另一種說法。「摩爾人」也用來指稱非洲黑人。

2 明朝官府召募澳門葡萄牙人為其打仗，這並非第一次。天啟皇帝登基後，就曾發出同樣的召請。七名葡萄牙炮手於一六二二年帶著一名通譯和十六名隨員北上。後來朝中反對召募澳夷的一派占上風，一六二三年操演火炮時更發生火炮爆炸，炸死葡萄牙炮手，炸傷三名中國人，他們隨之遭到遣返。

3 陸若漢命大，得以返回澳門。前一個冬天，官軍因拖欠軍餉而譁變時，十二名葡萄牙炮手死在山東。譁變士兵衝進那些葡萄牙人所守衛的城市，陸若漢從城牆上跳下，落入雪堆，得以逃過一劫。拜全球降溫之賜，他落地時只斷了一隻胳臂。

# 5 抽煙學校

School for Smoking

台夫特瓷盤上的抽煙仙人，透露出煙草流行於中國。

在十九世紀的台夫特，以蘭貝特．范梅爾滕（Lambert van Meerten）最為熱衷於收藏本地的珍奇文物。他出身以烈酒買賣致富的家庭，繼承家產之後，窮盡一生精力和財產，蒐集了大量藝術品、雕像、瓷器、古玩、從翻新的建築撿回的瓦礫。他蒐集的東西多到無處可擺放，幸好他有個更有錢、更有見識的朋友——楊．邵滕（Jan Schouten）。邵滕伸出援手，同意出錢買下一棟三層樓的大房子，供范梅爾滕存放他所有的寶物。房子位在荷屬東印度公司台夫特會所大樓所在的舊台夫特運河邊更上游處。范梅爾滕死後，邵滕將那幢房子改闢為博物館，至今仍在。

我參觀那座博物館的時候，在樓上一間後面房間的陳列櫃裡，無意間看見一只青花大瓷盤。瓷盤直徑四十三公分，繪有中國庭園景致，庭園裡有神仙、學者、僕人、神話中的動物（彩圖五），教人目不暇給。葡萄牙人是最早嘗試製作中國式碟盤的歐洲人，但最早能仿製到相當肖似程度的歐洲人，乃是台夫特的陶工。在這只盤子上，陶工以高超的手法，仿造出中國的繪飾風格，但還不到以假亂真的地步。許多小地方洩漏出這是由荷蘭人所製。從盤緣的缺口可看出這用的是歐洲黏土，釉色沒有景德瓷那種堅硬和均勻。最讓人一眼就識破的地方，乃是所繪朝廷命官手持的牌子上寫了三個漢字。陶工大膽嘗試以漢字裝飾，但那些字本身毫無意義。因此，那只盤子是個贗品，只是衡諸當時的情形，這樣的論定失之嚴苛。陶工繪上如此裝飾，並無意冒充中國真品。盤子所流露的中國風格純粹是為了賞心悅目。這是一件博君一笑、無傷大雅的贗品。

那件盤子上的人物姿態各異，各有所忙，比如有人漂浮在雲中、有人過橋、有人抓鶴，而在歐洲人的心目中，那些是中國人在圖畫裡常出現的舉動。盤上有幾個古怪突兀之處，絕不會出現在「真品」瓷盤上，其中之一就是那個乘著神話中的虎犬、猛吸長桿煙管的禿頭神仙。沒有煙從神仙的嘴巴或煙管噴出，但是神仙騰雲駕霧，就代表了煙。就我目前所見，在中國，沒有哪個瓷器繪師會在盤子上畫上抽煙之人。一直要到十八世紀相當晚期，中國藝術家才願意將抽煙的人入畫，而且只見於素描或木版畫中（本章後面會見到一件這樣的早期作品）。新的習慣要花一段時間才能融入文化，在二十世紀之前，抽煙融入文化的程度，還不到可以出現在美術領域的地步。中國畫在這類文化事物上的態度偏向保守。

描繪抽煙者的荷蘭瓷器還不只這一件。那時，台夫特陶磚畫師在陶磚上畫上抽煙的人，已有數十年的歷史。描繪抽煙的人的藝術家，也不只瓷器畫師。那時候，台夫特的油畫上有抽煙的人，用抽煙來象徵交際、歡樂，也有同樣長的歷史。台夫特「歡樂派」畫家楊・斯滕（Jan Steen），喜歡在諷刺場景裡畫上各個年紀的人在抽煙。畫風較矯揉造作的彼得・德・霍赫（Pieter de Hooch）和亨德里克・范德布赫（Hendrik van der Burch）則讓正在聊天的男人手上拿著煙管，這樣，他們的手才不致閒著。維梅爾從未畫過抽煙的人，因此，我們從他的畫找不到可進入煙草擴散全球的方便之門。但是這只盤子——可能是歐洲藝術家最早描繪中國人抽煙的作品——卻有這樣的門。

那位畫師從哪裡得知中國人抽煙？他不是在模仿中國原件，因為那時不會有中國畫家在瓷

彼得・德・霍赫的〈荷蘭庭院〉畫中，顯示抽煙是一件交際、歡樂的事。

器上畫抽煙的情景。如果那是他自己想出的畫面，想必是因為他聽過中國人抽煙的事。他對全球動態已略有所知。經過十六世紀後半葉體會過吞雲吐霧之樂，那時候的歐洲人對抽煙已經司空見慣。中國人——或者說全亞洲人——在十七世紀也加入吞雲吐霧的行列，而且是在沒有商業界或文化界的上層人士在旁鼓吹之下——事實上，幾乎是在沒人注意到此事發生的情況下——自行加入。這個現象正是十七世紀全球流動所造成的效應，而這個效應是沒人預料得到的。抽煙習慣並不必然會走向全球，但事實是它的確走向了全球。那件台夫特瓷盤上的抽煙仙人，為我們開啟了另一道門，穿過那道門，我們將會回到那個正在十七世紀時生成演變的世界。

北京是中國所有受過教育的年輕男子求取功名利祿的憧憬之地。北京城冬天寒冷，春天有蒙古吹來的沙塵籠罩，夏天酷熱，只有秋天舒適宜人，但這座城市卻是皇宮和權力中樞所在。胸懷大志的讀書人經過層層考試篩選，只有極少數的秀異之士匯集於北京的科場，冀望考上進士，入朝為官。躋身進士，長路漫漫。所有考生一律得從所屬縣城的考試開始考起；得以考上進士的人少之又少，而考上進士之後得以在朝廷為官的，更少。進士家庭出身的考生，準備起這一連串的艱苦考試是占了些優勢，但一旦進入考棚，在裡面待上三天寫試卷，什麼出身都不重要，當然若是考生家人認識考官，予以賄賂，那又另當別論，不過賄賂不易成功，一旦被查出，那可是殺頭之罪。如果考上進士，進士家世背景就大為有利，因為那意味著擁有良好的社交手腕和官場關係，可以在京城裡覓得體面的職位，不必先外派到各省當縣官，再一步步努力爬回中央。循著科舉考試爬上北京，非常艱苦。從地方縣官再往上爬到京城任職，也差不多同樣艱苦，大部分的縣官都未能如願。

楊士聰出身良好，在一六三一年進士及第，此時已經三十好幾了。良好家世和官場人脈，彌補了他耗費在寒窗苦讀的歲月。楊士聰被直接安插進翰林院，之後升禮部侍郎。一六三七年，太子八歲，楊士聰被任命為校書，教太子讀書，為眾所稱羨，一六四〇年代再當上太子顧問之職。一六四四年四月，李自成攻陷北京，崇禎皇帝自縊，再過幾個禮拜，清軍入侵，王朝易幟。太子受耶穌會士影響，急急致函教皇，請其派兵前來將滿人趕出中國，但是相隔萬里，就算教皇欲伸援手，也是緩不濟急。

在明朝歷史上，楊士聰並非特別耀眼之人。像他那樣官場生涯止於侍郎層級的幹練官員所在多有，因此在明朝正史裡未有一席之地。但由於寫了一部筆記小說，描寫明朝最後十年的京城生活，因而得到後世某些史家的注意。楊士聰於一六四三年寫成《玉堂薈記》，但若論付梓出版，那一年不是好時機。前一年大瘟疫肆虐華北，再過一年，李自成的大順軍將攻陷北京，推翻明朝。因此這本書存世極少。楊士聰當時還不知明朝會亡，但已深感國家多難。他在《玉堂薈記》自序裡寫道，寫這本書意在提醒世人，天下承平之時，京城生活是何面貌。

楊士聰在《玉堂薈記》第一卷裡寫道，北京城民在過去十年經歷了兩個小改變。那是在每個街角都可見到的改變，顯示世道已不如從前。第一個改變是小販賣起野沙雞。這種鳥不產於北京一帶，其天然棲息地位在更北邊的戈壁沙漠南緣。據當地傳說，野沙雞只在北方邊界有部隊調動，棲地受到驚擾，才飛到這麼南邊。有人告訴楊士聰，沙雞在一六三二年就已出現於北京。捕鳥人看準有利可圖，已開始抓牠們來販售，讓人吃下肚去祭五臟廟。沙雞飛到北京，可能是氣候變遷的跡象，因為一六三二年那年多雨，而降雨可能是迫使沙雞南飛的因素。但當地人認為沙雞之所以出現，乃表示北方邊境有事，而當時滿人正陳重兵於北界，準備入侵。沙雞的角色就跟煤礦坑裡示警的金絲雀一樣。但這種事沒人敢說出口，因為即使只是提及滿人可能入侵，都會被當成內奸，扣上叛國的罪名。但人人都相信，沙雞出現於市面，就代表敵人要入侵。

第二個改變出現於市井，開始出現有人抽煙，表明天下即將大亂。一五九七年，楊士聰在山東出生，當時山東沒人抽過煙。放眼中國全境，也只有極少數人抽過。在東南沿海，有人抽煙，北京則已有煙葉流入，因為一五九六年後的縣府採購清單記載有煙葉這一項（價錢是北京市場上肉桂或硫磺價錢的兩倍，茉莉香片的七倍）。一六三一年，楊士聰到北京參加科考時抽食「煙酒」（當時有人這麼稱呼煙），在京城已頗為普遍。據楊士聰的記載，煙草出現於北京，始於天啟年間，而天啟皇帝是在一六二一年登基，六年後駕崩。楊士聰說北京農民種植煙草已「二十年」。

楊士聰覺得這奇怪的植物在北京出現，很值得探究。他先指出，抽煙不見於古代中國，因為古籍裡未曾提及，因而想必是來自海外。京畿地區抽煙的人主要是從南方調來北邊防禦滿人的士兵，因此楊士聰推測這習慣來自南方。士兵對煙草的需求促使北京農民改種煙草，結果煙草收入是種植穀物的十倍之多。隨著煙草出現於市面，北京居民也染上抽煙的習慣。這個轉變終於引起崇禎皇帝的注意。他不滿農民棄穀物改種煙草，深恐這會危及京畿的糧食供應，於是在一六三九年下旨，京城不准販賣煙草，違者處死。官方的說法是抽煙浪費時間、金錢，有害健康，但本地人認為這項禁令乃是對雙關語的過度反應。楊士聰記載了一則正史所沒有記載的故事。

當時的人把抽煙說成喫煙，而北京古名「燕」，與煙同音，於是喫煙就予人「拿下北京」的聯想，而拿下北京正是那時滿人和大順軍揚言要做的事。於是，光是提到「煙」這個字，就會被視為內奸在造謠生事，欲摧毀明朝。楊士聰若是知道，抽煙的風氣在華北流行之前，滿人就很好抽煙，絕對會更振振有詞反對抽煙。

今天所知第一個違反這項新禁令而被送上北京衙門的案例發生在一六四〇年，也就是禁令頒布的隔一年。話說有個舉人帶了一名僕人，前來北京參加會試。那僕人大概是想替主人出門在外時賺點外快，補貼開銷，於是把帶來的煙草拿了一部份到街上賣，不久就被捕。按規定，犯此禁令者一律砍頭。死刑判決呈送崇禎皇帝審批獲准，這個倒楣鬼就此成為這個嚴苛新法之下的第一個亡魂。這項規定很不得北京民心，後來幾經薊遼總督洪承疇請求，才在一六四二年初廢除。楊士聰在那一年短暫離京，再回到京城的時候，煙草銷售量大逾以往，原來被視為奇風異俗的抽煙，這時已是見怪不怪。

洪承疇只考慮到實際的利害。他並不關心那福建人的死活，但他關心軍隊的士氣，而士兵喜歡抽煙。士兵相信抽煙可驅寒祛濕氣。既然如此，何苦剝奪這驅寒祛濕之物而傷害士氣？朝廷禁煙乃是因為擔心煽動叛逆的謠傳仍甚囂塵上，但那是因為京城居民有理由覺得有叛亂、入侵、瘟疫的力量在威脅著他們。社會中的大部分人覺得出現了無法因應的改變時，像煙草這樣新出現的東西，在不知不覺之間就和那些改變扯上了關係。煙草的確是扯上關係，但其間的曲折迂迴遠非北京居民所想的那樣。要從更宏觀的角度來觀照，我們就得擴大視野，涵蓋到整個世界。

我們不妨再把十七世紀的世界當作一面因陀羅網，有如蜘蛛網一般，時時刻刻在變大。網上每個結都拉出新線，觸及新的點，線就附著在點上，往左右橫向連結，每條新拉出的線都不斷重複這個過程。隨著線的分布愈來愈稠密，網也愈來愈往外延伸，愈來愈糾結複雜，也愈來愈緊密相連。網上有許多結網的人，也有許多中心，所結的網往各處延伸的時候並不是整齊對稱。有些地方因為其所在的位置，因為在該地製造或被帶到該地的東西而較受青睞。其他地方則是深溝壁壘，訂下規定自我孤立，藉此不讓那張網近身。但只要有人員移動、征服或貿易的地方，那張網就變大，往外分枝，而在十七世紀初的人就在做這樣的事，其速度之快、次數之頻繁是前所未見的。

沿著那些線有各式各樣的人與貨、船與獸拉車、戰士與武器在快速移動，還有動植物、病原體與種籽、言語與觀念在快速移動。網絡上的物件並非依哪個人的要求而移動，但也絕非隨機的移動，因為植物或觀念之類事物要能移動，只有託身於移動的人，而移動的人之所以這麼做，則與移動時慣有的需求、恐懼有關——即使他們最後到的不是他們想到的地方。許多事物跟著足跡遍及全球的人傳播到別的地方，從而以無人料想得到的方式改造世界，但那些人移動時，並沒有傳播那些事物的意圖。美洲的茄屬植物——番茄、馬鈴薯、辣椒、煙草——就將以這種方式傳播到全球各地。

一四九二年，哥倫布及其船員抵達美洲，乃是最早見到美洲原住民抽煙的非美洲人，但第一個在出版物中提及煙草的人，則是亞美利戈·維斯普奇（Amerigo Vespucci），時為一五〇五年。一五三五年，卡提耶（Jacques Cartier）在第二次航往新世界時，嚐到煙草的滋味。煙在嘴裡口感辛辣，由於讀者不知那種感覺，卡提耶在書中只能拿胡椒來比擬——胡椒和煙草都是茄屬植物。尚普蘭於一五九九年首次遠航到美洲時注意到煙草，形容它是「某種草本植物，他們抽吸其煙。」一六〇三年，蒙塔涅族酋長阿納達畢朱在塔杜薩克款待法國人的時候，表現了原住民應有的待客之道——遞上煙。尚普蘭稱那場歡宴為 tabagie——在今日的魁北克，這個字意為「香煙店」。

美洲原住民借煙草之助，移動於自然世界、超自然世界之間，和幽靈交談。抽煙有助於引來幽靈的注意，因為幽靈喜歡煙草燃燒的氣味，此外，煙草有助於讓與通靈者進入正確的心智狀態。薩滿僧利用煙草來起乩，以脫離自然世界，看幽靈在做些什麼，窺知未來。今日的香煙，致幻作用不強，但當時原住民煙草的尼古丁含量，高於今日香煙許多倍，致幻效果也強了許多。一六〇九年跟著尚普蘭的作戰隊伍來到尚普蘭湖的那位「巫師」，是否藉抽煙讓自己陷入迷幻狀態，以預測出襲敵行動的吉凶，尚普蘭並未交代，但很可能就是。

北美原住民認為煙草具有止痛效果，使煙草除了具有宗教功用之外，還有醫療功用，而在十七世紀的藥理學裡，醫療和宗教乃是彼此重疊。近代之前的大部分文化認為，生病表示人界與靈界的正當關係有所割裂，不管那割裂是因為幽靈入侵人界，還是因為病人的靈魂已迷失於靈界。他們認為煙草能減緩從牙痛、蛇咬到抽搐、飢餓、乃至氣喘的各種不適，因此也能紓解出現於自然界與超自然界之間、導致疾病的種種問題。煙草的治療功效，乃是直接應用其超自然能力所致。

在原住民的日常生活中，煙草是打好人際關係的重要媒介，良好的人際關係就如治癒疾病，要有幽靈的好心支持才得以致之。欲在個人層面或公眾層面獲致良好人際關係，需要用心和細心，且在得到幽靈的支持下，最能順利達成。燒煙草或抽煙草，乃是在幽靈心情不好的時候（幽靈多半時候心情不好）予以安撫，尋求庇佑。在 tabagie 盛宴時一起抽煙，乃是在幽靈在場之下進行，這有助於讓抽煙的人彼此發生爭執時化解歧見。有助促進人際關係的煙草，其用途很快就從這些正式場合擴及原住民社交生活的各個層面。他們請朋友抽煙，請鄰居抽煙，把煙當禮物贈人以求助或答謝。今天的北美原住民仍然很善於社交，許多原住民也仍是大煙槍。

歐洲人對中國商品的需求，創造出連結美洲與其他地方的貿易網，煙草就循著這貿易網移動，遷徙到新地方，進入從不知抽煙為何物的社會，而歐洲則是煙草外移時第一個落腳的社會。伴隨抽煙而生的宗教性、醫療性、社會性、經濟性習慣行為，在進入新文化後，必須找到同樣的安身之地。半個世紀前，古巴史學家費南多・奧蒂斯（Fernando Ortiz）把這個過程稱作「文化移轉」（transculturation）：在這個過程中，習慣與事物從某個文化徹底轉移到另一個文化，使之成為這個文化的一部分，進而改變這個文化。奧蒂斯知道，文化移轉過程的「密集、複雜、不間斷」，可能劇烈摧毀某個文化既有的習慣與事物，但這些全球化過程的結果並非人力所能控制。文化可能在轉眼之間改頭換面，因而，在轉換前一刻的文化面貌，很容易就被人所遺忘。

煙草的效應就是如此。煙草所到之處，不抽煙的文化變成抽煙的文化。文化移轉幾乎是發生在一夕之間，而且通常在上層人士注意到人人都在抽煙，開始思考抽煙為何不好之前，就已經如火如荼進行了好一段時間。當然，北美原住民抽煙習慣的原始意涵並沒完全轉移到其他文化。但有許多意涵的確轉移過去，包括煙草開啟了通往靈界之門這個意涵。抽煙的宗教意涵，的確必須因應它所進入的每個新環境，而有不同的改變。在西藏，煙草是由凶猛保護神所吸食，人吸了會變得更威猛。例如雅礱河谷昌珠寺的護法神雕像，手揮一根改成煙管狀的人類股骨，以表明他對付叛徒的時候會多麼無情。

在歐洲也是如此，抽煙在不知不覺中進入了巫術世界。煙草被當成與惡魔聯繫的媒介。一六〇九年，尚普蘭與北美原住民交戰那一年，法國國王亨利四世指派一名調查官肅清鄉間的巫術文化。該調查官發現女巫有多項習性，其中之一就是使用煙草。經過調查，該調查官認定，

「她們的園子，不管多小，都會種上一株可藉由抽吸其燃燒的煙來掃除煩惱、止住飢餓的植物。」窮女人種植煙草，以便在飢餓、不幸時止飢、得到慰藉，如此解釋不是更簡單？但調查官要找的是巫術，而不是貧窮。他不是很確定抽煙和女巫遭指控的那些可怕行徑有何關連，但是他自認「相當了解且確定，抽煙使她們的嘴巴、身體散發惡臭，讓不習慣那味道的人無法忍受的惡臭，而且她們一天抽上三、四次。」

歐洲人對女巫的恐慌在十七世紀漸趨沉寂，認為抽煙可打開與惡魔交談之門的想法也跟著式微。後來，如果有行巫嫌疑的女子抽煙，大家認為她們之所以這麼做，純粹是因為喜歡抽煙，而不是為了行巫術。抽煙一旦洗脫了行巫術的污名，就連神職人員也可以抽煙，而的確有神職人員開始抽煙。這時，耶穌會士仍不接受這習慣，耶穌會禁止會士抽煙，但是他們只占了神職人員的少數。其他的基督教神職人員開始大抽特抽，甚至還因為抽得太凶，不管在教堂裡外都抽，迫使梵蒂岡出面干預。一六四三年，羅馬教皇指出，「正派人士」覺得煙味叫人很不舒服，不喜歡進教堂時得踩過教堂門口往往積了一堆的煙灰。為了避免神父的惡習使得已在惡化的神職人員公眾形象更為不堪，梵蒂岡諭令神職人員，不准在教堂內抽煙，甚至在教堂門口的門廊都不行。想抽煙的話，就得離教堂門口遠遠的。

第一次看到人吞雲吐霧的人，心中既好奇又猜疑，覺得那行為既古怪又危險。窮人是不得已才會在冒著煙的簡陋小屋裡，吸著惡毒的炊煙，如此度過寒冬。怎麼還有人明明不必吸煙，還特意把煙吸進去？歐洲人認為進教堂時吸進焚香的煙無妨，但只有置身煙氣中不自覺吸進去才沒關係，可不能把一整股煙直直吸進肺裡。抽煙並不是人生來就會的事情，必須學習。重現那段學習過程，可看出抽煙的初期歷史為何如此引人入勝。

每個文化開始抽煙的方式稍有不同。人抽煙的方式，端視抽煙的習慣來自何處、由誰引入、本地有什麼習慣或觀念可資轉化、以合理化那古怪的新習慣而定。對歐洲上層人士而言，要他們接納煙草，得克服一大障礙，就是煙草與抽煙的人——例如北美原住民——之間的形象關連。歐洲早期對抽煙這「野蠻惡習」最著名的抨擊，出自英王詹姆斯一世之口，而他的抨擊最能點出當時歐洲上層社會對抽煙的心態。詹姆斯一世指出，抽煙是「貧窮不文野蠻男子」做的事。那是「粗野、不信神、帶奴性的印第安人」才會有的「野蠻禽獸行徑」，不是英格蘭人所該仿效的。印第安人是「西班牙人的奴隸，世間的人渣，目前為止還是不識上帝與人所立之約的化外之民。」根據這三點，人根本不該抽煙，至少在這位國王眼中是如此。但他的這番批評卻激不起同代的人什麼共鳴。伊莉莎白女王一世時代（一五五八—一六〇三）的偉大史家威廉·坎登（William Camden），可以痛快批評英格蘭人已「墮落到野蠻人一般，因為他們喜歡野蠻人所用的東西，且認為那些東西可以治病，」但一六一五年時，他不得不坦承，「短短時間，到處出現許多用土管吸那臭煙、而且一副怎麼吸都永遠不滿足的人，其中有些人是為了享樂，有些人為了健康。」一般人不同於坎登與國王，他們不在乎誰先開始抽煙的。

煙草抵達歐洲的歷史多半來自上層社會的說法，這通常要從醫生多東斯（Rembert Dodoens）開始講起。一五五三年，多東斯在安特衛普出版了一部通俗拉丁文藥草誌（荷蘭文版於次年出版，又隔了一年，德文版問世）。多東斯的藥草誌首度將煙草以植物學條目出現在醫學典籍上。那是第一個見諸文字的證據，證明煙草知識、甚至煙草本身在當時已傳到低地國。多東斯不知道如何稱呼那植物，於是借用他所熟悉而具有麻醉效用的植物——莨菪——之名來稱呼它。莨菪開帶紫色條紋的黃花，與煙草所開的花類似，因此，以這名稱指代，倒也不失權宜之計。接著，故事移到三年後的葡萄牙，達米昂・德戈伊斯（Damião de Goes）說他的親戚路易斯是第一個將煙草從巴西帶到歐洲之人。德戈伊斯並未具體指出這一劃時代舉動發生於何時，但路易斯加入耶穌會，在一五五三年多東斯出版其藥草誌那一年前去印度，因此他想必在那之前就已將煙草從大西洋彼岸帶到歐洲。於是，知道這植物和親身體驗這植物的滋味，在時間上就沒有落差。德戈伊斯說他在里斯本的自家園子裡種了煙草，如果他有種的話，那麼他很可能也有抽。

拜同一個人之賜，煙草從葡萄牙傳到法國。德戈伊斯把自種煙草的種籽送給尚・尼科（Jean Nicot），尼科將種籽帶回法國，種在自家園子裡。這大概是一五五九年尼科出任法國駐葡萄牙大使之前的事。後來尼科誇稱自己是將煙草引進法國的第一人，但另一名法國人，安德烈・泰維（André Thevet）卻是將巴西煙草獻給法國王后凱瑟琳・德・梅迪奇（Catherine de Medici）的第一人（一五五六年）。泰維稱它為「王后草」（herbe de la royne），以向王后致意，後來這名稱流入英語，沿用了一段時日，但不久就為其他名稱所取代。從某個角度來看，尼科的確讓自己名垂於抽煙史，因為林奈分類系統以Nicotiane（譯按：意為「尼科的植物」）

一詞指稱煙草（今人用 nicotine 一字指稱煙草裡的致癮化合物，中文譯為「尼古丁」，而 nicotine 就源自 Nicotiane）。

從市井小民的說法來看，煙草進入歐洲的文化移轉史則稍有不同。多東斯之所以能將煙草納入他的藥草誌，一定是因為有人拿那植物給他看過，而那個人若不是從美洲帶來煙草，就是從去過美洲的人那裡弄到煙草。一五五〇年代的安特衛普是歐洲北部最繁忙的港口（阿姆斯特丹要在下個世紀才將它擠下寶座），一天進港的船隻多達五百艘，多半有人帶煙草登上安特衛普碼頭。這道知識鏈止於多東斯的藥草誌，但其源頭想必在那些真正抽過煙的人——水手。水手不會叫它「王后草」或「莨菪」，而大概會以美洲原住民的通用稱呼「petum」叫它（如今，petum 一詞，仍透過煙草的親屬植物矮牽牛的名字 petunia 而流傳於世）[1]。但最早橫越大西洋的歐洲船隻回航時是回葡萄牙、西班牙的港口，既然如此，煙草最早登岸的港口，為何一定得是安特衛普？有項史料顯示，煙草早在一五四八年，也就是達米昂·德戈伊斯寫到煙草的二十年前，就已經循這個方式來到葡萄牙，而且很可能又是放在水手口袋裡帶進來。因此，水手、軍人、神父是最早抽煙的歐洲人。要到後來，貴族和其他上層人士才接受這味道而抽起煙來。

西班牙藥草學家璜·德·卡德納斯（Juan de Cárdenas）對煙草藥性感興趣，並將煙草納入其研究印第安人醫術的著作中。一五九一年，這本書於墨西哥出版。卡德納斯坦承，他是根據墨西哥的西班牙軍人使用煙草的目的——驅寒、止餓、止渴——將它在藥理上予以歸類，而那正和一六四二年明朝洪承疇麾下的官兵使用煙草的目的一模一樣。在美洲的歐洲人從當地原住民那裡知道煙草這種功效，原住民告訴他們，抽煙可「保健、保暖」，一如一五三〇年代時如此告知雅卡提耶。因此，抽煙不只是野蠻人的習慣，抽煙對人有益。一五九三年，有個英格蘭說，煙草之所以如此受歡迎，特別是受生長在濕氣重而易得風濕的英格蘭人所歡迎，關鍵在於煙草的藥性，「在英格蘭廣受接納和使用，用以治療感冒和其他某些發於肺臟和體內的疾病，不無療效。」煙草不只拿來抽，還製成軟膏，可抹在皮膚上。英格蘭藥草學家約翰．傑拉德（John Gerard）對煙草藥性的解釋更為精確。他在一五九七年出版的藥草誌中指出，這藥草「可治各種膿腫、腫瘤、頑強潰瘍、癤和諸如此類的疾病，製成藥膏或油膏使用。」一五九七年時，英格蘭每家藥房都賣這項藥品。

結果，煙草藥讓藥房大發利市。誠如約翰．傑拉德所欣然承認，他用煙草治「頭部各種割傷和疼痛，讓我名利雙收。」在其他地方，煙草買賣的獲利更大。十六、十七世紀之交，維吉尼亞煙草在英格蘭仍是新奇商品時，據說要以等重的白銀來買煙草。抽煙的人要花大錢買煙草，官方就想到課徵巨額的煙草入境稅。英王詹姆斯一世或許痛斥抽煙是野蠻人的習俗，但當維吉尼亞公司──從英格蘭的維吉尼亞殖民地輸入煙草的公司──奏請國王提高煙草進口稅時，國王也欣然同意。詹姆斯一世反對煙草，似乎不只因為煙草毒害人民，也是因為國庫收入有一部分給走私者吃掉。

高價格、高關稅當然鼓勵走私者和農民都投入這行業，一如北京所出現的現象。荷蘭農民約於一六一〇年時開始種植煙草，以取代進口煙草，尼德蘭很快就成為歐洲最大的煙草生產國。英格蘭的農民也是如此，但兩地所生產的煙草品質都比不上維吉尼亞煙草。本土煙草較進口煙草便宜得多，而且免稅，摻假圖利應運而生：將本土和進口煙草摻混為一，騙顧客買的是純進口貨。荷蘭商人於一六三〇年代用這個辦法，削弱了英格蘭人在波羅的海的煙草貿易。另一個辦法則是熬煮進口的維吉尼亞煙草，然後將本土煙草浸入濃汁中，改善品質，但收效不大。不過，在煙癮和牟利的驅動下，商人使出渾身解數——從走私到不實廣告——推廣抽煙，使歐洲人在煙草傳入初期嗜煙的熱情不退。

長遠來看，穩妥的獲利之道乃是從源頭控制供應量和品質。為此，歐洲人甩開美洲的原住民生產者，自行開闢大型煙草田。從此之後，煙草的生產商換成來自英格蘭的種植園主，煙草貿易的獲利落入英格蘭人手裡。由於煙草需求增加，在一六一〇年代開闢殖民地已不再只是投機風險事業。海狸毛皮資助了法國人在美洲北邊的探險活動，煙草為英格蘭人移民維吉尼亞、侵占當地原住民土地提供了資金。

但是，煙草要成為商品作物，還得有其他因素來加持。煙農發現光靠自家人丁，還不足以應付煙田所需的農活。耶穌會士雖然已經在南美洲說服印第安人在煙田工作，但大部分印第安人不願幹這個活。就算是用強逼的，他們也會在晚上溜走。解決之道乃是找到無法反抗，只能乖乖幹活的人力，也就是奴隸。向來善於看出哪種風險事業有利可圖的荷蘭人，搶先投入這一行。由荷蘭政府授權成立的另一家公司，西印度公司（Westindische Compagnie，簡稱

WIC），從一六三〇年代起，在南大西洋的兩岸都打下堅強據點，並利用這項地利，在非洲買奴隸，賣給加勒比海、巴西的煙田主人。隨著其他商人投入販奴生意，荷屬西印度公司在大西洋兩岸的殖民地於一六四〇年代失守了大半，但在十七世紀的最後二十五年之內，撇開駛往南美洲的奴隸船不算，西印度公司駛往加勒比海的奴隸船，一年有三、四艘。

隨著這種新的勞力安排問世，新的貿易體系跟著誕生。因為煙草（還有糖），美洲開始為歐洲人帶來獲利，而非洲則為美洲提供人力，使歐洲人得以在美洲廣闢煙田、甘蔗田，歐洲人又拿南美洲的白銀來購買亞洲貨物，而從歐洲、美洲流往亞洲。當時的三大商品——白銀、煙草、用來開採銀礦和採收煙葉的奴隸——共同為美洲的長期殖民化奠下基礎。其他商品也漸漸納入這種跨國安排，從而使歐洲得以在接下來三個世紀宰制大半個世界。

煙草傳布全球一事，當時已經有人注意到。英格蘭劇作家湯瑪斯·德克（Thomas Dekker）寫了諷刺時髦年輕男子浮誇作風的劇作，於一六〇九年出版。德克在劇作中如此請求煙草：「指定我為你的繼承人，以便我繼承你吞雲吐霧的美事，進而把那美事傳播到世界各國。」只要煙草同意「讓（比其他民族還高明的）高明英格蘭人，比全亞洲那些牙齒最白的黑人，更精於區別你的千里達煙捲、煙草葉和管煙[2]」，喜愛抽煙的英格蘭人很樂於看到每個人抽煙。讓全世界的人都成為抽煙一族並無妨，但是請讓英格蘭人成為煙草方面最高明的鑑賞行家，成為煙草振奮人心之特質唯一的受益者。

德克推斷煙草不久後就會傳播到「世界各國」——特別是亞洲——確有先見之明。但他做此預言稍嫌太早，無法知道中國會成為最大的抽煙國，中國人比英格蘭人更想成為煙草的「指定繼承人」。煙草傳入中國之後，英格蘭人眼中那個講究節制的美事，很快就變成英格蘭人眼中放縱無度的惡事。十九世紀有位走訪中國的英格蘭女士，理直氣壯的批評中國人的抽煙嗜好，說中國人「像土耳其人一樣愛抽煙」。這不是恭維。她認為抽煙無妨，但不能像土耳其人或中國人那樣沒有節制。

煙草經由三條路線傳入中國，分別是經葡萄牙人之手從巴西往東到澳門，經西班牙人之手從墨西哥往西到馬尼拉，還有輾轉經東亞數地進入北京。第一、二條路線約略同時出現，煙草匯集澳門、馬尼拉這兩個商港之後，轉進中國境內：從澳門進入廣東，從馬尼拉進入福建。十七世紀初，抽煙習慣無疑已在中國牢牢紮根，因為撰文記述一六二五年吉亞號船難事件的亞德里亞諾．德．拉斯科特斯（Adriano de las Cortes），登上閩粵兩省交界處附近時，已發現中國人抽煙。拉斯科特斯在被俘第一天結束時發現這事。當時他口乾舌燥，比手勢表示想喝水。看守人猜出他的意思，給了他一碗熱水，中國人認為喝熱水比喝冷水更有益身體。拉斯科特斯不習慣喝熱水，繼續比手劃腳要冷水。「他們以為我要別的東西，於是拿煙給我抽。」拉斯科特斯要的是水，不是煙，而且身為耶穌會士是不准抽煙的。他繼續比劃，最後，中國人一陣哄堂大笑之後，終於了解他的意思。他們端來一杯水，不是冷水，也不是熱水，而是他所描述「用名叫茶的草葉煮成的溫水。」這是拉斯科特斯第一次接觸茶。茶當時還未成為歐洲社會文化的一部分，但一六二五年時，煙草已徹底融入中國沿海地區的生活。

福建博得中國煙草故鄉之名。煙草由發自馬尼拉的中國船運到幾個港口，其中最重要的港口是閩南沿海漳州府的進出港月港。方以智是十七世紀的傑出學者，對外來知識深為著迷，他推斷煙草於一六一〇年代傳入福建——約三十年後，他扮成藥販潛入福建，以躲避一六四五年攻占華南的清兵。方以智認為漳州的馬氏是最大的煙草加工商。馬氏的生意顯然做得很成功，這種新產品如野火燎原般普及開來。「漸傳至九邊，皆銜長管而點火吞吐之，有醉仆者。」（譯按：出自《物理小識》。）

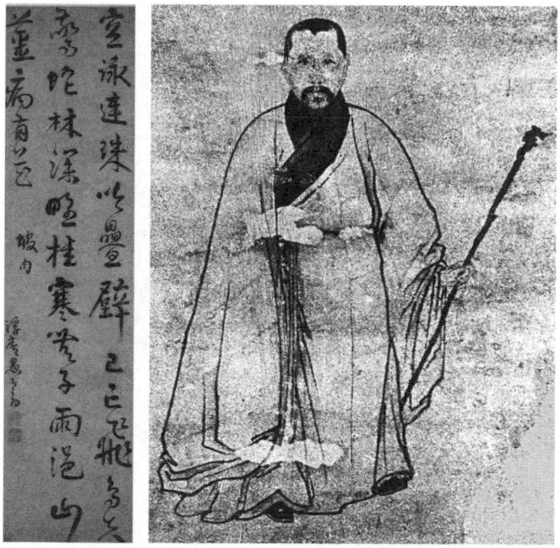

方以智推斷煙草於 1610 年代傳入福建（右圖）。
左圖為方以智《錄蘇軾〈和白居易天竺寺詩〉》書法。

方以智以淡肉果一詞指稱煙草，淡肉果是「植物淡巴菰的肉質果實」。淡巴菰是菲律賓的華人替煙草取的名字。他們根據西班牙語的 tabaco 一詞粗略轉譯，而 tabaco 一詞又是西班牙人從加勒比海地區對中空蘆葦桿的稱呼轉譯過來，因為加勒比海原住民抽煙時，乃是將絲狀煙葉塞入蘆葦桿中抽之。淡巴菰一詞外國味太重且彆扭，於是中國人從燃燒冒煙這角度，將它改名為煙，並提出「喫煙」一詞。有個中國人從十七世紀末往前追溯，懷疑

「煙」這個詞是日本人所造。這個說法不無道理，因為煙草傳入中國的第三條路線會輾轉經過日本。但日語裡的「煙」是借自漢字的外來語，因而要釐清「煙」這個字到底是由中國傳到日本，還是日本傳到中國，幾乎已是不可能的——目前中、日兩地都還使用這譯名[3]。

當時中國的讀書人極力想弄清楚煙草的原產地。有人認為它原產於菲律賓，因為煙草是從菲律賓傳到福建的。有人懷疑菲律賓人「從大西洋弄到煙草種籽」——中國人以大西洋泛稱歐洲人所來的遙遠地區。有好千個福建人在馬尼拉與西班牙人做買賣，知道西班牙人從名為亞美利加（美洲）的地方橫渡太平洋過來，因而有可能知道煙草種籽來自該地。但這些人不是寫日記或撰文發表的人。談到對煙草的理解，知識分子與平民百姓之間的認知落差，十七世紀的中國和十七世紀的歐洲一樣的大。

抽煙習慣從福建往內陸，並循著海岸往北傳播。據十七世紀末的葉夢珠在《閱世編》卷七所記，煙草在一六三〇年代傳抵上海。葉氏劈頭寫道，「煙草也，初出閩中，」但他未費心去思索煙草又從何處傳入福建。「幼時聞先人言，福建有煙。吸之以醉人，名曰『乾酒』。然此地絕無之也。」他接著又說，一六三〇年代末，有個彭姓男子在上海種了些煙草。「不知其從何所得種，種之於本地，採其葉，陰乾之，遂有工其事者，細切為絲，為遠客販去，土人（譯按：當地人）猶未敢嘗也。」一六三九年北京明令禁種煙草，上海也貫徹此令。葉夢珠寫道，這道禁令「謂流寇食之，用辟寒濕，民間不許種植，商賈不得販賣；違者與通番等罪。」禁令在上海收到效果。彭氏成了第一個遭到告發的人，別人也就不敢種植煙草，但為時不久。葉夢珠說不到數年，「軍中莫不用煙，一時販者輻輳，種者復廣，獲利亦倍。」種煙草可獲利，但未能取代棉花成為上海的主要商品作物。「此地種者鮮矣，」葉夢珠在這段筆記最後如此寫道。

煙草傳入中國的路線，除了從澳門到廣東、從馬尼拉到福建這兩條之外，還有一條。這條路線其實是第一條路線的延伸，但比第一、二條都複雜，係以澳門為起點，沿途輾轉經過四站。第一站是日本最南的港口長崎。從澳門來的葡萄牙商人帶來煙草，在日本引起轟動。在長崎主持英格蘭貿易站（但不久就被迫撤走）的理察・卡克斯（Richard Cocks），驚訝於煙草在當地風靡的情形。卡克斯在日記裡寫道，「看到那些日本人，男女小孩，那麼著迷於喝那藥草，真覺不可思議；從它初傳入該地，還不到十年。」他在一六一五年八月七日那天的日記裡寫道，當地領主下令禁止抽煙，所有煙草株連根拔除，但徒勞無功。煙草已如水銀瀉地般傳入日本文化，非官方禁令所能阻擋。

根據卡克斯所記「從它初傳入該地，還不到十年」，可以推斷煙草約在一六〇五年傳到日本。傳入日本後，很快又傳到第二站——高麗。根據一六五三年在高麗發生船難的某個荷蘭人的說法，這段轉移毫無耽擱。他看到當地人抽煙，大為驚訝，接待他的高麗人告訴他，他們抽「南蠻草」（南蠻，意為南方蠻夷，為日本人對葡萄牙人的稱呼）已有五十年。從高麗再傳出去，就來到第三站滿州。滿人很快就染上煙癮，煙癮大到有個十九世紀的法國傳教士因此認為，抽煙是滿人強加於漢人的「習慣」之一。皇太極對麾下部眾抽煙抽得如此之凶，並不是很高興。一六三五年，皇太極發現士兵為了買煙而賣掉武器之後，更下令禁煙。

放眼全世界，憂心抽煙危害經濟的統治者也不只皇太極一人，而頒布禁令卻徒勞無功者，也不只有他而已。在一六三三年，蘇丹穆拉德四世（Murad IV）下令奧圖曼帝國全境禁止生產、販售、消費煙草（還有咖啡），並加重刑罰，違者處斬，結果士兵照樣抽煙。在這之前一年，丹麥國王克里斯蒂安四世（Christian IV）下令禁止攜帶煙草進入挪威，因為深信那對他的子民有害；十一年後，克里斯蒂安四世以禁令無法施行而予以撤銷。皇太極則比克里斯蒂安四世早了兩年撤回禁煙令。穆拉德未撤回禁令，但隨著他於一六四〇年去世，禁令也自動失效，比挪威、滿州兩地正式撤銷禁令還早。

第三條路線的最後一站是華北，特別是北京。北方人稱煙草為「南草」，但是因為煙草從東北傳入關內，有些中國人因此認為煙草原產於高麗。一六三七年時，在北京最貴的兩種煙是福建煙和滿州煙。楊士聰就是在北京看到有人抽煙之後，懷疑抽煙習慣的出現和調派來京抵禦滿人的南方士兵有關——也是在北京看到野沙雞，聯想到北方邊境可能有事，滿人就要入侵。第三條路線因此是一條環環相扣而絕無人預料得到的路線：勢力從巴西綿延到印度洋的臥亞、再到日本的葡萄牙人世界帝國；從日本進入高麗的地區性貿易網；朝鮮半島境內貨物流通遠及滿州的貿易網；滿州與中國之間的跨邊境貿易。滿人拿煙草與黃金、人參等商品和中國貿易，從中賺取豐厚利潤，然後以這獲利支應入主中國的大業，最後終於在一六四四年推翻明朝。

我們已經看到十六世紀的歐洲人不得不提出幾種說法來解釋煙草這個東西的存在。在十七世紀的中國，也有人致力於同樣的問題：理解這個如此新奇又陌生的東西。

以姚旅來說，這位少有人知的作家寫了一部如今存世極少的《露書》。他在《露書》的前半部略述他對古代典籍、文學的看法，在後半部則思索當代的事物，其中包括他對淡巴菰的看法。姚露認定讀者不知抽煙為何物，解釋「以火燒（煙管）一頭，以（另）一頭向口，煙氣從管中入喉。」他以酒醉比擬吸入煙氣的效應，形容其「能令人醉」，他還提及淡巴菰的另一個名字——「金絲醺」。姚旅說煙草原產於呂宋，從漳州的月港傳入中土。他還指出漳州農民讓煙草適應本地水土非常成功，以致於漳州煙草產量「今反多於呂宋，載入其國售之。」但講究品質的人認為，本地煙草不比呂宋煙草，一如菲律賓人認為他們本地的煙草品質不如美洲煙草，也一如英格蘭人認為國產的煙草不如維吉尼亞煙草。在中國境內，福建煙草被視為上品。「自後吳、楚地土皆種之，」張介賓在《景岳全書》裡寫道，「總不若閩中者，色微黃，質細。」但即便是這二等煙也都有銷路。

對於如此美妙的東西竟是不折不扣的舶來物，有些中國讀書人並不是很能接受。有些人傾向認為煙草原產於中國，於是在古代文獻裡窮碧落黃泉，希望能找到煙草是中國之物的鐵證。例如詩人、畫家吳偉業，對於「煙草自古未聞」這個普遍說法就無法釋懷。最後他在《新唐書》裡找到關於「聖火」的記載，據此證明中國人在五世紀就已在抽煙。（譯按：根據吳偉業《綏寇紀略》，聖火出於齊武帝永明十一年，即西元四九三年。）所以十七世紀開始抽煙，只是重拾古代習慣而已。這當然不是事實，但那是吳偉業面對煙草舶來出身的事實藉以自我釋懷的辦法——實則欲藉由相信抽煙習慣是不折不扣的中國之物，以否認文化移轉的事實。

欲替煙草在中國文化裡找個名正言順的安身之地，更有效的辦法乃是主張煙草在中藥裡可有一席之地，而在煙草傳入中國之初，就有許多人這麼主張。畢竟煙草能引發強烈的生理效應，那麼何不將之納入既有的藥草體系？例如姚旅深信煙草「能辟瘴氣」。他還說將煙葉搗成膏狀，抹在頭皮上可去頭蝨。方以智同意煙草具藥性，但擔心其燥性太強，用之傷身。它「可祛濕發散，然久服則肺焦，諸藥多不效，其症忽吐黃水而死。」

早期鑽研煙草藥性最深者，當屬十七世紀初的杭州名醫張介賓。張氏不知該把煙草歸在哪一類。最後他在藥典裡誤將煙草與生長在沼澤環境的植物列為同類，但那是晚期所增補的作品。張介賓在書中替所有的條目依序編號，論煙草的條目出現於「七十七」、「七十八」這兩個條目之間。張介賓先描述煙草的味道和特性，然後扼要介紹煙草可治的病症，以及在哪種情況下忌用煙草。在檳榔果一條，張介賓提醒讀者參照論煙草的部分，並指出這兩種植物都會致癮，致癮現象特別可見於南方人，但檳榔果性較溫和，較宜用來治療消化疾病。

張氏展現科學家的實驗精神，試了抽煙的滋味，但未上癮。他說煙草味苦，抽幾口後的感覺並不舒服，有如喝醉，而且要頗長一段時間才會消褪。對於想消除抽煙感覺的話，張介賓建議服冷水或食精糖。這兩者皆屬性涼，能中和煙草近乎純陽的特性。張介賓認為只要不吸食過量，煙草有助於祛痰、去瘀、暖臟、促進循環。但若服用過多，則弊多於利——但就這點而言，煙草和其他藥草並無二致。

煙草最終擺脫掉人從藥理和植物學角度所加諸其身的虛幻解釋，有關吸食過量會嘔出淡黃汁液的不祥預言，也只是無稽之談。特別是在禁令形同具文之後，中國境內抽煙的人大增。十七世紀末的上海散文家董含對這個現象感到好奇，他先指出在一六四〇年代之前，福建以外之地，抽煙的人百中只有一、二。但是後來抽煙習慣擴及整個長江三角洲，先在城市生根，然後傳入鄉村，先流行於男性，然後女性也開始抽煙。董含在世的時候，遞煙招待賓客已是基本禮儀。至於這為什麼發生，他是否也抽煙，董含未有說明。他只是一語帶過，「習俗易人，真有不知其然而然者。」

對於士農工商各階層、各年齡層的男女都迅速抽起煙來，其他作家的看法大同小異。有個藥理學家就說，「普天之下，好飲煙者，無分貴賤，無分男婦。」就連幼童也染上這習慣，特別是福建的幼童。十九世紀來到中國的歐洲人見到八、九歲女童口袋、小包裡帶著煙管、煙草，大為驚訝。如果女童還沒染上抽煙習慣，至少也是為了裝大人而帶上這些煙具。

上層婦女特別愛抽煙。有個十八世紀的作家寫到蘇州官紳人家的習俗時，記載了他觀察到的奇特現象，從中可一窺流行於上層仕女之間的抽煙習慣。蘇州的官紳人家女子，似乎從早到晚都在抽煙。她們的社交行程非常緊湊，要在繁忙的白天——特別是早上——擠出時間滿足煙癮，就變成迫切之事。那位作家寫道，蘇州仕女得先抽幾管煙才肯起床。如此一來，就會耽擱到繁瑣但又必要的梳髮、化妝，為此，她們叫婢女趁她們還在睡覺的時候，先替她們梳好頭髮，這麼一來就可騰出起床前的抽煙時間。這個景象著實有些難以想像。

中國的女性或許煙抽得跟男性一樣凶，但中國人認為男女體質有別，因此抽煙對男女的影響也會有所不同。男性屬陽，較能抵禦煙之燥性。女性屬陰，體質濕，可能受損於煙草的燥性。嚴格來講，並非只有女性要小心，因為男子的陽性會隨著年老而變弱，因此上了年紀也最好別抽煙。女子和老人若要抽煙，可用較長的煙管，藉此降低煙草的陽性。中國煙管一如歐洲早期的煙管，仿自印第安人的煙管，但隨著時日演進，煙管愈來愈長，女子所用的煙管更是長到幾乎不可置信。十八世紀有位女詩人，姓名不詳，只以呂氏之妻為後人所知。她就寫了一首詩，揶揄用這麼長煙管的抽煙，在梳妝室裡頗為不便：

者個長煙袋，
妝台放不開，
伸時穿紙破，
鉤進月光來。

還有一個辦法可緩和煙之燥性，就是讓煙通過至陰之物——水——以降低煙的溫度，水煙管因此受到青睞。水煙管最早出現於奧圖曼土耳其世界，但是中國的水煙管只供女性使用，是兩地不同之處。事實上，做工精細的水煙管還成為仕女的表徵。在十九世紀，凡是有點身分地位的女性，都不屑於使用毫無裝飾的煙管抽煙。旱煙管則只限男性和下層人士使用。工廠大量製造的香煙在二十世紀初問世，與煙管展開漫長的市場爭奪戰，此時時髦心理再度成為左右流行的機制。在當時，男子或許改抽起香煙，但女子抽香煙則是傷風敗俗。但是到了一九二〇年代，見過世面的城市女性絕不會讓人看到她抽煙管。鄉下的老太婆才抽煙管。

女性以符合自己習慣的方式，將煙管融入自己生活，男性亦然。有地位教養的男子特別在意於讓抽煙符合高雅品味的要求。雖然他們嗜煙成癮，但仍希望抽煙被視為有地位教養的人應有的雅好，而非販夫走卒的習性。由於抽煙已成普遍的習慣，要如何藉抽煙來標榜自己的身分地位，一開始並沒有明確的作法。但一套慣例漸漸發展出來，以賦予抽煙獨樹一格的高雅風範。首先，得買比較昂貴品牌的煙草，因為價格被視為區隔高尚玩家與一般消費者的標準。但那還不足以截然區分上層雅士和平民百姓，因為在這個標準下，就算沒有品味，只要有錢仍能進入這個雅士圈。必須針對這些活動本身，發展出足以區隔雅士與有錢土包子的儀式。雅士享用煙草的方式，必須有別於一般人。

他們替自己的抽煙嗜好作了另一番包裝，其中一個辦法就是把無法自拔的煙癮解讀為真雅士的表徵。有個出身上層階級的人表示，抽煙之於雅士「刻不能少，終身不厭。」我們今日傾向認定煙癮是個缺陷，而非專注執著的表徵。雅士抽煙不是因為喜歡抽煙——畢竟每個人都喜歡抽煙。雅士之所以抽煙，乃是因為敏感的本質使之成為「煙客」，也就是煙奴。透過親身體驗，高尚雅士體認到抽煙的欲望乃是值得稱道的癖好，乃是他的純潔本性所不願讓他錯失的東西。對今日的我們而言，那似乎是在尼古丁癮這個觀念問世之前，以下里巴人所無法理解的高深方式解釋何為尼古丁癮；但對當時中國的文人雅士而言，那不只是如此。那是深深根植於帝制晚期中國的特殊人文規範裡，用以標舉社會地位的指標。

以這個煙癮觀為中心，文人雅士的抽煙文化發展成形，並得到詩人頌揚。十七、十八世紀以煙草為題的詩，有數百首傳世。著名詩人沉德潛寫了一組抽煙詩，把抽煙推崇為最高尚的消遣、最高雅的休閒，遠非市井小民所能體會。出現在這些詩裡的市井小民，絕對都是僕人，而非抽煙的人。以下就是他描寫其象牙煙管的詩：

八閩滋種族，九宇遍氤氳。
筒內通炎氣，胸中吐白雲。
助薑均去穢，遇酒共添醺。
就火方知味，寧同象齒焚。

煙也反過頭來賦予這位詩人一個意象，一個讓他得以將抽煙與雲朵、道家仙人所居的天界、乃至宇宙——全是凡人無法體會之物——連結為一的意象。另一首詩以類似手法，從煙聯想到召喚靈魂，煙草散出的煙猶如祖先牌位前繚繞的香煙：

返魂香自淡巴來，勝國時曾偏地栽，
卻笑前人都艸艸，煙雲世界自君開。

陳琮像，取自所著《煙草譜》，清嘉慶二十年（西元一八一五年）刊行。

這兩首詩都出現在一部以抽煙為題的詩文集中。詩文集成於十八世紀，由陳琮所編，此人乃一雅士，住在上海西邊，過著閒雲野鶴一般的生活。陳琮在世時以詩聞名於當地，但他最為今人所知的著作，乃是《煙草譜》。抽煙是他畢生一大嗜好，而對於自己為何如此嗜煙，他唯一想得到的解釋，就是前世因緣。他猜自己上輩子想必是和尚，「前世燒了一輩子的香」，因此這輩子得吸燒出來的煙。在《煙草譜》中，他選錄了沉德潛之類傑出詩人的作品，但也收錄了他請朋友特別為此書寫的詩。有個朋友應邀寫了〈來客〉，描述陳琮登門拜訪的情景。基於禮貌，他理所當然遞煙招待來客：

小盒輕攜客到時，十年心事此君知，
生來自有生花筆，譜出煙雲合一枝。

如果說陳琮是抽煙文學史料的編纂者，那麼抽煙品味的高下，就是由陸燿來裁定了。他在一七七四年寫成《煙譜》，除了教人如何抽得優雅有品味，也翔實記載了各種抽煙習慣。「近來文人雅士無一不抽煙，」陸燿這麼寫道。「酒食可缺也，而煙絕不可缺。」由於人人抽煙，要抽得有教養的，就有必要懂得如何抽得有品味，以免淪為販夫走卒之流。抽煙是個性的表現，抽煙時必須表現出抽煙者的社會地位。因此，陸燿此書的主旨，乃是使抽煙成為雅好。為此，他列出好幾份抽煙得體與不得體的清單：何時宜抽煙，何時忌抽煙，何時該忍住煙癮，何時可抽煙而無失禮之虞。他提及即連婦孺都人手一支煙管，但他的抽煙指南不是為他們而發，而是為與他同樣社會地位的人而發。

清朝乾隆、道光年間的蔡家琬也寫了一本《煙譜》，清楚列出宜抽煙的時機：剛起床時、餐後、招待客人時。他也主張抽煙可促發寫作靈感，一如當時許多人所認為。「高軒作賦，濡墨吮毫，思路未開，沉吟獨坐，熏服名煙，不無小補。」但有些時候絕不宜抽煙：例如聽絃樂，或賞梅，或行儀式之時。他提醒讀者，在皇上面前絕對不宜抽煙，與「美婦」——他指的是情婦——翻雲覆雨時也是不宜。

陸燿的《煙譜》也提出許多實用的建議。騎馬時勿抽煙。可以把煙袋和煙管塞進腰帶裡，以便到了目的地後可以抽煙——忘了帶煙的話，到時自己就難堪——但下馬之前不要點煙。走在落葉上時，不是點煙的好時機，站在舊紙堆旁，也是一樣。陸燿還提出保面子的抽煙禮儀。咳痰或氣喘未定時勿抽煙。如果幾次點煙都點不著，就把煙管擱下，換句話說，別為了抽煙而出醜。最後一個抽煙大忌，則是針對急於想逃開的社交場合。如果有客人來訪，而你不希望對方久留，那就別遞煙招待，以免他久久不走。

到了十九世紀，高尚的雅好竟突然變成大不相同的東西，而且是教人意料不到的東西——鴉片癮。用來提煉鴉片的罌粟也是外來的植物，但是老早以前就已在中國本土化，成為用以紓解從便秘、腹部痙攣到牙痛、全身虛弱等多種病痛的昂貴藥物。但當時食用鴉片不是抽吸其煙，而是製成藥丸或補劑吞服。根據記載，晚明有相當多的鴉片掛著「木槿藥」這個美名送進皇宮，但是拿來治病痛，而非用來吸食享樂。由於當時普遍認為凡是攝進體內的東西都會影響身體健康，因此這兩者之間的分別並不明確。

十六、十七世紀之交，荷蘭人開始從印度將鴉片帶進東南亞，以可提振精神——特別是提振軍隊士氣——為賣點，在當地販售。當時人深信，讓士兵服用鴉片，可讓他們不畏死。一六〇五年，荷屬東印度公司以火藥和六磅鴉片為誘惑，成功讓德納第島（Ternate）——出產大量丁香的小香料群島中的一島——的國王，同意和他們通商。因為，火藥和鴉片可助他增強部隊的戰力，打敗敵人。接下來的十年，菲律賓南部的穆斯林與西班牙人打仗時，據說有個被派去暗殺西班牙指揮官的刺客，在事前服用了鴉片，視死如無物。

直到鴉片與可讓吸食變順口的媒介物相結合之後，鴉片的吸食量才大增，而那媒介不是別的，就是煙草。將煙葉放進由罌粟汁液調製成的溶液裡浸泡，煙草性質頓時濃烈得多。如此調製出的煙草、鴉片混合產品，叫瑪達克（madak），而那似乎被當作性質較烈的一種煙草，而非另一種不同的致癮物。這個加工產品首見於中國人與據台荷蘭人的貿易之中——荷蘭人曾以台灣為基地，直到一六六二年撤出為止。於是瑪達克從台灣傳進中國。陳琮推斷，它和煙草循同樣路線傳入中國，也就是從馬尼拉傳到月港，但其實把瑪達克傳入中國的是荷蘭人，而非西班牙人——這又是十七世紀因陀羅網的一條線。

鴉片和煙草有兩個共通之處。它們都是拿來抽其煙，而且都是從遠地經外人之手傳入中國。陸燿和陳琮都據此認為，鴉片當然可列入他們的煙草指南裡，但就從那時候起，鴉片已開始脫離煙草這個宿主。十八世紀末，鴉片已經不透過製成瑪達克來吸食，而是直接吸食，其作法乃是將小塊鴉片放進煙槍的煙鍋裡，煙鍋傾斜置於油燈上方，點燃鴉片，透過煙管吸食燃燒生出的煙。現代的鴉片吸食方法，就此成形。

根據陳琮對鴉片的了解，鴉片不只是一種較烈的煙草。他把吸食鴉片後那種無以名狀的陶醉形容為「至喜之境」，然後如此說道：「鴉片之美，謂其氣芬芳、其味清甜。值悶兩沉沉或愁懷渺渺。矮搨短檠，對臥遞吮，始則精神煥發、頭目清利。繼之胸膈頓開、興致倍佳。久久骨節欲酥、雙眸倦豁。維時，拂枕高臥、萬念俱無，但覺夢境迷離、神魂駘宕，真極樂世界也。」——但是否就此煩惱不起，陳琮以懷疑口吻反問，「真是如此？」陸燿對這種烈「煙」同樣心存懷疑，甚至重新搬出一個世紀前中國煙草觀所已揚棄的抽煙致死疑慮。

鴉片的「至喜之境」乃是在十九世紀下一波全球化大浪潮之中，許多中國人所選擇進入之地。英格蘭商人為了化解從中國買進大量茶葉所造成的貿易赤字，將鴉片從印度輸入中國（英國人也開始在印度廣闢茶園，以縮短運輸距離，進而減少運輸成本）。而中國商人也樂於零售這有利可圖的商品，將之推銷到全國各地。鴉片將如煙草一般，長驅直入中國社會各階層，以強逼手段促成一場更為騷動不安的文化移轉，直至今日，那場文化移轉仍叫中國人引以為辱，仍是中國受西方列強侵逼的永久象徵。

如今，鴉片所予人的浪漫懷想早已是過往雲煙。全球抽煙的漫長歷史正踉蹌步入尾聲。但我們應切記，禁絕煙害乃是相當晚近的事。一九二四年，煙草在世人眼中並非該譴責或摒棄之物。德國博學之士貝托爾德・勞佛（Berthold Laufer）在那一年出版一本論亞洲煙草史的小冊子，以歌頌抽煙作結。「大自然所贈予的諸多佳禮中，煙草一直是最有力的社會因素、最有效率的和平締造者、人類最大的恩人。煙草已使全世界人趨於相近，促成四海一家。在諸多奢侈品中，它是最平民、最普及的；對世界的民主化，它是一大功臣。煙草這字眼已滲進世界所有語言，且世界各地無人不知，無人不曉。」如今全球的抽煙人口可能還有數億之多，但今人已不再對煙草抱有這種情懷。享樂與健康如今分道揚鑣。

但在十七世紀全球抽煙人口增加之時，抽煙的人毫不怯於表達發現抽煙之樂的喜悅，留下許多感謝煙草賜予他們生活樂趣的證詞。一六五〇年，義大利杜林鎮民演了一場煙草芭蕾舞劇，就是其中較熱情且較出人意料的見證之一。這齣芭蕾舞劇的第一幕，先由一群做土著打扮的鎮民登場，載歌載舞歌頌上帝賜予人類如此美妙的植物。介紹美洲的書籍在當時的歐洲很流行，那位劇作家或許從那些書籍的印第安人習俗插圖裡，得到這個場景的構想（這類洋溢濃濃異國風，公開演出土著習俗的活動在當時就很風行，特別是如果還有真正的土著下場演出的話。約翰・莫里斯（Johann Maurits）利用在巴西經營大種植園所賺的錢，在海牙建造了日後成為莫里斯宅邸皇家繪畫陳列館的豪宅，而在該豪宅的入住典禮上，他就請了十一名巴西印第安人在前門外用大卵石鋪成的廣場上，跳舞慶祝。）那齣芭蕾舞劇的第二幕還有一組鎮民出場，身穿世界各民族的服裝。那場默劇想必有讓人穿上中國服裝。在范梅爾滕那只盤子上有個在抽煙的中國人，因此，在杜林那齣芭蕾舞劇裡，大概也有這樣一個人物。那齣戲的最後，世界各文化的代表一起走到抽煙學校，坐下，懇求第一組表演者教導抽煙的好處。

**注釋**

1 棄美洲而就法國之後，petum 這個詞跟著法國人重返人間。休倫聯盟是美洲最主要的煙草商，但有個不屬於該聯盟的原住民部族，也種植煙草（petum）。法國人苦於不知如何稱呼他們，於是叫他們 Pétun。

2 德克在此描述某種雪茄：煙葉捲成紮實的管狀，將其塞進殼子（pudding）裡，然後抽其煙。抽煙這事，乃是德克幽默的一部分，在伊莉莎白女王一世時代，pudding 是陽具的俚稱。Trinidado 則指稱來自千里達的煙草。

3 十九世紀時日本人棄煙管，改抽紙煙，隨之不再用「煙」這個漢字指稱煙草，但「煙」這個字仍保留在日本漢字的禁煙標誌裡：「禁煙」。

# 6 秤量白銀

## Weighing Silver

〈持秤的女人〉秤的是銀幣，而不是珍珠，透露出十七世紀最重要的全球性商品是白銀。

維梅爾畫出〈軍官與面帶笑容的女子〉、〈在敞開的窗邊讀信的少婦〉，已過了八年。在這段期間，妻子卡塔莉娜．博爾涅斯有大半時間都是有孕在身。如果我沒看錯，那兩幅畫中的女性是以她為模特兒而畫成的話，那麼，當維梅爾畫〈持秤的女人〉（Woman Holding a Balance，彩圖六），而她再度進丈夫的畫室充當模特兒的時候，似乎又懷孕了。這時的卡塔莉娜看起來老了一些，三十出頭的她，姿態或舉止已不復少女模樣，情感變得較為內斂。在前兩幅畫中，她沉浸在青春的昂揚裡；如今她靜靜專注於眼前的工作，一派從容。在這幅畫裡頭，維梅爾關上畫室的下層百葉窗，讓窗簾蓋住上窗，遮住窗外大部分的光線，使房間變暗，以削弱他前幾幅畫裡畫室中那種躍然紙上的生氣。卡塔莉娜拿著秤，一隻手擺在此畫的沒影點，分毫不差，但是我們看畫的目光落在她臉上。她鎮靜自若、近乎面具般的臉，平靜而專注，吸引我們的目光。我們的目光或許會射向發出冷光的珍珠鍊和隨意垂披在珠寶盒邊緣的發亮金鍊，但最終還是會回到她臉上。

畫中唯一傳達動感的東西，乃是掛在卡塔莉娜後面牆上那幅以法蘭德斯風格描繪最後審判的畫。她的頭和身軀上半，框在基督所預見的末日景象裡，基督舉起雙臂，召喚死者復活接受祂的審判。基督的聖座在她頭頂正上方輝耀，她兩側的凡人翹首向天，嚷著求救。相較於牆上繪畫的生氣勃勃和激烈動作，卡塔莉娜顯得和那幅粗框油畫旁邊刷白的牆面一樣平靜、若無其事。那幅畫中畫的用意，在於將觀者引向明辨是非這個主題。行事正派的人，必定像基督於末日審判時權衡善惡一般，小心權衡自己行為的得失。維梅爾甚至還有意要我們觀察卡塔莉娜的輕柔姿態，要我們從中想起替可憐的罪人求情，希望上帝讓罪人也能進入天堂的聖母馬利亞。

善惡審判的寓意明顯可見。但我們暫且撇開畫中人的象徵意義不談，把焦點轉向那女子當下在做的事。她拿著秤，準備秤東西，但是秤什麼呢？這幅畫一度被稱做〈秤珍珠的女人〉，但名稱與內容不符。桌上是有一兩串珍珠沒錯，但那是隨意擱在一旁的東西；沒有個別的珍珠等著秤重。桌上她唯一可能拿來秤的東西，只有她左邊靠近桌沿的硬幣：四枚小金幣和一枚大銀幣。這幅畫畫的是準備秤錢的女子。當時的人會比我們更容易看出這個主題，因為那是當時荷蘭畫家很平常的作畫主題。甚至，維梅爾可能向他台夫特同鄉畫家彼得・德・霍赫（Pieter de Hooch）所畫的一幅較沒那麼出色的畫作，襲取了此畫的主題，乃至構圖。

一六九六年拍賣維梅爾女婿的收藏時，維梅爾的畫作也在拍賣之列，當時，這幅畫掛名〈秤金的年輕女子〉。拍賣清單列出的這個畫名，使我們更逼近畫的主題，因為gelt是意為「錢」的日耳曼語。秤量硬幣不是我們今日會做的事，但在十七世紀，那是經濟交易不可少的一環。當時的金、銀幣較軟，重量會隨著使用而漸漸磨損、變輕。因此，細心的人家不得不秤錢幣的重量，以確認真正的價值。若有標準貨幣通行，這個問題無關緊要，但當時還沒有標準貨幣。尼德蘭聯省共和國以荷蘭盾作為計價的標準貨幣單位，但是在一六六〇年代維梅爾畫這幅作品的時候，並沒有真正的荷蘭盾在流通，而只有達克特銀幣（ducat，一達克特重二四・三七公克）。荷蘭盾（重一九・一四四公克的純銀）在十六世紀中葉就已經發行，但是在之後就為其他硬幣——有些西班牙幣和有些荷蘭幣——所取代。所幸，對於正在急速發展的商業經濟而言，一種錢幣為另一種錢幣所取代，並不妨礙金錢的主要功用，也就是標定物品的相對價值。在這些計算中，唯一不變的乃是錢幣中所含貴金屬的價格，而非錢幣的面值。但沒有一個歐洲國家像當時的中國，容許商人根據未經鑄造之白銀的重量設定價格。在荷蘭共和國，每樣商品都有以荷蘭盾訂定的價格——即使在沒有荷蘭盾流通的時候亦然——且購買商品時必須以錢幣支付。一六八一年，管轄台夫特地區的荷蘭省政府決定重新啟用荷蘭盾（價值改定為九・六一公克的純銀）。比荷蘭盾大得多的達克特銀幣在尼德蘭其他地方又繼續使用了十年，最後整個共和國都改用荷蘭盾。

卡塔莉娜桌上那枚銀幣畫得不夠清楚，無法確認是哪種銀幣。後人推斷此畫創作於一六六四年，據此判斷那比較可能是達克特，而非荷蘭盾。大小是唯一可見的特徵，藉由審視錢幣的大小，可確認這是不是達克特銀幣。它比旁邊那幾枚金幣大得多。當時銀幣鑄造成多種重量、多種面額，但流通於尼德蘭聯省共和國的金幣大部分是同一種，也就是達克特金幣（重三・四六六公克）。一枚達克特金幣約值兩枚達克特銀幣。銀對金的比價約為十二比一，因此達克特金幣的重量應該約是達克特銀幣的六分之一。這和擺在桌角那些金幣、銀幣之間的大小差距，似乎約略相符，由此間接證明，卡塔莉娜那枚銀幣的確是達克特銀幣。

對荷蘭貨幣有所了解，並未使我們偏離明辨是非這個貫穿此畫的主題。那名女子在秤量她的錢幣，同時也在根據復活時等著她的上帝審判，權衡她自己的行為。沒錯，有些藝術家藉由女子秤量錢幣這個形象來譴責時人對白銀的執迷，而不只譴責追名逐利的罪惡。但那不是這幅畫所要表達的。維梅爾無意要我們譴責卡塔莉娜。他讓她沐浴在光線之中，把她打造為可信任而有良心的人物。她處理錢，但她計算家中錢財一事，就和她身懷六甲所表示的繁衍後代一事同樣的可敬而正面。維梅爾對此的立場是正面而肯定的，符合十七世紀荷蘭社會積聚財富這個新倫理。當時資本主義經濟正在成形，賺錢是美德，只要賺之有道即可。至少當時荷蘭中產階級對此信之不渝。就連畫中的基督都似乎肯定卡塔莉娜計算帳目的作為。

卡塔莉娜桌上那枚大銀幣，乃是我們進入十七世紀中葉世界的下一道門。在那道門另一頭的長廊盡頭，我們將窺見當時最重要的全球性商品——白銀。白銀在當時的經濟裡扮演要角，凡是接觸到白銀的人，生活都受它所影響，包括卡塔莉娜的生活在內。

維梅爾活在日後所謂「白銀世紀」的尾聲，而白銀世紀始於一五七〇年左右。在那之前，從未見過如此多的這種貴金屬，透過旅人的行囊、馱獸、河船，還有最重要的，透過中國式帆船的貨艙和不斷往返於全球各海域的歐洲武裝商船，四處流通。突然之間，流通於市面的白銀多得前所未見；突然之間，每樣東西都可以根據其相應於白銀的價值來買賣。在十七世紀中葉，有個英格蘭作家說十六、十七世紀之交時，煙草的售價乃是「等重的煙草值等重的白銀」，這種誇大說法乃是刻意要讓一般人吃驚的。用白銀買東西，也可能被視為愚蠢至極的行為，一如湯瑪斯·德克在一六〇〇年的一齣劇作中，透過某個角色挖苦愛抽煙的人是「將大筆錢化成煙燒掉的蠢蛋」時所表達的。

白銀加諸全球的影響力，叫真正思考這個現象的人不得其解。白銀可用於裝飾，但其實際用途有限。大部分人都想取得白銀，但是這麼做純粹是為了得到其他的東西。白銀本身的價值，毫無道理可言。

在當時從歐洲到中國的衛道之士眼中，白銀創造了財富的假象，而非財富本身。用明朝天主教徒徐光啟的說法，白銀只是財富的度量工具而已，與實際價值的生產無關。關心人民福祉的君主，應關心人民是否豐衣足食、有足夠的恆產，而不應關心人民是否有足夠的白銀。這個指導原則的缺陷在於它不適用於完全商業化的經濟。如果每樣東西都可以用白銀買賣，那麼白銀就是人不可或缺的東西。相對來說，在局部商業化的經濟裡，一旦白銀供應枯竭，或是物價因饑荒而飆高到一般人負擔不起的話——這在十七世紀時仍時常發生——白銀就無用武之地。而在十七世紀，大部分人就置身在這樣的經濟裡。一旦經濟裡有白銀流通，不管是要購物或付稅，大部分人除了用白銀之外，別無選擇。而欲取得白銀，除了賣東西或勞力，也別無選擇。白銀變成必要之物。

隨著經濟擴張，創造出白銀的龐大需求，白銀滲入歐洲和中國兩地的日常交易裡。為補不足的貨幣供給，中國需要輸入白銀，為了購買亞洲的貨物，歐洲人必須輸出白銀。中國與歐洲的需要，創造出白銀需求，從而促使日本和南美成為兩大供應來源。十七世紀的全球經濟，就圍繞著這個供需結構而形成。白銀是當時最理想的貨物，而且它出現得正是時候，將分處異地的地區性經濟連成一個為今日全球處境奠下模式的跨地區交易網。

卡塔莉娜的銀幣，用來自哪裡的白銀鑄成？日本是十七世紀白銀生產大國，而日本的白銀有許多經荷蘭商人之手輸出，因而當時日本只准荷蘭人與其通商。但那些白銀幾乎都沒運回歐洲。荷蘭人買進的日本白銀，完全在亞洲區域市場轉手圖利。因此卡塔莉娜那枚銀幣裡的白銀成分，很可能不是來自日本。在日耳曼和奧地利，有更近得多的銀礦，但那些銀礦的產量只占當時全球產量的百分之五，而且大部流入欠缺現金的東歐。所以那也不可能是日耳曼產的白銀。如此一來，唯一可能的來源就只剩下另一個全球級的主要產地——西班牙掌控下的美洲，而那要不是新西班牙（今日的墨西哥），就是秘魯（十七世紀的秘魯涵蓋今日的玻利維亞）。

為了標出清楚的路線，不妨假設那來自秘魯境內的玻利維亞，更具體的說，來自十七世紀上半葉產量高居世界之冠的礦城波托西（Potosí）。

波托西座落在海拔四千公尺處的林木線之上，安地斯山區的人稱那裡是puna，意為「不適人居之地」。一座猶如大蜂巢的山，矗立在颳著大風的荒涼平原上，山名里科峰（Cerro Rico），意即富裕山。若非有高品質的厚銀礦脈分布於此，大概會永遠是「不適人居之地」。西班牙人征服此地之前，印第安人已在開採這裡的銀礦，但他們對貴金屬的需求有限。西班牙人則不然。一五四五年在印第安人帶領下，首度有西班牙人來到這裡。看到山中銀礦那一刻，他們認為自己最異想天開的夢想頓然成真。高海拔平原環境惡劣，但是為了開採這山上的寶藏，他們毫不退卻。最初他們召募印第安人開採，但印第安人知道那工作有多麼危險又無利可圖之後，紛紛打退堂鼓，西班牙人於是祭出強拉民工的徭役制度（mita），迫使印第安人進礦場幹活，有印第安人為此從八百公里外被強徵至此。

波托西幾乎在一夕之間成為美洲最大城。頭幾十年，礦藏豐富且易開採，該城人口大增，至一五七〇年已達十二萬人。歐洲、南美各地的人，來到這不毛之地討生活，生產白銀或供應城市所需的貨物和服務。礦場的產量不可能永遠如初開採時那般，但即使產量在十七世紀緩緩下跌，波托西的人口仍是有增無減，到了一六三九年逼近十五萬人，此後人口漸減，一六八〇年代時跌破十萬大關。

榮景持續不墜的時候，礦場老闆獲利驚人。英語裡出現「富如波托西」這個片語。凡是住在里科山山腳的人，無不抱著發財夢，但發大財或窮途潦倒，取決於包括種族身分、社會關係、資本、運氣在內的種種因素。由於財富來來去去，身處於極富與極貧之間的人，很多時候靠暴力來解決爭端：西班牙人與印第安人之間的暴力、西班牙出生的白人和美洲出生的白人（即克里奧耳人）之間的暴力、少數民族派系之間的暴力，特別是往往掌控礦砂精煉廠的巴斯克人（Basque）與其他少數民族之間的暴力。一樁小意外或有辱顏面的事，就可能讓整個波托西城陷入混亂。出生於美洲的瑪麗亞娜·德·奧索里歐（Mariana de Osorio）在一六四七年結婚，但在婚禮當天拒絕了來自安達路西亞的父母所替她許配的巴斯克男子，轉而接受一直透過她父親所任職精煉廠的克里奧耳人經理向她求愛的克里奧耳男子，一場形同內戰的衝突，隨之在巴斯克人與克里奧耳人之間爆發，延續了數年才結束。

波托西不只讓掌控該地的人致富，讓其他人拚死拚活地互鬥。它首先讓西班牙財富大增，但也使西班牙有雄厚資金得以鞏固其在南美洲的帝國，得以將勢力延伸到太平洋彼岸的菲律賓，得以將美洲、歐洲、亞洲這些原本各自獨立的經濟體，納進一個由數個強權實質共管的共管區（de facto condominium）。這並不是哪個人刻意促成的。在有機會維持白銀流通於不墜且又有強烈欲望驅使人那麼做之下，各人各憑本事隨機應變，白銀隨之在全球舞台占得一席之地。

在白銀還未能運輸到外地時，白銀得在波托西鑄幣廠鑄成雷阿爾（譯按：舊時西班牙和其南美屬地的貨幣單位）[1]。鑄成雷阿爾之後，有一半以上透過兩條路線運到歐洲，即官方路線和「後門」路線。官方路線由西班牙王室掌控，往西翻過高山抵達秘魯沿海的阿里卡（Arica）港。這段路程由馱獸載運，要花兩個半月的時間。由阿里卡港走海路，運到北邊的巴拿馬，再轉由西班牙船運到大西洋彼岸的卡第斯（Cadiz）。卡第斯是塞維爾的進出港，塞維爾則是全球白銀貿易的中心。嚴格來講，後門路線屬於非法，但因利潤甚高，波托西生產的白銀，有三分之一經這條路線流出。這條路線往南下到拉普拉塔河（Rio de la Plata，「銀河」），進入阿根廷（意為「銀地」），抵達布宜諾斯艾利斯，然後由該地的葡萄牙商人用船運到大西洋彼岸的里斯本。在里斯本，葡萄牙商人用白銀換取秘魯所需要的貨物，特別是非洲奴隸所需要的貨物。運抵里斯本、塞維爾的白銀，有很大部分迅即轉到倫敦和阿姆斯特丹，但停留不久，即又出港，運到其最後的目的地，日後歐洲人所稱之為「歐洲錢之墳墓」的地方——中國。

中國成為歐洲白銀漂洋過海的最後歸宿，出於兩個原因。首先，白銀在亞洲經濟體所能買到的黃金，多於在歐洲所能買到的。如果在歐洲買一單位的黃金需要十二單位的白銀，在中國買同一單位的黃金，只需六單位或更少單位的白銀。換句話說，來自歐洲的白銀，在中國所能買到的東西，兩倍於在歐洲本土所能買到的。亞德里亞諾·德·拉斯科特斯因船難而在中國度過一年牢獄生涯，並將那段經歷寫成回憶錄。他在回憶錄中描述橫跨潮州大街的六十八座儀式用石拱時，就闡明了上述道理。他認為他的讀者肯定會驚訝於那場面的豪奢，然後解釋在中國建造那些石拱所耗費的白銀，之所以比在西班牙所要耗費的要少得多（其中最大的一座只耗資兩、三千披索），完全是因為白銀在中國的購買力遠大於在西班牙的購買力。由於這項優勢，加上中國境內普遍較低的生產成本，將白銀帶到中國，買進貨物回銷歐洲，其獲利就很驚人。

中國成為白銀最後歸宿的第二個原因，乃是歐洲商人除了白銀之外，幾乎沒有東西可賣給中國。歐洲產品能在品質或價格上與中國產品一較長短的，只有火器而已。歐洲製造物的賣點，幾乎就只有新奇。白銀是唯一能和當地產品一較高下的貨物，因為在中國，白銀供應不足。中國有銀礦，但政府嚴格限制產量，因為擔心礦場的白銀不受其掌控，流入私人手裡[2]。中國政府也不願鑄造銀幣，而只鑄造銅幣，希望藉此讓銀價維持在低檔。但這些措施絲毫未能壓低經濟上的白銀需求。隨著經濟成長，白銀需求跟著上升。到了十六世紀，在中國，除了最微不足道的買賣之外，其他的買賣全都以白銀重量來標定價格，而非以貨幣單位——因此，那時的中國人若是看到〈持秤的女人〉，大概馬上就知道卡塔莉娜·博爾涅斯在做什麼。秤白銀重量乃是那時中國境內日常經濟交易的一環。

中國太渴求白銀，因而荷蘭商人所帶進尼德蘭的西班牙雷阿爾，隨即又朝亞洲流出。中國需要的是純銀，但雷阿爾是以類似國際貨幣的東西在東南亞流通，而中國商人樂於收進它們。西班牙鑄造的雷阿爾，銀純度穩定維持在〇・九三一，因此很受中國商人信賴，但雷阿爾輸入中國後的遭遇乃是熔掉。直到戰爭和禁運截斷雷阿爾流入荷蘭之路，荷蘭政府才開始自行鑄幣。卡塔莉娜桌上那枚達克特銀幣，就是為了彌補這種短缺而在一六五九年發行的貨幣。

荷蘭人在十七世紀用船運了大量白銀到亞洲。平均來講，荷屬東印度公司每年運了價值將近一百萬荷蘭盾的白銀到亞洲（約十公噸重）。一六九〇年代結束時，一年的運量增為三倍。如此經年累月的輸出，總量非常驚人。從一六一〇年到一六六〇年這五十年間，荷屬東印度公司各總部所核准的輸出量，逼近五千萬荷蘭盾，等於將近五百公噸的白銀。光是想像這麼多白銀堆成的銀山，就令人咋舌。若再加上一六四〇年後的三十年間，荷屬東印度公司從日本船運到中國的同等數量白銀，那座銀山又至少要再加大一半。

荷蘭人用這麼多白銀買什麼？買進歐洲所沒有生產而在歐洲銷路甚好的商品：初期主要是香料，紡織品在十七世紀取代香料躍升為最大宗，十八世紀中葉時又為茶葉、咖啡所陸續取代。審視十七世紀的荷蘭繪畫，我們可知荷蘭還買進瓷碗之類漂亮商品。荷蘭人對亞洲的貿易，有幾個地方令人費解，其中之一就是由荷屬東印度公司船隻正式運回的貨物（這當然不含「私人」船貨，例如白獅號所運回的那批瓷器），其發票價只有所帶出之白銀價值的四分之一。對於如此大的出入，荷屬東印度公司並不以為忤，因為運回歐洲的貨物可以高價轉手賣出，其收入支應原本的投資綽綽有餘。

除了上述用途之外，荷蘭人的白銀還用在兩方面，一是支應荷蘭人在東南亞經營殖民帝國的龐大開銷，一是買進可供其在亞洲其他地方轉賣圖利的商品，而用於後者的白銀多於前者。換句話說，如此龐大數量的白銀，乃是荷屬東印度公司賴以打進亞洲市場的資本，在此，白銀不只促進全球貿易，也促進了地區內部貿易。誰想得到來自波托西的白銀會有如此大的影響，最終會落腳在卡塔莉娜的桌上？

白銀從波托西往東流到歐洲，再從歐洲流到亞洲，但那並不是白銀進入中國的唯一路徑，甚至不是最重要的路徑。由波托西往西運的白銀，其數量達東行路線的兩倍。白銀西運，先抵達南美西岸沿海，然後往北抵達阿卡普爾科（Acapulco），再橫越太平洋抵達菲律賓的馬尼拉。到了馬尼拉，白銀用來購買中國商品，然後由船運往中國。一道銀河將美洲的殖民經濟和華南的經濟連成一氣，從一個大陸開採出的白銀，被用來購買在另一個大陸製造的商品，而那些商品則運到第三個大陸消費。

這條流動的河造福了許多西班牙人和中國人，但並非所有的人。西班牙王室官員常抱怨，「這筆財富全落中國人手裡，西班牙沒分到，致使國王收不到關稅。」為了遏止白銀流失，西班牙的腓力國王下令嚴格限制輸往太平洋彼岸的白銀數量。但在馬尼拉採購貨物再脫手所賺得的利潤，遠大於從西班牙帶去貨物賣出所賺的利潤，腓力昧於這項事實，其禁令終歸徒然。政治上，強化西班牙本土與大西洋彼岸美洲殖民地之間的關係有其必要，但在經濟上，將白銀從美洲運到太平洋彼岸，也是大勢之所趨。因此，馬尼拉成為歐洲經濟與中國經濟接合的軸心，成為十七世紀東西兩半球的會合之處。

西班牙人於一五七〇年首次來到馬尼拉時，在該地建立了一個貿易港。當時馬尼拉由名叫索利曼（Soliman）的摩洛人（Moro）拉甲（譯按：馬來、爪哇等地的酋長、首領稱呼）掌控，摩洛人是從事海上貿易的穆斯林，從南方遷移至此已超過五十年。他們擴張海上勢力，在西班牙人抵達時，他們已掌控東南亞海島地區的諸多貿易港，從而成為西班牙人的頭號勁敵。第一位來到馬尼拉的指揮官使了詭計，從索利曼那裡騙到馬尼拉那塊地。他重施《埃涅阿斯紀》（Aeneid，譯按：古羅馬詩人維吉爾所寫的史詩，描述埃涅阿斯在特洛伊城陷後的經歷）裡的故技，請求給他一塊大不過牛皮的地。數十年後，《明史》寫到此事，仍是憤憤不平：「佛郎機……奉厚賄貽（呂宋）王，乞地如牛皮大，建屋以居。王不虞其詐而許之，其人乃裂牛皮，聯屬數千丈，圍呂宋地，乞如約。王大駭，然業已許諾，無可奈何，遂聽之。」不久後，西班牙人暗殺掉索利曼，放火將其餘摩洛人趕出馬尼拉。「為一牛皮而失國」進入中國詞典，成為提醒勿為歐洲人所騙的警語。十九世紀時仍有中國人使用這警語。

最早來到馬尼拉的西班牙人，發現那裡已有約三百名從事絲織品、鐵、瓷器買賣的華商。一開始雙方相處融洽，各自都認為和對方做生意有利可圖。事實上，西班牙人來的時機正好。因為在那五十年前，明朝政府為遏止橫行沿海的海盜——當時沿海許多地區落入日本人之手——封閉海疆，不准人民出海經商。福建省的商人冒著被抓砍頭的危險，大膽航向海外，循著弧狀分布的島嶼，從台灣往下經菲律賓抵達香料群島。明朝政府沒有順著商人足跡擴張勢力

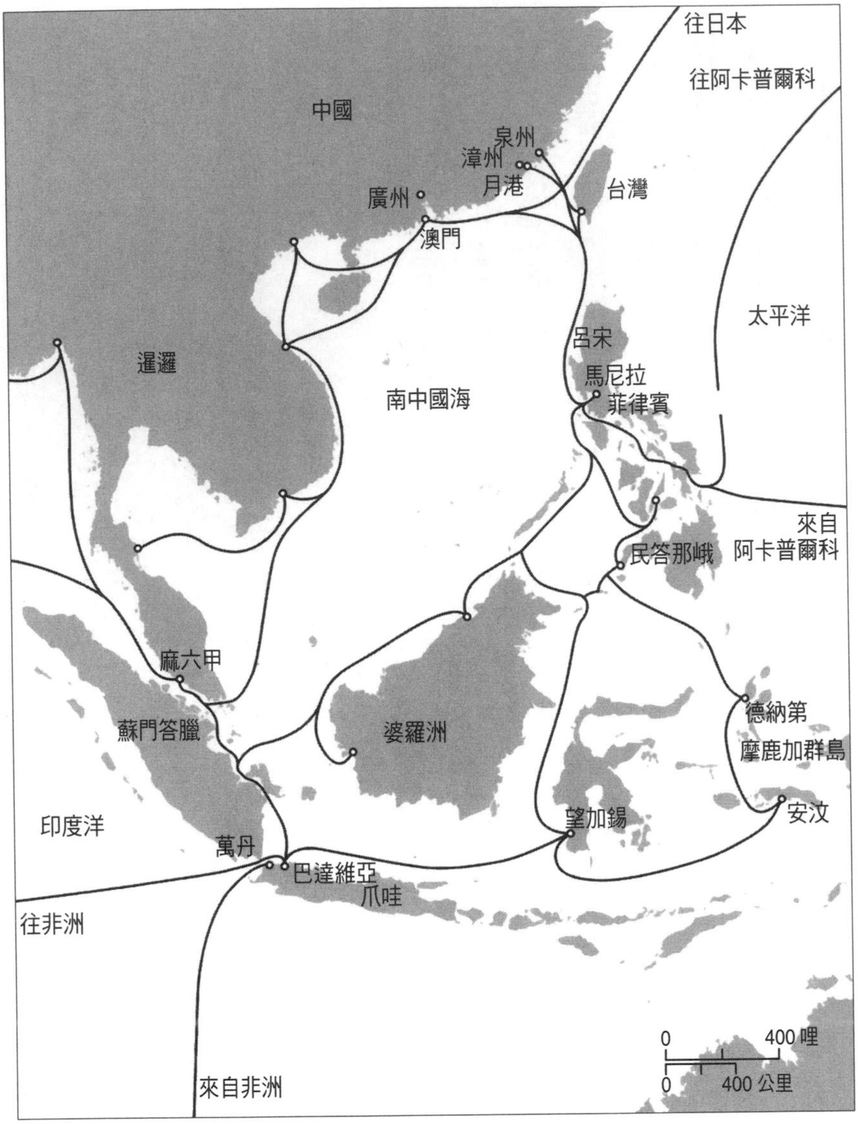
往日本
往阿卡普爾科
中國
泉州
漳州
月港
台灣
廣州
澳門
太平洋
呂宋
馬尼拉
菲律賓
暹邏
南中國海
來自
阿卡普爾科
民答那峨
麻六甲
德納第
蘇門答臘
婆羅洲
摩鹿加群島
安汶
望加錫
印度洋
萬丹
巴達維亞
爪哇
往非洲
0
400 哩
0
400 公里
來自非洲

南中國海貿易路線

的帝國主義野心，更別提支持自己商人出海闖天下。明朝政府所要走的路，乃是防止私人財富和腐化風氣出現於境內，而私人財富和腐化風氣只有可能來自對外貿易。這項政策與當時西方國家大相逕庭。

一五六七年，這項政策有所改變。明穆宗在這一年登基，撤銷海上貿易的禁令。這顯示對海外貨物的需求，迫使明廷不得不改弦更張。一夜之間，海盜變成商人，違禁品變成出口貨，地下交易變成將馬尼拉等東南亞港口和福建兩大商業城市泉州、漳州連成一氣的商業網。漳州的港口月港成為主要門戶，大批貨物從月港出口，白銀從月港進口，把中國與外在世界連在一塊。

如果這是個帝國的話，那麼這個帝國純粹是建立在貿易上，而且不費一兵一卒。西班牙人對自己在亞洲要走的路，想法則大不相同。殺掉索利曼過了兩年之後，有個在馬尼拉的西班牙人懇請西班牙國王同意他率領八十人前去征服中國。腓力二世不是昏君，未允其所請（菲律賓的名稱就是在他仍是王儲時，根據他名字而命名的）。隔年，又有人提議入侵中國，只要求腓力國王撥下六十名士兵。再過了三年後，時任菲律賓總督的佛朗西斯科・桑德（Francisco Sande）更正前兩次的兵力評估，表示西班牙需要動用四千到六千兵力，加上一支日本艦隊支援，才能征服中國。他瞧不起華人，因此仍認為征服中國可成。他們是「卑鄙無恥的民族，而且喜歡胡搞蠻纏，」總督桑德如此認為。「只要有機會，每個華人幾乎都會變成海盜，因此沒有一個忠於他們的國王。此外，可向他們開戰的原因，在於他們禁止出國的人民回國。而且，就我所知道的，就我所聽過的，他們無惡不作；因為他們崇拜偶像、雞姦，也是攔路匪、陸上和海上的強盜。」

九年之後，又一份征服中國的提議書呈到國王面前，這次將入侵兵力提高到一萬兩千名西班牙人、四千到五千名菲律賓「土著」，還有盡可能募集到的日本人。這份提議書還建議派耶穌會士為先鋒，滲入中國蒐集敵情，策反中國人為內應。提出該建議書的幾位人士夸夸而談，中國擁有「人所能渴求或理解的所有財富和不朽名聲，還擁有堅信主且渴望榮耀主的基督徒，在拯救無數人的靈魂上，所企盼得到的所有發揮空間。」這些請願人向國王腓力保證，征服中國不是為了「可鄙的錢財」，而是為了「光榮的事功」。情況危急，時間緊迫。「機會稍縱即逝，一去就不會再有，」他們提醒。「中國人愈來愈提防，愈來愈有戒心。他們已開始儲備軍火，構築防禦工事，訓練士兵。他們已從葡萄牙人和我們的人學到這些備戰作為，而且還在學習。」在今人看來，他們力主入侵中國的諸多論點中，就屬最後一個論點最為奇怪：中國可能落入穆斯林之手。那些請願的人提醒，中國一旦歸穆斯林掌控，西班牙將會永遠被逐於中國市場之外。一四九二年將穆斯林完全逐出西班牙境內的那段歷史，仍鮮活留在這時西班牙人的腦海中，而以西班牙帝國與奧圖曼帝國競爭激烈的程度來看，這個論點的確大有可能讓腓力失去理智，衝動出兵。但腓力並沒有。他不只拒絕這項提議，還不准那位總督再把這類愚蠢的計畫轉呈給他。西班牙不可能像征服南美洲或菲律賓那樣征服中國。掏取中國的財富，將只能透過貿易，而非武力征服。

而西班牙從事這一貿易的基地，就是馬尼拉。西班牙人將這座沿海港鎮重建為防禦嚴密的城市。由高厚石牆圍住的地區，乃是只供「西班牙人」——對所有歐洲人的稱呼——居住、活動的地區。他們可以帶僕人、衛兵、奴隸（儘管一五九一年的教皇詔書解放了菲律賓所有的奴隸）進入馬尼拉，但與他們做生意的華人得待在城外。最初，華人在特定季節來馬尼拉，乘著季風前來，秋季時返回月港。隨著貿易量變大，貿易流程變複雜，華人極力要求西班牙人同意他們待一整年，也就是所謂的「壓冬」。中國政府禁止商人在海外待上一整年，但法令再嚴，還是敵不過待一整年的商業考量。西班牙人同意這項要求，但對於待上一整年的人數設了門檻，不准超過六千人。一五八一年，西班牙人決定仿照歐洲各城市限制猶太人居住區的作法，將華人更進一步約束在一個聚居區[3]。華人聚居區是個由木柵圍起的鎮，入夜之後，華人都只能待在裡面。西班牙人根據阿拉伯語的絲（cer，來自中國絲的發音 si），將那裡取名 Alcaiceria，意為「絲市集」。當地的他加祿人則稱之為「八連」（Parián），他加祿語意為「討價還價（pali）的地方（an）」。

西班牙人禁止華人以石材建屋。他們認為這種人遠遠不配用這麼高級的建材，因此，過度擁擠的八連頻頻毀於火災，但也頻頻重建，且每次重建，規模就愈大，因而一六三七年時，有位來到這裡的西班牙人，才會以贊賞的口吻說「他們的居住環境秩序井然。」每次重建，聚居區的位置就更動，前後更動了幾次，但總是離馬尼拉城牆不遠，套句某道明會神父在一六六六年向國王欣然報告的，「處於該城的火炮射程裡。」一五九四年道明會被委以讓華人改信基督教的重任，隨後，他們在八連裡替道明會神父建造了三王教堂。他們獲准用石頭建造，意即每次八連發生火災，這座教堂都會如一六二八年該聚居區付之一炬時某神父所說的，「免於遭所多瑪之火焚毀」（譯按：據聖經記載，索多瑪是因居民罪惡深重而遭焚毀的古城）。他宣稱那場火「是不信上帝的華人犯下可怕的罪惡，激怒上帝，而招來的天譴。」皈依基督教的華人少之又少，因為那表示得把頭髮剪成歐洲式樣，戴上海狸毛皮帽。大部分華人不想斬斷自己文化的根，融入西班牙文化。少數融入西班牙文化的華人裡頭，有一人獲選派為八連的首領。但一六二八年大火之後，馬尼拉總督撤掉那名中國首領，換上一名職稱為「華人保護者」的西班牙官員。

根據官方數字，八連的人口增加到兩萬，但實際上，馬尼拉城裡城外的華人，人數可能至少高出一半。沒有他們，西班牙人不可能建成殖民地。將中國貨運到此地的華商，終究只占少數；西班牙人能過上像樣的生活，則是拜來此的其他華人之賜，有穀物商和菜農、裁縫師和製帽匠、烘焙師和蠟燭製造商、甜食師傅和開藥房的、木匠和銀匠。他們供應西班牙人書寫所用的紙，捕捉他們所吃的魚，運來他們所買進的貨品。沒有他們，西班牙人不可能安安穩穩當官員、神父、紳士。西班牙人稱他們是 Sangley（譯按：在菲律賓經商的華人），那是西班牙語對某個中國詞語的訛稱，至於是哪個詞語，如今未有定論。正統的語源學認為 Sangley 來自「生理」一詞（譯按：閩南話，意同「生意」），但有人主張來自「商旅」或「常來」——而「常來」是華人所做的事，華人「常來」大大造福了西班牙人僑居社群。一六〇九年，菲律賓總督安東尼歐·德·莫爾迦（Antonio de Morga）就承認「事實上，沒有這些Sangley，馬尼拉城無法運行或維持，因為他們涵蓋各行各業，技術純熟，且幹活認真，要求的工資很公道。」

對於來自福建的貧窮華人而言，馬尼拉是座「金山」（基於類似的理由，十九世紀時北美西岸幾座城市也被華人取名金山；金山也可解讀成「錢山」）。為了一圓淘金夢，他們大膽出海。他們的勇於冒險，叫中國沿海地區一位名叫周起元的官員大為佩服。他在一六一七年替《東西洋考》一書所寫的序中，以敬畏口吻說到把小販和外族酋長、戰士國君打交道，當成猶如和小官員打交道一般，「販兒視浮天巨浪如立高阜，視異域風景如履戶外，視酋長戎王如挹幕尉。」他還說他們「海上安瀾，以舟為田」——而田地正是財富所應來自的地方。周起元明白指出，若有人要干擾貿易，這些人不惜暴力相向，對於試圖阻止、懲罰他們的法律和法庭，他們完全不放在眼裡，但他們勇於出海追求財富的行徑叫他實在佩服，因而他不由得讚嘆道，「此揮篙寨棹之眾，皆瀚海貔貅也。」

一六〇三年春，一名負責收福建關稅的「稅監」喚做高寀，決定查明馬尼拉有金山的傳言是否屬實，於是派了一支代表團前去調查。這很不尋常，因為當時明朝法令禁止官員未經明確允許擅自出境或派代表團出國。高寀是太監，背景夠硬，可以無視這些規定。他是皇帝欽點的官員，受命替皇帝的私人財庫盡可能搜括銀兩（十年後，周起元等地方官員終於讓高寀因貪污而被召回北京，但那也是經過幾次街頭暴動才能辦到）。

代表團前來一事，讓西班牙殖民者既驚且憂。有些西班牙人擔心，查明真相只是幌子，實際上是前來探路，以便接下來出兵入侵。其他西班牙人對這看法嗤之以鼻，認定中國無意打造西班牙式的殖民帝國。有個持這種看法的西班牙官員認為，提出前一主張的人居心叵測，希望「見到局勢大亂，以便乘機奪取」生活在八連的華人財物。總督正式歡迎代表團，但保持警戒。他擔心情況不妙。

那年春末，供非歐洲人看病的診所發生火災，華人主動表示願進城滅火，緊張不安的總督拒絕，而讓診所付之一炬。華人不滿西班牙人的猜忌之心，還懷疑總督寧願讓診所燒掉，居心叵測。不巧的是，西班牙大主教來到馬尼拉未久，還不懂當地的微妙情勢，在那年夏天講道時指控華人罪惡深重、行巫術，使情勢更為惡化。雙方關係緊繃，在那年秋天演變為暴力流血事件。兩萬名武裝不足的華人，猝然遭到西班牙士兵和當地土著戰士的狂亂攻擊，全數喪命。福建省府一名官員發出抗議，西班牙人卻說他們有權鎮壓叛亂，並要他「應該想想，如果在中國發生類似情形，他會怎麼做。」明朝政府不再追究這事，斷定這事發生在其轄地之外，而且那些喪命的華人遷居海外，就已實質放棄皇帝子民的身分。貿易在下一季恢復，但是終十七世紀結束，那場屠殺回憶的幽魂仍然揮之不去，持續纏擾當地西班牙人和華人的雙邊關係。

一六〇三年的屠殺事件使明朝官府戒慎恐懼，不願將對外貿易之門一下開得太大，但那絲毫未能阻止華人繼續前來馬尼拉。據兵部尚書在一六三〇年上呈的報告，每年春天有十萬名福建人出海，且是受貧困所迫，不得不然。為此，他反對封閉海疆，以免這數十萬人走投無路，為了生活而造反作亂。根據一名西班牙王室官員的說法，到了一六三六年，住在馬尼拉城裡和周邊的華人、日本人達到三萬之多。

凡是在馬尼拉做買賣的人，都很看重馬尼拉這地方。這裡是十七世紀歐洲、中國兩大經濟體商業往來的地方，只要有白銀流動，即使發生過屠殺事件，亦無法阻斷那往來。雙方各帶來對方所想買和買得起的東西，從對方取得自己需要的東西。每年春天，有艘西班牙大帆船——在菲律賓稱之為馬尼拉大帆船，在墨西哥稱之為中國船——從墨西哥載著白銀橫越太平洋來到馬尼拉。每年春天，還有三十至四十艘人稱junk的中國式帆船，滿載「絲、棉、瓷器、火藥、硫磺、鋼、鐵、水銀、銅、麵粉、栗子、核桃、餅乾、海棗、各種東西（紡織品）、書桌、其他珍奇物品」，從中國駛來[4]。馬尼拉貿易之利，吸引許多華人投入這一行。一如周起元所指出的，「五方之賈，熙熙水國，刳艅艎，分市東西路。」商人上船，走西洋、東洋路線出去做買賣。西行路線貼著福建海岸往南航行到越南，東行路線航行到台灣，再往南到菲律賓。「其捆載珍奇，故異物不足述，而所貿金錢，歲無慮數十萬。」

對西班牙人而言，風險很高。從墨西哥出發的馬尼拉大帆船，得花兩、三個月橫渡太平洋才能抵達菲律賓，然後回程要花更久時間。大帆船得在七月之前啟程前往阿卡普爾科，以免在菲律賓群島間的危險水域遇上颱風。因此，這是門高風險的生意。損失一艘中國式帆船，對生意衝擊不算太大，因為貨物分散在數十艘船上，相對的，一艘西班牙大帆船若在航行途中沉沒，整個貿易季就都做不成生意，對雙方都是嚴重損失。這種事發生頗為頻繁，令主事者不敢等閒視之。從這一貿易開始到一八一五年這段期間，有十五艘西班牙大帆船消失於從阿卡普爾科西航途中，有二十五艘沉沒於更艱險的返程途中。

十七世紀義大利旅行家佛朗切斯科．卡雷里（Francesco Careri），記錄了往東橫越「由水陸構成的地球的將近一半距離」的路途艱險。西班牙大帆船得對抗「那裡接二連三出現的可怕暴風雨。」如果船隻未毀於暴風雨，「一年七、八個月裡，在赤道附近，有時還有會奪走水手性命的可怕疾病。那些病一發起來，時而發冷，時而溫和，時而發熱，足以讓身強力壯之人都捱不過去，更別提在海上只有劣質食物可吃的血肉之軀。」劣質食物導致壞血病——西班牙人稱之「荷蘭病」——但若劣質食物吃光了，又可能讓船員餓死。一六三〇年代，有兩艘西班牙大帆船的船員，為了免於餓死，將一百零五人丟到海裡，以讓剩下的人活下。最駭人的例子乃是在海上漂流超過一年而於一六五七年被人發現的聖荷西號。發現時，那艘船正在阿卡普爾科南方外海往南漂流，船上滿是屍體，皆因饑餓、脫水而死，還有裝滿整個貨艙的絲織品。

西班牙的馬尼拉大帆船載著堆積如山的珍貴貨品返回墨西哥，然後在墨西哥換取他們在美洲殖民地搜括的大批白銀。從阿卡普爾科經官方登記出口的白銀數量，在一五八〇年代和一五九〇年代，一年約三噸，到了一六二〇年代，增加為一年將近二十噸，然後維持在一年約九、十噸。根據官方紀錄，十七世紀上半葉，西班牙大帆船運了將近七百五十萬噸的白銀到馬尼拉。加上走私的白銀，總數至少加倍。這些白銀並非全流往福建。有些轉到澳門，經葡萄牙人之手流入中國——別忘了，一六二五年在華南沿海擱淺的吉亞號，就是欲從馬尼拉運送白銀到澳門。但大部分白銀運往福建，消失於中國經濟裡。據目前最可靠的估計，十七世紀上半葉，中國輸入了五千噸白銀，其中約一半產自日本，剩下的產自西班牙轄下的美洲礦場。美洲生產的白銀，有一部分往東運到歐洲，再經印度洋運到中國，但大部分由美洲直接往西橫越太平洋而來。

如此大量的白銀輸入，突顯了中國境內官方政策與民間商業之間脫節的荒謬。一方面，明廷深信若開採銀礦，必會在開採聚落裡引來人心腐化和社會動蕩，為了防止出現這種情形，朝廷想盡辦法來限制銀礦開採。另一方面，商人卻將大量白銀輸入華南。一六三〇年代，馮夢龍在閩北任壽寧知縣時，加派兵力守護在一個世紀前就由皇帝下詔關閉的該縣境內七座銀礦。馮夢龍派兵戒護，以防遊民開採舊礦坑，諷刺的是，福建商人此時卻成噸運進美洲白銀。但這樣的內部矛盾情況，正是十七世紀上半葉中國所置身的境地。官府努力防止無錢無勢的人積聚私人財富，唯恐助長叛亂勢力，另一方面，民間的商賈卻透過海外貿易積累龐大財富。

白銀輕易就流入中國經濟，乃是因為需要白銀彌補小交易所用到的小銅幣之不足。銅錢是標準貨幣，也是明朝政府徵稅時所收的錢幣種類。白銀流入中國如此之多，使中國人深信其供應永不會匱乏。他們還認定，外國人控制白銀的供應來源，不必辛苦工作，就有白花花銀子任他們花，想買什麼就能買什麼，生活叫人艷羨。事實上，就有皈依基督教的中國人，建議方濟會的傳教士利用這種心理傳教。「人天生愛錢，如果把銀子送人，沒有人不會追隨」你的教義。方濟會傳教士佩德羅．德拉．皮紐耶拉（Pedro de la Piñuela）將這段交談放入對話文體之中，引起的回應可想而知。「這不是在追隨教義，而是在追隨銀子。」但是他接著談到，即使真要那麼做，實際上也不可行，因為他的修會沒有源源不絕的白銀可發送。「如果人為了銀子而上門，一旦銀子用完了，他們就會跑掉。來自西方的白銀並非用之不盡，而人的貪欲卻是永無止盡，一旦再沒有白銀可給他們，他們對基督教的追求會不會像白銀一樣也跟著告吹？」而如我們後來所看到的，白銀終有窮盡的一天。

白銀供應源源不絕的期間，白銀在中國催生出奢靡之風。它使人得以積聚財富，擁有現金，進而助長虛榮性消費和社會上競比豪奢的風氣。有能力享受這新富裕文化的人熱情擁抱這文化，花大把銀兩購買昂貴物品、古玩、豪宅，樂在其中。但是在十七世紀之初，這波豪奢消費的新風氣引來強烈反彈。觀念保守的士大夫，認為銀子乃是終會讓人失望的虛幻之物，銀子使他們不得不對時代的腐敗發出沉痛警告。知縣張濤就是對白銀經濟大為驚駭的人士之一。一六〇七年，張濤奉派到安徽歙縣當知縣，該縣住了幾個當時最有錢有勢的富商。可想而知，張濤到任之後，雙方互看不順眼。一六〇九年，張濤在縣志上痛批不義之財、炫富擺闊、道德淪喪的社會現象。原本維持社會團結的倫理基礎逐漸崩毀，原本維繫鄉村生活的互惠義務不再受到遵行。他把這歸咎於對白銀的貪求，利令智昏、腐蝕人心的狂熱追求。白銀不可能是儲存財富的單純媒介。白銀沒有固定用途或實際價值，卻可無限制換取其他所有東西，因為這一本質，白銀讓富人得以自由積累個人財富，同時剝奪窮人的生存憑藉。如此造成的不幸後果，就是「富者百人而一，貧者十人而九。」對此現象，張濤慨嘆：「金令司天，錢神卓地。」

把罪過歸咎於白銀或許可一抒胸中之鬱氣，但在十六、十七世紀之交時，任何欲阻止白銀使用的提議終歸徒然。白銀已是日常生活不可或缺的東西，沒有人去思索使用白銀的利弊，除非是在沒有足夠銀子購買生存所需的東西時。這種情形一旦發生——王朝命脈受到氣溫降低和疫病威脅的晚明，這個情形頗常發生——人很願意將白銀斥為經濟裡的禍害。張濤之所以痛恨「金令」的危害，可能和他走馬上任時碰上的經濟問題有關。他於一六〇七年接任知縣時，發現米價因當地稻作遭春雨沖毀而上漲。平常每斗（相當於十．七五公升）米價不會超過半錢（錢是白銀單位，一錢重三．七五公克）。但隨著春天漸漸過去，張濤發現米價上漲將近兩倍，達到一．三錢（四．六公克）。這時他介入，以低於市價的價格釋出官倉的儲米，馬上奏效，市價下降，危機紓解，讓稻米得以以接近正常價格的市價恢復流通。張濤認為當地倚賴白銀，乃是米價上漲的禍因。在他眼中，當地經濟若沒有白銀，米價不會上漲到那個地步。

流通於中國的白銀變多，造成物價上漲？經濟理論認為，貨幣供給增加，應會帶來通貨膨脹，但是從現有的證據，難以查明這點。一六四〇年代初，人民愈來愈難填飽肚子時，物價的確狂飆，這點不難查明。十七世紀之前，一場地方上的危機可能使當地米價上漲一倍，甚至兩倍，但也僅止於此。一五四〇年代和一五八〇年代，則各出現一次短暫例外，每十公升米價漲到超過六公克白銀的非正式價格上限。一六二〇年代，價格上限開始變動。根據上海居民的記載，一六三九年，一斗米要價一．九錢（相當於十公升米六．六公克白銀）。但是那和一六四二年春天所發生的完全不同。貨幣價值崩跌，一斗白米上漲到五錢（每十公升十七．五公克白銀）。有好幾年的時間，上海的米價維持在每十公升七到十公克白銀的高價位，然後一六四七年飆漲到十四公克。這幾個價格，當然只有有銀子的人才負擔得起，沒有銀子的人，唯一的買米錢就是小孩。一六四二年，在上海西南方的一處市場，一斗米──勉強足以讓一人捱過一星期──可以換兩個小孩。此後要到二十世紀，中國才再次碰上如此嚴重的幣值危機。

一六四〇年代讓明朝垮掉的因素，主要不在其貨幣制度，而在寒冷氣候的衝擊和隨之而來的傳染惡疾、穀物產量下跌，以及為了遏止北方滿人入侵而產生的龐大軍事開銷。但那時的人覺得錢是讓明朝滅亡的原因之一。明朝於一六四四年覆滅之後，清初的某些才智不凡之士，認為白銀（其中一人所謂的「背信棄義的金屬」）促成貪聚錢財等負面、有害的經濟行為，進而破壞窮人的生活穩定，鼓勵富人奢靡浪費。至於白銀對國家財政管理的影響，據時人的說法，靠白銀來富國，猶如借酒來止飢。白銀取得了它永遠不應取得的角色。

晚近有經濟史家指出，可能還有另一個因素──一六三〇年代末、一六四〇年代初物價上漲，不是因為白銀供應的長期增加，而是因為短期緊縮。癥結就在馬尼拉。

西班牙人、華人在馬尼拉的貿易，一直處於脆弱的平衡狀態下。供給或可動用現金一出現小問題，就可能引發更大的信心危機，使整個貿易停擺。而一六三八年，這樣的情形開始浮現。懷胎聖母號（Nuestra Señora de la Concepción），當時西班牙歷來所建的最大船隻在那年夏天離開馬尼拉，往東駛往墨西哥。季風延擱了這艘西班牙大帆船的啟航，等到帆船終於啟航時，船長做出奇怪的決定，要船走來時緊貼赤道上方的路線，而非往北到日本、再折往東邊駛向加利福尼亞的標準路線。船上載了總值四百萬披索的已申報貨物，還載了大批未申報貨物。

在那不久前，菲律賓的西班牙總督還大力取締西班牙大帆船上的走私貨，以防杜出口漏稅，但這次大帆船出航，他卻直接主導，讓它未經申報就離境。

塞巴斯蒂昂．烏塔多．德．科爾庫耶拉（Sebastián Hurtado de Corcuera），一六三五年奉派到馬尼拉當總督，之前在秘魯服務了八年，最初擔任要塞指揮官（他在法蘭德斯參加過對荷蘭人作戰的軍事會議，並以此自傲於人），後來擔任財務官。前往馬尼拉就任途中經過阿卡普爾科，看到該地大帆船貿易的貪污嚴重，大為震驚。他在隔年呈給國王腓力四世的報告中，表示管理阿卡普爾科之類的地方，「用天使會比用人來得恰當。」除非委以「朝廷裡最無私、最有幹勁的官員」，否則「陛下的財庫要為此付出代價，因為每從陛下的船隻賺進一千披索，就必然有官員另外中飽私囊了一萬披索，陛下的財庫因此短少許多收入。」三年後，為了打擊阿卡普爾科官員的貪污，科爾庫耶拉特意不讓聖母懷胎號編列應有的船貨清單。他以為沒了船貨清單，阿卡普爾科的海關關員就無從剋扣其平常的回扣。

科爾庫耶拉欲保住聖母懷胎號的船貨，立意良善，但做法過了頭，因為他不用那些能幹的高階軍官，而把這艘西班牙大帆船交給他最寵愛的侄子佩德羅，而年紀輕輕的佩德羅，毫無航海和指揮經驗。船一駛出馬尼拉港，佩德羅的指揮權就名存實亡。一六三八年九月二十日，懷胎聖母號穿行於馬里亞納群島之間，該群島位在從菲律賓往夏威夷約四分之一距離處（要再一百多年，英國探險家詹姆斯．庫克駛進夏威夷群島，夏威夷才為歐洲人所知）。船上軍官忙於爭辯，疏於注意航行危險，以致大帆船偏離航線，撞上暗礁沉沒，船貨撒落珊瑚礁床上。船上四百人，只有數十人得以上岸保住性命，向人描述這段遭遇。科爾庫耶拉所極力隱藏的那批船貨，未能搶救上岸。如今，在海濱撿拾漂流物的人，仍可在該船沉沒的海岸上，撿到明朝瓷器的碎片。

若非同樣的慘劇再度發生，懷胎聖母號沉沒的損失，本來還可以承受。隔年春天，滿載白銀的西班牙大帆船聖安布羅濟歐號（San Ambrosio）在駛往馬尼拉途中，觸礁沉沒於呂宋島的東岸外。那年夏天從馬尼拉回航墨西哥的西班牙大帆船也告沉沒，這次沉在日本岸外。這三起沉沒事件重創了馬尼拉的貿易活動。整個體系搖搖欲墜，幾近瓦解。就西班牙美洲殖民地的白銀生產來說，這危機來得最不是時候，因為替跨太平洋交易提供資金的白銀，這時供應量已開始萎縮。波托西的白銀產量在一六一〇年代中期已開始下滑，到了一六三〇年代，已無法完全支應西班牙商人在馬尼拉進貨的開銷。眼見收入將日益減少，波托西的市政委員心急如焚，趕緊派人到馬德里，請宮廷金援。波托西「一直以其龐大財富支撐整個王國，直到最近才感到力有未逮，」他們的代表在公開信裡如此宣告。眾委員請求國王給予波托西的白銀礦主某種財務特許權，好讓生產得以繼續下去。

南美洲白銀產量下降的同時，歐洲人與日本的貿易也開始受到新的限制，而日本是供應白銀給中國的另一個主要來源。以澳門為基地的葡萄牙人，掌控對日貿易數十年，但一六二〇年代日本歸於一統之後，中央集權政府決定限制與外國人的往來。新成立的德川幕府自一六三五年起禁止日本人出國，且極力要求葡萄牙人不要再帶外國人到日本，特別是德川幕府視之為從事煽動叛亂的傳教士。一六三七年，德川幕府嚴格限制基督教信仰，凡是進入日本的外國傳教士，一律處死。有個與總督科爾庫耶拉往來甚密的耶穌會士，在那一年易容改裝潛進日本，但不久就被發現，經過一番拷打之後，最後以違反禁令的罪名遭斬首。有一艘葡萄牙的船隻在一六四〇年來到日本，希望重啟貿易，結果大部分船員遭處死，只讓少數人活著回去，好讓澳門當局清楚，日本不再歡迎葡萄牙人上門。澳門斷了對日貿易，元氣大傷，從此未能完全復原，漸漸萎縮成乏人聞問的落後殖民地。此後，唯一獲准繼續和日本通商的歐洲人是荷蘭人，而且荷蘭人只能在長崎港的一個小島上活動，受政府嚴密管制。

讓馬尼拉雪上加霜的是，一六二八年，明思宗崇禎皇帝即位，對荷蘭人無休無止的海上劫掠感到厭煩，於是重新祭出禁止海外貿易的措施。馬尼拉貿易停擺了兩年，才又恢復往日盛況。但一六三八年中國再度祭出該禁令，駛往馬尼拉的中國式帆船由一六三七年創下新高的五十艘減為十六艘。隔年，明廷裡支持開放海疆的一派得勢，海外貿易禁令撤除，但一六三九年三十艘滿載貨物的中國式帆船出現於馬尼拉時，卻因為聖安布羅濟歐號的沉沒，西班牙人手中白銀不足，使得那批船貨未能完全脫手。除此之外，新西班牙（即墨西哥）的總督為了阻止白銀流出，已連續三年管制中國貨進入阿卡普爾科。他認為拿白銀換廉價的中國進口貨，乃是在榨取新西班牙的經濟，從中得益的只有馬尼拉的商人。科爾庫耶拉為何堅持不讓懷胎聖母號上的貨物列入船貨清單，這是另一個原因。他想規避那些新的管制規定。

這些情況造成的結果，就是將近十噸原本會抵達馬尼拉的白銀未能抵達，造成貿易停擺。

一六三九年十一月十九日晚上，馬尼拉東南方卡蘭巴（Calamba）村，數百名中國農民衝進路易斯・阿里亞斯・德・莫拉（Luis Arias de Mora）的住所，微妙的平衡態勢隨之瓦解。話說這事發生之前，那些農民主動表示願為西班牙人進入叢林種稻，以換取繳稅優惠，但是實際開墾之後，西班牙人的作法令他們痛心。西班牙人並沒提供資源，而承諾給予的免稅期也只是空話。華人聚落爆發傳染病之後，那些農民把矛頭指向莫拉。莫拉曾任馬尼拉的華人保護者一職，這時是該農業屯墾區的行政首長，很不得民心。他利用首長職位，竭盡所能搜括華人。他深知華人對他不滿，但沒想到他們敢在太歲頭上動土，因此暴民衝進他屋裡時，他睡得正熟。農民把他拖到屋外，痛罵一頓之後，將他處死。起事農民接著浩浩蕩蕩前往馬尼拉，請求從輕發落他們的罪行，改善他們的困境。

要是從八連火速趕來調解的華人代表團能得到奉派前來平亂的西班牙人完全配合，這場小暴亂或許就不致擴大。但是雙方談判期間，一名西班牙低階軍官可能不知雙方已談定停火，竟攻擊起事農民的側翼部隊。華人起而反擊，其他的西班牙軍隊跟著投入廝殺，原本可望化解的戰火再度燃起。起義的消息一傳開，呂宋島的華人跟著響應，加入叛亂陣營。起事民眾集結在帕西格河（Pasig River）一岸，與河對岸的馬尼拉相望，準備攻擊。住在八連的華人極力保持中立，但還是在十二月二日加入起事一方。

總督隨之下令將馬尼拉城裡和附近港鎮甲米地（Cavite）的華人全數處死，以為因應。甲米地的最高行政長官阿隆索・賈西亞・羅梅洛（Alonso Garcia Romero），決定秘密執行這命令。他以保護安全為名，請甲米地所有華人關上門戶，集中到與外界隔絕的西班牙官方建築裡。他還請各修會的神父前來接受已皈依基督教的華人告解，替非基督徒的華人施洗。然後他向那些乖乖聚集的華人宣布，要把他們以十人為一組，帶到更安全的馬尼拉城內，但其實是要把他們帶去砍頭。西班牙人處理掉約三十組人之後，下一組人要走出去時，有個華人注意到，有個衛兵割下其中一名華人身上的錢袋。突然間，華人覺得最高行政長官的安排是個騙局，是要搶他們錢（還沒有人看出是要取他們性命），於是群起鼓噪。華人開始攻擊看守他們的衛兵，衛兵逃到外面，關上唯一的出口，並拿重物堵在門外。一隊火繩槍兵包圍那棟建築，進入屋裡，把裡面的華人殺光。有個西班牙編年史家認定華人圖謀造反，要把甲米地的西班牙人通通殺掉，因而宣稱甲米地屠殺乃是「上帝大發慈悲之舉」。他估計死亡人數達一千三百人。只有二十三名華人得以倖免。

起事的華人圍住馬尼拉，但馬尼拉防禦工事完善，而且西班牙人可以堅守，不怕彈盡糧絕。三個星期之後，華人決定進攻，於是越過帕西格河攻擊。最後，華人不得不退走，而且被逐出這個地區。西班牙士兵經過一處燒毀的村莊時，在教堂廢墟裡發現孤伶伶一尊未受損的基督雕像。士兵將之呈給科爾庫耶拉，科爾庫耶拉隨之宣布，這尊雕像經歷火災而倖存下來，乃是神蹟，然後在部隊前頭高舉雕像，聲稱上帝站在他們那一邊。幾天之後，一名已改信基督教的華人在帕西格河對岸的村子裡，挖出他先前埋下的關公雕像。關公是戰神，也是商人的保護神（彩圖八），改信基督教時，照理他就該把那雕像燒了，但為防日後不時之需，他還是把它埋在屋後。據西班牙人後來所知，關公重見天日時，承諾會助信徒作戰。但那是不可能實現的承諾。只要他們的火力劣於對手，只要祖國的統治者對他們的死活不聞不問，商業之神就不可能打贏帝國之神。

西班牙人最後將起事的華人餘眾團團圍住，請了一名耶穌會士前去說服他們投降。華人堅稱「人不犯我，我不犯人」，但還是同意化干戈為玉帛，前提是西班牙人得讓他們到海邊，返回中國。科爾庫耶拉不同意。他接受投降的條件，但是正好相反：華人不得離開菲律賓。這位總督知道馬尼拉的富強，不能一日沒有華人。若要保住這個殖民地，他需要華人返回馬尼拉，雙方關係一切如舊。華人雖然沒有談判的籌碼，但他們能看出恢復舊樣的好處。一六四〇年二月二十四日，八千名戰士放下武器。他們被押回馬尼拉，參加城牆外的凱旋遊行，遊行的先頭隊伍是西班牙騎兵隊，接著是他們土著盟軍，再來是戰敗的華人。總督科爾庫耶拉騎馬走在隊伍最後面，在他正前方，用竹竿高高舉著被燻黑的基督雕像——那尊從燒毀的教堂撿回的雕像。

白銀不是讓菲律賓數千名華人遭屠殺的原因。但若不是白銀在太平洋兩岸搭起的橋梁垮掉，這些事不會發生。白銀供應中斷，使西班牙人、華人雙方都感到焦慮，使小事故得以迅速惡化為大衝突。財富所能激起的暴力，在〈持秤的女人〉裡看不到。準備秤錢幣重量的卡塔莉娜·博爾涅斯鎮靜平和，渾然不知在更廣大的世界裡種種的搶奪與衝突中，白銀起了推波助瀾的作用。

十七世紀秤白銀重量的人，並非每個都能如此冷靜。富亨曉·奧羅斯科（Fulgencio Orozco）於一六一〇年抵達波托西尋找發財機會時已經五十歲。他雖然是貴族，但窮到還不起八百披索的債務，無力替她女兒治辦需要再花兩千披索的嫁妝。奧羅斯科的社會地位使他得以和波托西的上層人家搭上關係，並透過其中一戶人家的介紹，在精煉廠覓得工頭的工作。那是美洲出生的白人才會幹的工作，西班牙出生有身分有教養的人不屑一做，但奧羅斯科窮途潦倒，只要能賺到銀子，什麼工作他都肯做。奧羅斯科工作很賣力，但工資僅勉強能餬口。他一心想賺更多錢，於是離開精煉廠，尋找更快的生財之道。在波托西奮鬥了二十個月，賺得的錢仍遠遠不夠女兒嫁妝所需，奧羅斯科開始精神錯亂，想自殺。最後他淪落皇家醫院，咒罵基督在他急難時棄他於不顧，痛罵撒旦未能有始有終促成奧羅斯科所認定可以讓他一舉致富的交易。

奧羅斯科的大聲叫嚷引來眾人圍觀，眾人判定他被惡魔附身，於是請來奧古斯丁修會的神父安東尼歐·德拉·卡蘭查（Antonio de la Calancha）驅魔。奧羅斯科不接受他的幫忙，然後，有部分熱心的旁觀者主動替他請求惡魔離開他身體，叫他怒不可遏，他憤而抓起神父的十字架，往其中一人額頭砸去。治安官趕來驅散群眾，結果只讓場面更為混亂。安東尼歐神父行了一次驅魔儀式無效，再做一次，結果只讓奧羅斯科更為發狂。他一再想讓神父了解，惡魔不在他體內，而是站在他床頭邊。他體內沒有魔可驅。

安東尼歐神父束手無策，對他的病人臉色一變，質問「像你這樣貴族出身的人，怎麼會像個異教徒或猶太教徒胡言亂語？」

「你想知道我為什麼痛惡基督？」奧羅斯科厲聲反擊。「那是因為祂把財富賜予爛人和平民，卻讓我這麼一個有身分有教養而責任沉重的人陷入貧窮。我來秘魯是為了賺錢替我女兒籌辦嫁妝，祂卻一再奪走我所賺的所有東西，迫使我眼睜睜看著別人在我失去錢的地方大賺其錢。這城裡是否有人跟我一樣賣力工作，卻一無所獲？我親眼目睹許多人比我還輕鬆，比我花更少時間、更容易，就賺進數千元，難道不是事實？」

奧羅斯科的沮喪，不只在於發現自己窮困，還在於發現在商業經濟裡，努力、正派、貴族身分，不代表就能發達成功。錢未落在老實勤奮的人手上，高人一等的階級身分，給不了任何保障。安地斯山區原住民原來稱波托西為 puna，意為不適人居的地方，而對奧羅斯科而言，波托西這時已成為名副其實的 puna。神父卡蘭查想改變這論點，於是以同情口吻說道，好人可能因上帝要他們發財而致富，但在波托西，大部分人靠偷搶拐騙和高利貸致富。上帝或許以財富回報行事正派的人，但財富不必然只歸於那些受了上帝賜福的人。特別是波托西人，「熱衷於追求財富，有點沉迷於肉欲」，鮮少是受上帝賜福的人。卡蘭查如此坦承，乍看似乎不當，因為身為神父，他理當宣揚上帝會讓世間善有善報、惡有惡報，但基督教宣揚此主張的同時，也總是不忘要信徒相信，上帝行事神秘莫測，這類事情的是非善惡不歸人來判斷，所有善行、惡行會在最後審判時得到評判、清算，藉此讓信徒勿對上帝失去信心。

就在這時，卡蘭查把神學論點擺在一旁，向奧羅斯科提出一個交易。如果圍在他病床邊的人——這時候包括八到十名宗教裁判所的神父——他們從別人口中得知奧羅斯科在此大發異端言論，於是前來一探究竟——拿出兩千八百披索滿足他的需求呢？他願不願意背棄惡魔，請求上帝原諒？奧羅斯科變安靜，但仍不置可否。他要親眼看到錢。為了證明無意騙他，四、五名神父出去，從宗教裁判所掌控的資金提領出銀子，拿到檢驗室秤出奧羅斯科所需的白銀數量。他們甚至還核算了將那些銀子送回西班牙得花多少錢，才回到奧羅斯科床邊。

這辦法奏效。那天晚上，裝成幾袋的銀子送到他床邊時，這個發狂的人懺悔，稱頌上帝，向神父告解自己所犯的罪。那天深夜，他累到說不出話，凌晨時分去世。為了讓人皈依主，花上兩千八百披索，還有運送費用，代價不可謂不大，但教會很滿意這筆交易（和波托西的其他任何公共機構一樣，教會積聚為數可觀的白銀）。慈善義舉發揮了不可思議的功效。債務清償，嫁妝辦成，靈魂得救。而讓這一切得以實現的媒介——也是讓那男子陷入絕望而後死亡的東西——乃是從波托西挖出的白銀，等著卡塔莉娜平靜秤出其價值的那個東西。

**注釋**

1 八個雷阿爾合一個披索，一個披索值二六．四四八七公克的純銀。一七二八年之前，披索純度達到〇．九三一，使這錢幣的實際重量為二八．七五公克。英格蘭人將披索（peso）翻譯成 piece，於是英語裡出現 pieces-of-eight 這樣的說法，意為合八個雷阿爾的披索。

2 中國政府將珍珠床也納歸國家專營，同樣因為擔心財富落入私人之手會危及王朝穩定。就珍珠而言，只有蜑家——廣東一帶的船上人家——可以在政府許可下採收珍珠。但華南最厲害的潛水採珠人，乃是經由自學精通採珠本事的十歲男孩。他們沉到未遭搜尋過的海底，扳開珠蚌的殼，將珍珠含進嘴裡，然後游開。

3 歐洲人首度使用 ghetto（聚居區）一詞，乃是一五一六年威尼斯猶太人遭遷移到坎納雷喬（Cannaregio）地區一座名叫 Ghetto 的小島之時。ghetto 為威尼斯語，意為「鑄造廠、玻璃熔製廠」。叫 Ghetto 的小島，當時是工匠區，那地區原有玻璃製造業，後來為降低火災危險，將該行業移到穆拉諾島。Ghetto 島上的城門，夜裡關閉；是否鎖上，視政治情勢而定。一七九七年後，城門拆走，但一八一五年奧地利人占領期間，又建起來。直到一八六六年，猶太人才獲准在威尼斯自由居住。

4 Junk（中國式帆船）一詞於一六一〇年代成為歐洲詞彙，為 jong 一詞的轉譯，而 jong 是馬來人對其平底大船的稱呼。不久後，歐洲人縮小這詞的用法，只用來指稱東南亞地區華商所使用，兼採了馬來人設計元素的載貨帆船。英語裡，junk 一詞又有「垃圾」之意，而這個意義下的 junk，源自與航海有關的另一件事物：junk 原是指太老舊，不適用作索具，而只能用於填塞或襯墊之類用途的舊航海用繩。

# 7
# 旅程
Journeys

〈玩牌人〉裡的黑童僕，引領我們進入一個以旅行、奴役、人口買賣、混亂為特色的世界。

〈玩牌人〉（*The Card Players*，彩圖七）這幅畫，輕易就可認出是十七世紀中葉的荷蘭畫作，但沒有人會把它誤認為是維梅爾的畫作。畫中可見諸多熟悉的元素：左邊的窗戶，斜向配置的大理石方格地板，牆與地板交接處一排台夫特瓷磚，兩人隔著桌子對坐交談，桌子上的土耳其地毯推到一旁，仿中國青花瓷的台夫特精陶罐，高高捧著的玻璃酒杯，掛在牆上的荷蘭省地圖。再加上穿著紅色軍外套、頭戴海狸毛皮帽、和年輕女子打情罵俏的軍官，這幅畫活脫脫就是維梅爾〈軍官與面帶笑容的女子〉的翻版。但其實不是。這畫有維梅爾某幅畫作的所有元素，但筆法不夠精確，構圖不夠細心，因而無法將平凡場景化為生動有力的畫作。

畫這幅畫的是亨德里克．范德布赫（Hendrik van der Burch），他是頗有名氣的畫家，和維梅爾在同樣圈子裡工作，在作畫賺錢上，成就可能和維梅爾差不多。在台夫特的藝術舞台上，這兩人約略屬於同一個時代。范德布赫在台夫特附近出生，比維梅爾年長五歲，十五歲時遷居台夫特。他在那裡習畫，二十一歲時加入聖路加公會，而五年後維梅爾也在同樣的歲數加入該公會。現有文獻無法證明這兩位藝術家相識，但若說不相識，也不可能，因為范德布赫的妹妹或同父異母的妹妹嫁給著名畫家彼得．德．霍赫，而維梅爾無疑知道霍赫的畫作。欲證明〈玩牌人〉和〈軍官與面帶笑容的女子〉有所關連就更難了。求愛的軍官乃是當時很常見的繪畫題材。維梅爾可能早一、兩年先畫成那幅畫，但那時候范德布赫住在萊登或阿姆斯特丹，因而可能從未見過〈軍官與面帶笑容的女子〉。

兩者題材和風格雖然相似，但維梅爾的室內場景畫，從沒有像范德布赫的〈玩牌人〉一樣，讓人死死站在中央。維梅爾沒畫過小孩，沒畫過男童僕，沒畫過非洲人。范德布赫把這三者全體現在那個穿戴漂亮緊身上衣和耳環、在旁服侍女主人的十歲非洲男童身上。不只如此，他還安排那男孩直視作畫者——和直視我們。畫中那對男女正在專心玩紙牌，旁邊那個小女孩也正專心和小狗玩。只有那個非洲男童沒在玩，而且以近乎刻意的眼神瞧著我們，倒葡萄酒的姿勢很奇怪。照理他應該看著酒杯。更奇怪的是玻璃杯的位置。湊近看可知，他以左手端酒杯。但如果粗略一瞥，賞畫者可能會認為是那女子用拇指和食指捧著酒杯——十七世紀時捧高腳杯的得體方式。唯一可表明她未捧著酒杯的地方，乃是她手上拿著牌，但若不湊近細看，看不出來。

在我認為，把酒杯擺在她手的正上方，顯示范德布赫原打算由她捧著酒杯，讓小聽差斟上。若是如此，畫中的主要互動將落在那位白種女主人和她的黑僕身上，而在十七世紀描繪上層婦女的畫作中，那是很受青睞的搭配。但范德布赫後來改變心意，決定主要互動應落在那女人和她的追求者上。她從男童手中接下的酒杯，不再是此畫的中心；她遞給追求者的那張紙牌取而代之。但這時候，把男孩拿掉已經太遲，因此，那非洲男孩站著倒出罐裡的酒，但玻璃杯裡是滿的，沒有葡萄酒從傾斜的罐子裡流出。因此，那男童才能不用盯著倒酒的差事，轉而看著我們。

從維梅爾的每一幅畫作，我們無法得知台夫特當時有沒有非洲人。范德布赫的畫作則告訴我們，那時已經有了。十五世紀起就一直有少許非洲人來到歐洲，但是在十七世紀，低地國境內的非洲人數量顯著成長。非洲人來到歐洲，在安特衛普、阿姆斯特丹這兩座港市充當水手、勞工、僕人，但大部分是奴隸之身。這兩個城市的法律，允許奴隸一進入其市政當局的管轄範圍，就可向當局請求解除奴隸身分。但似乎少有奴隸申請。對於法蘭德斯或尼德蘭境內的非洲人而言，若真能透過法律取得自由之身，生活可能還是沒什麼改變，因為除了在人家家裡幫傭幹活，他們幾乎別無出路，而且即使法律判定他們是自由人，他們還是幾乎脫離不了買下他們的男主人或女主人。

范德布赫並不是將非洲黑僕入畫的唯一荷蘭畫家。許多荷蘭畫家畫非洲人，而且通常是在畫室內場景時，意味著擁有他們的白人家庭沒他們當成外人。事實上，擁有黑童僕（而且通常是男童）的人，想炫耀自己所擁有的黑僕。那就像受聘作畫的畫家，將委聘人心愛的中國瓷瓶入畫。那象徵你的個人財富、高尚的資產階級品味，還象徵你有見識，知道在你所活躍的社交領域裡，這些是有意義的表徵。如果妳是女的，妳的黑奴是個男童，有他一同出現在畫中，還突顯妳的膚色、妳的白皙、妳的性別、妳的高人一等。

〈玩牌人〉裡的那個男童，就是這畫中的門，引領我們進入一個更廣闊的世界，一個以旅行、移動、奴役、混亂為特色的世界。那個世界這時正漸漸滲入低地國的日常生活，把活生生的人從土生土長的地方帶到遙遠的異地。至於那個男孩，除了知道他出現於畫中，我們對他一無所知。如果他不是生於台夫特，他大概是糊里糊塗給當時的貿易、捕捉網——運人如運貨般容易的網——抓住的倒楣鬼之一。但能夠活著，就表明他運氣不錯。有太多人被捲進全球移動的漩渦之後，未能活著脫身。就連自願而非被逼捲進那漩渦的人，也往往未能倖免於難。葬身十七世紀那個漩渦的，兩種人都有。

十七世紀那股無休無止的移動潮，將許多人分散到全球各地。為了估算在這波移動潮中喪命的人數，我們將跟著古人的腳步，走上將人拋擲到人生地不熟之遙遠異鄉的五條旅程：非洲東南岸納塔爾地區（Natal）的三個男子、爪哇岸外某島上七十二個男子和男孩、韓國濟州島上一個荷蘭人、福建沿海一個義大利人、馬達加斯加島上兩個在返鄉途中的荷蘭水手。范德布赫筆下的那個黑人男童，那個安然抵達台夫特但從此未回鄉的男孩，他的命運乃是這五個旅程之人的縮影。最後，我們會以十七世紀基督徒非常關注的一個旅行故事，東方三賢士的旅行故事作結，以思考維梅爾為什麼在其家裡掛了一幅這個主題的畫。

那三個男子最後一次被人見到時，正看著同船的夥伴越過面前寬闊的河流，朝他們所希望的莫三比克方向，漸漸消失在非洲大地。那個高大肥胖的男子是個葡萄牙人，斜倚在轎子裡，抬轎人替他搭了簡陋的頂篷。有一個中國人、一個非洲人照顧他。非洲人、中國人叫什麼名字，如今不詳。帝國的奴隸除非是犯了殖民地司法編年史所認為值得記錄的罪，官方文獻很少明載其名。但我們知道那個斜倚轎中的葡萄牙人叫什麼名字，因為他是他們的主人——塞巴斯蒂昂・羅伯・達・席爾維拉（Sebastian Lobo da Silveira）。

羅伯（意為「狼」）被稱為一六四〇年代澳門最胖的人。一六四七年二月，他被送回葡萄牙受審。九年之前，他到澳門接下總督這個肥缺，從而全權掌管澳門與日本之間的海上貿易。

羅伯在里斯本時花了大錢才買到這官位，心想上任以後，靠著澳門獨占中、日貿易的關係，可以海撈一票。澳門能獨攬中、日貿易，乃因中、日兩國政府不願直接通商往來，但允許葡萄牙人充當中間人。從葡萄牙的澳門殖民地載中國絲去日本長崎，回程載運日本白銀，只要途中不遭荷蘭人擄走船隻，這麼一趟獲利達一倍之多。但是羅伯時運不濟。他於一六三八年買下這官位，但是不久之後，日本就以葡萄牙商人違反禁帶傳教士入境的規定，取消葡萄牙人的貿易資格。一六三九年，一名葡萄牙船長以身試法，遭到驅逐。一六四〇年，又有一名船長偷闖日本，結果和大部分船員同遭處決。此後，只有欣然同意不把天主教傳教士偷帶進日本的荷蘭人獲准到長崎貿易。再無船隻從澳門前往日本，羅伯再也賺不到那好賺的貿易利潤。

與日本的貿易受阻之後，羅伯轉而訴諸其他生財之道，例如逼那些需要他說好話的澳門富商借錢，但他根本無意歸還。更令澳門富商不滿的是，他喜歡炫富擺闊，無視官場習俗。他一身可笑的「摩爾人裝扮，穿戴大量金飾和天藍色絲織衣服，頭戴紅帽」，在澳門四處走動。貪婪使他與議會——由澳門的大商人組成的機構——為敵，而雙方水火不容最後演變為街頭械鬥，雙方甚至把火炮搬上街頭互轟。一六四二年夏末，國王派人前來處理，竟遭羅伯擄走，關在私人地牢裡八個月，最後遭活活打死。

這場在中國遙遠南疆的澳門街頭爆發的亂象，相較於當時席捲華北城市的亂局，根本是小巫見大巫。那時，幾股叛軍正在華北和官軍作戰，而且各股叛軍雖然都想推翻搖搖欲墜的明朝政權，卻往往各懷鬼胎，彼此互鬥。一六四四年，原來在驛站當驛卒，後因中央政府經費短缺精簡人事而遭裁員的李自成大膽出兵北京，拿下京城。崇禎皇帝曾不顧大臣反對，試圖調葡萄牙炮手到京支援，如今眼見曾宣誓保衛王朝的人全棄他而去，隨之在紫禁城北端的煤山自縊。群雄並起的局面，並不是如此輕易就被其中一股勢力拿下。一個多月之後，一支由滿漢合組的聯軍入關，撲向北京，將李自成趕出他掌控還不牢固的北京城。皇太極的弟弟多爾袞擁孝莊文皇后的七歲兒子福臨繼位，是為清世祖，明朝正式覆滅。

同年，一位新總督從葡萄牙的臥亞殖民地來到澳門。在這之前，有人在里斯本參了羅伯好幾本，新總督的任務就是起訴羅伯。新總督花了兩年半的時間，才把羅伯綁上武裝商船，押往歐洲。船於一六四七年二月離開澳門。陪伴羅伯的有三個人：不離不棄的兄弟、中國籍奴僕以及被派去在這趟航程服侍他的非洲奴隸。船在距好望角還有一段距離之處擱淺，今日稱作納塔爾。上岸的眾人推斷，若要活命，最好的辦法乃是往北走到莫三比克，但是以羅伯的狀況，那不是最好的辦法。羅伯太胖，而且被豪奢淫逸的生活弄壞身體，每走幾步路就得休息。他的兄弟用釣魚線做了吊床式的轎子，以優渥的計日工資，說服原在船上當僕役的幾個人用這轎子抬著他走。

走不到一天，那些抬轎人受不了這工作，決定把羅伯丟給幾個再也走不動的修女。羅伯的兄弟出面，威脅利誘，說服十六名水手接下這工作。他承諾給予豐厚報酬，同時威脅他們，若未能將羅伯押回里斯本，向國王交差，他們難逃罪責。於是他們啟程，丟下那三個修女，抬了一星期，眼看存糧愈來愈少，這時再高的價碼都買不到人賣命。來到寬闊的大河南岸時，這些水手心知不可能將羅伯抬到對岸，於是用布替他搭了小遮篷，把他丟在那裡。他的中國奴僕和非洲奴隸別無選擇，只能留下來陪他，下場將和他沒有兩樣。羅伯的兄弟留下來陪了幾個小時，然後還是離開，追趕先走的夥伴，最後回到葡萄牙。他所遺棄的那三個人，則就此了無音訊。

十七世紀時，非洲人可見於東亞，但出了東亞，中國人更為罕見。明朝法律禁止人民出國，未經官府同意而出國，一旦回來，一律問斬。但是兩百多年來，已有許多人前往東南亞經商、工作，且順利溜回中國，未遭嚴厲處罰。只要這些來來去去的海商未輸出火藥之類軍事物資，大部分官員睜隻眼閉隻眼。但是當外國人的奴僕則是另一回事。

一五五七年，葡萄牙人在澳門設立殖民地，此後一直有中國人前去討生活。許多人以自由之身前去，但有些人卻是以奴工身分淪落澳門，他們若不是因為賣身為奴以償還債務，就是因為遭擄走被販為奴。在明朝，只要對方心甘情願，且有白紙黑字為據，納人為奴並不犯法。但勾結外國人進行人口買賣，則是王法所不容，廣東的省級官員對此很提防。中國政府嚴格禁止人口買賣，因而一六一四年葡萄牙人與中國官員談判之後，不得不同意五條基本規章，其中的第二條就是禁止買賣人口（另有一條規章禁止葡萄牙人在澳門納「倭奴」，也就是日本奴僕）。兩年後，這些規章刻在一塊大石板上，石板立在澳門中央，以時時提醒葡萄牙人勿忘他們所同意遵守的：不准買賣中國人。

儘管清清楚楚刻在石上，但是中國官員知道，法律擋不住窮人湧進澳門這座金山討生活。

官府大概會想隔離中國人和外國人，但老百姓無意遵守這樣的措施，特別是離鄉到澳門所得的好處，顯然大於這些規定所欲維護的任何道德義務。有位官員就抱怨，每年都有人去，但是官府不知道每年去了多少人。官府關注此事，主要不是出於意識形態的考量，而是財政的考量。問題癥結在於讓人出國，所屬的縣就少了課稅的人頭。多一個人到澳門當奴僕，中國就少一個納稅人。澳門耶穌會神學院的院長公開反對買賣中國孩童，支持中國官方的政策，但還是未能擋住為澳門提供勞力和服務。使澳門得以運行不輟的中國人持續流入。

羅伯所搭的船若順利返抵里斯本，他的中國籍奴僕就會成為歐洲境內罕見的中國人之一。已有一些中國人在他之前來到歐洲，一部分是以教士助手的身分來歐，接受耶穌會士的培訓，一部分是被當作珍奇之物帶來歐洲，讓大國君王和開明學者開開眼界。那艘船未能完成旅程，因而羅伯的那名奴僕就給困在他主人的世界和他祖國的世界之間，進退不得。羅伯一旦死去，他的奴僕身分隨之結束，他的生存機會也跟著完蛋。十七世紀的貿易旋風，把許多人從某地捲起，撒落到別的地方，而他很快就會成為其中之一。

出海風險很大。歐洲公司把船愈建愈大、行程愈來愈緊湊，以便船隻縱橫七海，可裝載更多的船貨，更能抵禦攻擊。但船隻愈大，航行於近海水道時操縱就愈不靈活，遇上暴風雨時愈難安全靠岸避難，或愈難逃過較小但較靈活的船隻攻擊。因此，十七世紀船難頻仍。道理很簡單，船難和遠航船數成正比。十七世紀頭十年，有五十九艘荷蘭船和二十艘英格蘭船航往亞洲。到了一六二〇年代，數量增加為一百四十八艘荷蘭船和五十三艘英格蘭船。愈多船出海，愈多船沉沒。除了數量變多，競爭壓力也是原因。為了勝過競爭者，船長競相加快船速，冒更大的險。結果，更多船員和乘客被拋到更偏遠的海岸上，流落到想像不到的地方，得想盡辦法才能活下來。更多文化因這些船難而碰撞在一塊，不得不想辦法迅速化解往往代表非我族類的明顯差異——膚色、衣著、肢體語言、語言上的差異。

對於繞行好望角的荷蘭船隻而言，一六四七年這年特別不祥。四個月前，新哈倫號（Nieuw Haarlem）在其第四趟往返巴達維亞的返程途中，在好望角附近沉船，乘客被困在該地將近一年才獲救。生還者一回到阿姆斯特丹，就遊說荷屬東印度公司讓他們回到非洲的最南端，墾地殖民。該公司並不熱衷於在海外占領非從事貿易所必需的土地。西班牙人、葡萄牙人把貿易力量當作軍力來施展，透過貿易占領土地，荷蘭人與此不同，只想以自由商人的身分四處遊走。經過五年的密集遊說，有些生還者終於得以回到一六四七年他們沖上岸的地方，在該地開墾定居。那是第一批遠赴好望角墾殖的荷蘭人，為南非步入白人殖民、黑人為奴的社會體制揭開序幕。這套體制花了三個世紀建構而成，然後在二十世紀末期經過幾十年動盪歲月才告瓦解。

海上冒險活動為少數幸運兒帶來財富，為其他的人增添了憧憬。有些人志願簽約跑船，投入漫長的海上航程，從中發財致富——甚至安然返鄉——的機率可能不高，但總比死守在家鄉來得好。就連留在家鄉的人，都做著出海發大財的白日夢，在腦海裡一面過冒險的乾癮，一面認為出海淘金的人處處得面臨船毀人亡的威脅，自己有如阿Q一般洋洋自得。海上航行漫長，處處隱伏危機。疾病、脫水、飢餓，常使船員葬身大海。暴風雨能扯裂船身，一片船板都不剩，讓人看不出曾有船隻或船員曾航行其上。陌生的海岸線一再誤導航員，未標示於海圖的暗礁扯破船底，乘客落海，船貨沉入海底。而一如亞德里亞諾・德・拉斯科特斯所發現的，發生船難後，如果上岸處的居民已開始對商人和其槍枝心存戒心，或已開始覬覦他們所帶的貨物，安然上岸並不代表性命得保。

因此，十七世紀人大大著迷於海上災難故事，也就不足為奇了。從十七世紀初，各種體裁的作家就喜用這類故事一饗讀者。就連莎士比亞在創作生涯的末期，都禁不住市場需求，寫了部有關船難的劇作，而《暴風雨》（*The Tempest*）雖然純粹為迎合大眾口味而寫，如今卻被譽為他最扣人心弦的劇作之一。十七世紀頭幾十年出版商趕印出版了好些講述船難經歷的書，其中最暢銷的莫過於威廉・班特郭（Willem Bontekoe）的《難忘的東印度航行紀事》（*A Memorable Description of the East Indian Voyage*）。班特郭以一六一九年他指揮新荷恩號（Nieuw Hoorn）航越印度洋為起點，描述六年航行期間多災多難、讓人悚然心驚的冒險經歷，讀者看得津津有味。他自稱是為了故鄉荷恩的家人、朋友而寫（他和兩個兄弟都擔任荷屬東印度公司的船長），心想大概沒有一個人會對這故事感興趣，因此讀者若對這書大失所望，要怪就請怪出版商拿走他的手稿，出版銷售。班特郭寫下他的冒險故事時，事情已過了二十年，但嗜讀這類故事的大眾並不以為忤。這本書狂賣，出版商發了大財。

在荷恩號的去程途中，料想不到的災難就找上門。橫越印度洋時，有個水手弄翻提燈，引發火災。船員拼命滅火，但火勢失控，一路燒到火藥庫，引發爆炸。許多船員被炸死，更多人溺斃。有些人在船身炸斷之前逃上兩艘救生艇，但班特郭最後一個棄船。爆炸的威力把他炸離船上，受傷又頭昏的他靠著僅剩的力氣緊抓住一根桅杆。救生艇上的人最後將他從海上救起，然後七十二名男子和男孩往東漂流兩個星期，放眼望去，只見汪洋大海。隨著糧食愈來愈少，水手動起殺人充飢的念頭，而矛頭就對準那些在船上服務的男孩。所幸，在飢餓奪走他們性命之前，兩艘救生艇漂上蘇門答臘的一座離島，所有人得以生還。

這場船難不能歸咎於班特郭，但他一抵達荷蘭殖民地，立即遭到荷屬東印度公司的巴達維亞總督揚．科恩（Jan Coen）訓斥。這時科恩甫接任該職不久，是該公司較有實權的領袖之一。荷屬東印度公司已發展出一條橫越印度洋的新路線，但班特郭未走此線。公司鼓勵旗下船隻不要繞過好望角，往北到馬達加斯加，再朝東航行，因為這會使船隻置身於不利的海流和強勁的海風之中，而應在抵達好望角後往南，利用西風東航。西風會帶船隻輕快橫越印度洋南緣，然後船隻得在往東航行過頭，撞上澳洲西側的岩岸之前，轉北航向巴達維亞。班特郭繞過好望角，走了舊路線。他在航海日誌裡記載，「我們的人個個身體健康，且我們不缺水；因此我們讓所有的船帆大張」，藉此說明他為何作此選擇。但到頭來，他多花了許多沒必要的航行時間。從阿姆斯特丹到巴達維亞的舊航線要花十一個月，但新航線把航程縮短了三、四個月。班特郭原可以在那場爆炸發生的三個月前，就抵達巴達維亞[1]。

新荷恩號的生還者很快就發現，他們所登上的島絕非無人島。上岸後不久，他們發現一個熄滅不久的篝火，旁邊有一小堆煙葉——這證明那島上的馬來人已懂吞雲吐霧之樂。該島島民也已知道勿貿然現身於新來者之前，而應躲起來，評估對方實力和意向之後，再現身接觸。隔天早上，馬來人出現，與他們談判。荷蘭人這邊有三名水手來過亞洲，懂得的馬來語足夠讓對方了解他們的意思。馬來人問的第一件事，乃是荷蘭人有沒有帶火器。荷蘭人的火繩槍早已在船隻爆炸時蕩然無存，但他們夠精明，謊稱他們槍藏在船上。由馬來人的一道道提問，還有他們願意拿糧食換取荷蘭幣，水手知道他們對荷蘭人的貿易活動頗有了解。該島島民知道巴達維亞總督名叫揚．科恩，還知道荷蘭商人一向帶有值錢商品，因此打算隔天伏擊。馬來人攻擊未得手，但荷蘭一方損失了幾條人命。

班特郭和手下搭救生艇逃回海上，最後和荷蘭船聯繫上，由荷蘭船載到巴達維亞，並在航行於東南亞周邊海域的荷屬東印度公司船上找到工作。三年後的一六二二年六月，班特郭參與了荷蘭人攻擊澳門的行動。羅雅谷的火炮有一枚擊中荷蘭船，引爆火藥桶。誠如班特郭所委婉陳述的，那場爆炸「使我們的人不知所措。」荷蘭人未能攻下澳門，只好退兵，然後荷蘭人在海上封鎖葡萄牙人，騷擾中國人的海上運輸，直到那年夏天結束。如果荷屬東印度公司無法拿下澳門，他們可以逼中國人在沿海其他地方另行通商往來，因此才會有三年後的夏天，吉亞聖母號擱淺，生還者遭中國民兵威脅的事件。紅毛給了中國沿海居民最重要的教訓：害怕歐洲人。

那個夏天的小衝突延續到秋天，然後來自班特郭船上的四名水手和兩名船上服務生，在那年秋天被困在中國沿岸。那六人搭乘一艘小船，奉命看守一艘擄獲的中國船，不料出現暴風，將他們吹上岸。船毀，但他們保住性命，且保住他們的火繩槍。槍浸了水，無法開火，但他們揮舞槍枝威嚇，警告任何人不得靠近。上岸後的第二天，他們從某戶人家拿到火，得以點燃火繩。那天稍晚，他們在海灘發現六具中國人屍體，是遭其他荷蘭人所射死，心想當地人必定會尋仇報復。果然不久後，那批荷蘭水手遭包圍，但包圍群眾不敢靠太近，只是遠遠看著他們。為了讓中國人不要再靠近，荷蘭人對空鳴槍以示警告。他們後來頗為得意地回報，中國人被那聲音「嚇壞了」，但無疑已見過火繩槍。他們還說，中國人「盯著他們看，一臉不可置信。」那些荷蘭人可能是那些中國人第一次親眼見到的紅毛。

當地人的武器只有小刀和長矛，無意挑起戰端。他們未挑釁紅毛，反倒決定安撫、包容才是上策，於是他們示意荷蘭人前去村中廟宇，比手劃腳，表示會請他們吃東西。荷蘭人心存戒心，深怕中計。結果多慮。那些中國人想必認為，人餓著肚子時，行事會比吃飽肚子更缺理智。荷蘭人吃完那頓飯，下到海邊，冀望能引來路過荷蘭船隻的注意。對他們而言，未動刀動槍打上一架，乃是幸事，因為「他們子彈帶裡所剩的火藥，不夠打四發。」他們充滿焦慮，在海灘度過一夜，隔天早上，簡單造了一艘臨時筏子，逃到海上而獲救。

那六名男子和男孩運氣不錯，才得以化險為夷，保住性命。像他們這樣跟著船長航行全球的基層船員，若非福星高照，往往很難安然返回家鄉。接下來的冬天、春天，班特郭轄下的船員，陸續有人喪命，叫他們大為灰心——而中國人喪命的人數，當然還更多。來自不來梅的亨德里克・布里伊斯（Hendrick Bruys），在一六二三年一月二十四日死於中國毒箭。來自米德堡（Middleburg）的克萊斯・科內利斯（Claes Cornelisz）死於三月十七日。隔天晚上，他們失去升上二副不到六星期的揚・格里茨・布魯佛（Jan Gerritzs Brouwer）。最悲慘的莫過於四月十九日身亡的那名年輕小伙子。話說他們擄獲了一艘中國式帆船，把它拴在班特郭的大船上，然後四天前，未留下姓名的他爬出那帆船的貨艙小便，就在這時，他的同伴正在他後面測試新裝上的一具火炮。炮彈直直打來，打斷他一隻腿。四天後，船醫截掉那隻腿以防感染，過了不到一小時，那個小伙子就一命嗚呼。

有幸保住性命的人，還得面對傷病的折磨。那年五月，班特郭的執勤任務快到尾聲時，他手下仍有九十人，但其中身體狀況足以幹活的幾乎不到一半。不過，靠著這僅剩的人力，班特郭還是得以完成他在中國沿海的最後一次戰果：截獲一艘駛往馬尼拉的中國式帆船，船上有兩百五十名乘客和打算供那年運往阿卡普爾科賣掉的船貨。班特郭沒收那艘船和所有船貨——他寫道那批船貨值「數千元」——把倒楣的乘客和船員運到澎湖群島。那時荷蘭人在澎湖替其貿易基地建造防禦工事，正需人力。後來中國官員說服荷蘭人放棄那基地，退到台灣。但那批勞工並未遣返，而是運到巴達維亞的奴隸市場販賣。因為這種海盜行為，長崎一名日本通譯才會說，「駛往長崎的中國船一見到紅毛的船，其反應就像老鼠見到貓。」荷屬東印度公司主張，貿易是所有國家的天賦權利，因此，碰上不承認這權利之國家的船貨，可以理直氣壯予以沒收。班特郭服膺該主張，就成了其中的一隻貓。

因船隻擱淺而受困於亞洲海岸的荷蘭人，並非人人都得以回到自己船上。班特郭擄獲其最後一艘中國式帆船之後四年，有個荷蘭水手因船難被困在高麗南方的濟州島上。此後有二十六年時間，揚．揚松．韋特佛瑞（Jan Janszoon Weltevree）音訊全無。一六五三年，荷蘭東印度公司船隻雀鷹號（Sparrow Hawk），載著胡椒、糖、兩萬張鹿皮，從台灣駛往長崎途中，受困於強烈暴風雨長達五天，結果被吹離航道，吹上濟州島。六十四名船員中，有三十六人得以上岸。十三年後，其中八名船員走海路逃到荷蘭人位於長崎的貿易據點，他們的事才為人所知。他們還報告，有個名叫韋特佛瑞的荷蘭人已在高麗住了三十九年。

韋特佛瑞搭乘霍蘭迪亞號（Hollandia）前往亞洲。一六二四年七月抵達巴達維亞之後，在較小的船隻烏韋克爾克號（Ouwerkerck）找到工作。當時從荷蘭出航而由荷蘭人建造的荷屬東印度公司船隻，並無取這名字的船，因此，烏韋克爾克號想必是在巴達維亞所建造，供亞洲境內貿易之用。一六二七年七月，該船從台灣駛往長崎時，碰上一艘欲駛往福建月港的中國帆船——落入另一隻貓爪之手的另一隻老鼠。那艘中國帆船在馬尼拉貿易季結束之後，載了一百五十名乘客欲返回福建，很可能載有美洲白銀。該船沒有武裝，很輕易就給拿下。荷蘭船長將半數中國乘客移到烏韋克爾克號，派手下十六名水手接管那艘中國帆船。船長計畫將兩艘船駛往台灣，卸下中國帆船的船貨，然後將那些倒楣的乘客往南轉運到巴達維亞充當奴工。結果還未抵達台灣，兩艘船碰上暴風雨，貓失去了到手的老鼠。烏韋克爾克號的船長打消找回捕獲物的念頭，決定折往南航，獵捕駛向日本的葡萄牙船。如果搶不到中國船的美洲白銀，他可以搶葡萄牙船上的中國絲。不久，一隊五艘葡萄牙船進入攻擊範圍。荷蘭船長不知那五艘船已改裝成作戰船，但偽裝為普通商船在海上航行，欲引誘不知情的荷蘭船攻擊。烏韋克爾克號攻擊，結果遭反擊，船長和其三十三名船員遭俘，船被拖往澳門焚燒示眾。

烏韋克爾克號本來捕獲的那艘中國帆船，則被吹往反方向，最後吹到高麗南端沿海。包括韋特佛瑞在內的三名荷蘭人登上濟州島找水。他們上岸覓食時，船上的中國人乘機重新掌控該船，把船駛離，拋下已登岸那三人。這個「海盜」——重現韋特佛瑞冒險經歷的現代史家如此稱呼他——「著了他俘虜的道」。

韋特佛瑞與高麗人初次接觸，想必處理得很高明，因為高麗人不只沒像中國人對待拉斯科特斯部分的船難生還同伴那樣，把他的頭給砍掉，還因他的工藝本事予以重用，唯一條件是他不得離開高麗。既然已陷身高麗，他不得不斷了離開的念頭。與他同遭拋棄的那兩個人，一六三五年死於反擊滿人入侵的戰爭中，但韋特佛瑞活了下來，且還成為御用槍炮匠，事業有成。後來逮捕雀鷹號船員的高麗人所帶的火繩槍，很可能就是由他所監製。

韋特佛瑞不只適應了高麗的新環境，還功成名就。他工作勤奮，獲得提拔，娶了高麗女子，小孩奉命克紹箕裘，從事槍炮製造工作。雀鷹號在濟州海岸失事時，韋特佛瑞會講高麗語已有二十六年，而且很可能會讀高麗文也有二十六年。由於太久沒講荷蘭語，韋特佛瑞與雀鷹號的荷蘭水手碰面，跟他們講話時，他竟支支吾吾。誠如雀鷹號某位生還者後來所記載，他們很驚訝，「像他當時那樣一個五十八歲的人，竟能把母語忘到那個地步，因而，我們剛開始花了好大的工夫，才懂他說什麼；但不得不說的，他一個月之後就找回他的荷蘭語。」韋特佛瑞跨過他所僑居那個文化的語言障礙太遠，因而需要他跨回那障礙時，突然覺得困難重重。他可能還學會其他的亞洲語言，因為他的職責之一乃是接管因船難上岸的外國水手和漁民，其中大部分是日本人和中國人。事實上，他和一名明朝校尉共同管理雀鷹號失事上岸的荷蘭水手，兩人很可能是用高麗語以外的語言進行溝通。

韋特佛瑞把自己深深融入高麗社會，因而高麗人把他當成自己人。介紹他與雀鷹號生還者見面的高麗官員見到那些人為了找到一名荷蘭同鄉而大為高興時，還大笑了出來。高麗人告訴他們，「你們搞錯了，他是高麗人。」在那些荷蘭人眼中，韋特佛瑞或許看來是荷蘭人，但在高麗人眼中，他已不是荷蘭人。那些荷蘭人看到已在高麗待了二十多年的韋特佛瑞，無法想像他竟有如此大的轉變。他融入高麗社會，乃是當時情勢所不得不然，但雀鷹號擱淺時，他卻無意離開。他已取得他在家鄉絕不可能取得的顯要官職，而且最後在高麗活到七十幾歲，有好幾個兒子陪在身邊。事實證明，他當個高麗人所過的生活，要比返回荷蘭所會過的生活要好得多。

雀鷹號的生還者初次晉見高麗國王時，獲知不准返回荷蘭位於日本的貿易站，大為震驚。在歐洲，遣返乃是處理船難生還者的慣例，他們原以為亞洲人會尊重這習慣作法。

「我們的船已毀於暴風雨，」那些荷蘭水手透過韋特佛瑞向高麗國王稟告，「因此懇請陛下派船將我們送到日本，以便藉由該地荷蘭人的協助，讓我們得以返回家鄉，和妻小、朋友團聚。」

「讓外國人離開本王國，並非高麗的習慣作法，」國王答道。「你們得下定決心在此終老，我會供應你們一切所需。」國王看不出有何理由改變一貫作法，因為離開高麗的外國人，可能帶走日後可用來對付他的重要情報。

接著，那位國王還當起民族學者，命他們唱荷蘭歌謠，跳荷蘭舞，好讓他親眼見識歐洲文化。表演完畢，國王賞給每個人一套如某位生還者所說「和他們一樣的」衣服，指派他們擔任國王衛隊。自此之後，他們將以高麗人的身分過日子。有些人學會流利的高麗語，但大部分人不滿他們的新職。兩年後，該船船長和一名炮手找上前來訪問的滿人使節，請求帶他們回中國，心知一旦到了中國，就會遭到遣返。高麗人得知此事，堅決不讓他們得逞。他們賄賂滿人使節，索回那兩名荷蘭人，投入獄中，兩人最後死於牢裡。那事發生的十一年後，另外八名荷蘭人，不願接受這形同終身監禁的生活，乘船逃到日本。韋特佛瑞原本被認為已葬身大海，但因為他們的緣故，韋特佛瑞的遭遇才得以為外界所知。

剩下的八名船員則以「高麗人」之身度過餘生。其中有個名叫亞歷山大．博斯凱特（Alexander Bosquet）的水手。這人在流落高麗之前，有好幾個身分。最初自稱是蘇格蘭人，可能是逃亡到法國的蘇格蘭人之一；然後前往尼德蘭討生活，改名桑德．巴斯凱特（Sandert Basket）；再來當上船上炮手，為荷屬東印度公司效命，隨船遠航亞洲；最後流落高麗，而在高麗，他想必不得不再次改名，這次改成高麗名。博斯凱特／巴斯凱特陸續當過蘇格蘭人、法國人、荷蘭人、高麗人。誰曉得雀鷹號上的「荷蘭人」還有多少人原不是荷蘭人，或最後又改當了別國人？

登上高麗土地，絕非韋特佛瑞本意，而他也無意在高麗留下，但久而久之，他接納了他無意落腳的那個王國。中國處理這類事情的方法有所不同，一如先前所見。亞德里亞諾．德．拉斯科特斯等吉亞號上的生還者洗脫罪嫌之後，獲准遣返原國。但有些人進入中國時，卻抱著久留之意——傳教士。

要在中國永久居留，有兩條途徑。一是向地方當局申請許可，耶穌會士在一五八〇年代就開始這麼做，而且也如願以償。雙方都認知到，他們自願進入中國，代表他們同意在中國度過餘生。從中國人的觀點來看，外國人會來來去去，除了納貢之外，就是偵探敵情。另一個進入中國的途徑乃是偷溜進來，而道明會傳教士在一六三〇年代開始這麼做。這兩條進入中國的途徑——經由澳門的「前門」路線（耶穌會士路線）、福建沿海的「後門」路線（道明會士路線）——正好是煙草初傳入中國的兩條路線。

耶穌會採行與中國政治當局合作的策略，乃是希望當局的支持能轉為公開的包容和大眾的接受。早期最有成就的耶穌會士乃是一五八三年從澳門進入中國的義大利傳教士利瑪竇。利瑪竇花了十年時間讓自己的打扮言行融入中國社會之後，發展出與中國習俗和信仰並行不悖的應對之道，使他得以打入士大夫階層，並在一六〇四年後和徐光啟合作翻譯西方典籍。他們的成功鼓舞耶穌會士跟進，採取包容中國習俗與信仰的路線。徐光啟於一六三三年去世，此時已有約十二名耶穌會傳教士在中國好幾個地方傳教。

道明會的策略，則與耶穌會的包容路線南轅北轍。他們認為包容——包括政治上與意識形態上的包容——危害基督教義的完整。道明會修士較傾向於避開官員，在官方不知情之下，偷偷打入地方的社交網絡。因此之故，一六三二年元月二日，義大利道明會修士安傑洛．高奇（Angelo Cocchi）登上福建一座離島時，並不是又一個尋求遣返的不幸船難生還者，而是有意就此在中國落腳之人。

安傑洛．高奇運氣好，才得以抵達中國。照理他本應沒命踏上陸地。話說他和他所率的十二人，買了兩天前離開台灣的船票。那時高奇已在台灣待了三年，領導道明會在台傳教工作，他離台的時候，道明會傳教團已在台設立五年（不久之後，西班牙放棄了他們在台的小小據點，把台灣讓給荷蘭）。璜．德．阿爾卡拉索（Juan de Alcarazo）是菲律賓的西班牙總督，請他與福建巡撫熊文燦展開貿易談判。高奇欣然答應，因為這正給了他所夢寐以求前往中國的機會。這個佛羅倫斯人在十三歲進入道明會當見習修士，時為一六一〇年，或許早在此時，赴中國傳教的夢想就已萌芽。或許這想法浮現於接下來十年他在費耶索列（Fiesole）、沙拉曼卡（Salamanca）攻讀時，或者一六二〇年他離開卡第斯前往巴拿馬時，或者一六二一年他在阿卡普爾科搭船前往馬尼拉的時候。可以確定的是，一六二七年，他奉命在馬尼拉的港口甲米地學福建方言時，這個想法已在他心中。一六三九年，甲米地的中國人被西班牙人殺得一乾二淨，他的方言老師可能也在其中。

一六三一年十二月三十日，安傑洛・高奇搭上從台灣駛往福建的中國帆船。他率領的隨員涵蓋了多個民族和文化，包括來自西班牙的道明會同僚謝道茂（Tomas de la Sierra）、兩名西班牙衛兵、七名菲律賓人、一名墨西哥人、一名中國通譯。不管他們帶了什麼樣的獻禮、補給品、謠傳中的銀子，對船上的水手而言，都是太大的誘惑。船員很快就動手。出海的第一天晚上，他們攻擊外國人，打算一個活口都不留，搶走他們的財物。五名菲律賓人加上一名墨西哥人、西班牙修士謝道茂因此遇害。其他人退到船艙裡，堵住入口，與敵人對峙。雙方都不敢輕舉妄動，如此撐過第二天。隔天晚上，也就是元旦的前一天，另一幫海盜摸上船，搶走船上所有的財物，殺掉所有船員，任船隨波逐流。他們難道不知道甲板下藏了一名義大利人、一名中國人、兩名西班牙人、兩名菲律賓人？他們似乎是不知道，因為他們一向認定有外國人就有白銀，若是知道有外國人在甲板下，肯定不會放過他們。

安傑洛・高奇和五名同伴——其中兩人受傷——在船艙躲了一天兩夜之後，一六三二年元旦早上，高奇小心翼翼步出船艙。他們發現船在福建海岸外漂流，除了橫七豎八的屍體之外，甲板上空無一人。他們費了一番工夫，終於讓船在一座島嶼靠岸，島上漁民將他們送到大陸。漁民幫他們脫困，或許出於真誠的惻隱之心，但更有可能是因為有那艘帆船作為報酬。然後他們被轉送到泉州府城——與馬尼拉貿易的中國沿海港口之一——再送到省城福州，由福建巡撫熊文燦處理。熊文燦禮貌接待高奇，但無意讓他居留，更無意談貿易事宜，反倒將高奇來華一事上報朝廷，請求指示。他還下令追捕登上高奇船上那批海盜，逮捕後予以處死。高奇替他們請命，但還是挽不回他們的性命。

四個月後，朝廷指示送達，命令將之遣返——吉亞號生還者若是這麼快收到這命令，肯定大為高興。拜利瑪竇開疆拓土之賜，當時，歐洲傳教士只要遵行耶穌會士所遵行的四個條件：透過合法管道來華、穿中國服、講中國官話、言行符合中國禮俗，就可以進入中國。高奇在這四個條件上都不合，（莫非他的中國話不夠道地，或者他在甲米地學的方言無法聽懂？）於是遭驅逐出境。引渡回菲律賓，正是他所不希望的。他想待在中國；想將餘生貢獻在中國傳教事業上；他不想返回馬尼拉，更不想回佛羅倫斯。

官府安排了船送高奇回馬尼拉，但他要上船的那天，一名想到菲律賓的日本基督教徒代他上船。這偷天換日的行動，由一個姓劉的人主導。劉氏是來自附近縣城福安的中國基督徒，當時耶穌會已在福安建立傳教團，吸收了十名中國人皈依。那名日本基督教徒在福州做什麼，他如何騙過官府，仍是個謎，但這一招奏效。換人成功之後，劉氏急忙將高奇從福州送到福安，一起著手將高奇的外貌和言語改造成本地人的模樣。

高奇在中國安然落腳，沒被福建省府查出。官府若是知道他的下落，會予以逮捕，驅逐出境。儘管如此，他的傳教還是頗為公開，引領幾個中國人皈依，建了兩座教堂。他很堅定要讓道明會在福建落腳生根，因而不到一年，他和信徒就擬定計畫，要從馬尼拉，同樣經由台灣，偷偷帶進更多傳教士。這一次，船隻為了這目的而從中國出發，且以四名中國基督教徒為船員，以確保萬無一失。計畫順利達成。一六三三年七月，高奇歡迎兩位西班牙神父來到福安，其中一位是璜・德・莫拉雷斯（Juan de Morales），他曾想率傳教團到柬埔寨，但是沒有成功。若是沒有高奇的中國同志，這件事不可能成功，而高奇若未贏得他們的信任和虔誠付出，他們也不可能投身此事。四個半月之後，年方三十六的安傑洛・高奇突然染病，死在他長久渴望結束一生的地方，只是他大概沒想到這麼快就走到盡頭。

高奇一如韋特佛瑞，自願走上永不歸鄉之路。兩人都在做了這個選擇之後安然活下，至少最初是如此，而且兩人都開始在新環境打造自己的新生活，一個當神父，另一個任職於國王的兵工廠。但那些落腳在遠離歐洲的異地，決定此生不再返鄉的歐洲人，並非個個都是如此的境遇。

韋特佛瑞初次前來亞洲所搭的那艘船——霍蘭迪亞號，一六二五年載著胡椒回到歐洲。船上有兩名船員選擇中途脫隊。韋特佛瑞的霍蘭迪亞號返航時，船長正巧是威廉・班特郭，我們因此得以知道他們兩人的事。厄運再度找上班特郭，因為霍蘭迪亞號橫越印度洋時碰上暴風雨。該船抵達馬達加斯加島時已經受到重創，不得不駛進聖露西婭灣（Bay of Sancta Lucia）維修，包括得安上一根新船桅。

聖露西婭是荷蘭海員碰到這情況時常用的泊地，因此住在該灣周邊的馬拉加西人（Malagasy）對歐洲人一點都不陌生。班特郭派了一些船員上岸「和居民交談」——這意味著至少有一方懂另一方的語言。馬拉加西人同意讓他們上岸，修理船隻，甚至主動表示願意幫忙將製造新船桅所需的木材，從內陸拖到海邊。合力幹活使雙方變為熟稔，交情好到接下來三個禮拜待在聖露西婭期間，「船員常溜出去找樂子。」一如班特郭所直言指出，「那裡的女人很喜歡和我們的人上床。」他只在意他的人不要玩過頭，怠忽了職守，但他也知道，和女人上床有助提升工作幹勁。他指出，「他們和女人廝混之後，回來幹活時溫順得像小羊。」這些外來客還找到具體證據，證明當地女人和荷蘭水手上床已非第一次。班特郭指出，馬拉加西人「大部分黑皮膚」，頭髮「鬈得像綿羊毛」，但他也說，「我們看到這裡有許多小孩，膚色幾乎是白的，垂下的頭髮是金色的。」他不需進一步解釋，看到這描述的人都知道是怎麼回事。在霍蘭迪亞號船員上岸的約十年前，已有第一批荷蘭男人來此，和當地女人上床，生下這些馬拉加西混血孩童。

在聖露西婭灣逗留了將近一個月之後，四月二十四日早上，船準備離開，這時，班特郭發現有兩名值夜班的船員失蹤——希爾克．約普金斯（Hilke Jopkins）、蓋里特．哈門斯（Gerrit Harmensz），還有一艘小船也不見了。一如班特郭所說的，約普金斯和哈門斯「逃去找黑人了。」或許，已有荷蘭人在此和當地女人生子一事，鼓勵了希爾克．約普金斯留下來碰碰運氣，不回佛里斯蘭老家，鼓勵了蓋里特．哈門斯不回位於諾頓（Norden）的家？甚至，是否可以合理推測，他們兩人在歐洲都沒有家或沒有成家？他們在數年前乘船東航，而許多人是因為走投無路才踏上此途，因此，很可能沒人在等著他們歸來。眼前既然似乎有找到幸福的機會，或甚至只是存活的機會，那何不留下來打造新人生？

班特郭派了一隊士兵前去搜捕，打算將這兩個逃亡者押回船上。船上的活需要他們兩人來幹。搜捕隊一度找到約普金斯和哈門斯，但由於馬拉加西人的包庇，無法將他們逮捕。搜捕無功而返，還使霍蘭迪亞號的離開又延擱了一天。班特郭死了心，任他們過他們選擇的生活。

跨越文化籓籬，不像跳船逃跑那麼容易。那得放棄自己故鄉的語言、食物、信仰、禮儀，轉而擁抱新落腳地的語言、食物、信仰、禮儀。對有錢人來說，這些改變影響很大，因為他們過慣了家鄉舒服體面的生活。約普金斯和哈門斯都是窮人，而每個地方窮人的生活條件大同小異。荷蘭窮人和非洲窮人所吃的穀物或許不同，但主要都靠澱粉類食物填飽肚子。他們所穿的自紡衣物或許不同，但都是粗布。他們所拜的神或許不同，但都知道死後的世界遠非他們此世所能左右。他們所能做的，就只是祈求、希望好運降臨。

班特郭在回憶錄中，將歐洲男性視為那場逃跑大戲的關鍵角色，其實並非如此。馬拉加西女人才是主角。那些女人若不願幫荷蘭男人，約普金斯和哈門斯在聖露西婭灣就甭想存活。沒有性，他們當然可以活下，但沒有那些女人提供資源和生存本事，沒有因為她們的關係替他們在親族網絡覓得一席之地，他們不可能存活。

同樣的利害考量，普見於全球各地。尚普蘭就鼓勵手下——包括那些在法國家鄉已有妻室的人——娶休倫女子為妻。要在異鄉安然存活，最保險的方法莫過於牢牢打進那些最能支持他們、最能促進貿易的族群裡。一方面，新法蘭西的傳教士譴責跨族通婚不道德，另一方面，休倫族男子納悶同族的女子怎麼受得了這麼醜的丈夫。有位休倫男子在第一次見到法國人之後就如此問道，「會有女人看上這樣的男人嗎？」但他們沒有其他理由反對，因為跨族通婚對雙方商人都有好處：如此的結合讓他們可以優先取得所要的商品。加拿大史學家席爾維婭・范克爾克（Sylvia van Kirk）稱這些原住民是「居間搭橋的女人」。她們夾處在兩種截然不同的文化之間，左右逢源，溝通彼此，因而享有影響力和威望。但法國人與原住民之間的均勢一旦倒向法國這一邊，她們所開啟的管道隨之關閉。這時，歐洲女子湧入新法蘭西，數量多到將原住民女子逐出婚姻市場，使種族歧視觀念重新浮現，成為加拿大社會的社會法則。

這些關係存在於美國史學家理察・懷特（Richard White）所謂的「中間地帶」（middle ground），即兩種文化相遇且必須開始互動的場域。只要其中無一文化能凌駕另一文化之上，這一交會場域就會繼續存在。而只要它繼續存在，兩種文化都會調整差異，協調出合理的共存方式。法國人和休倫人透過戰爭、貿易、婚姻，在十七世紀上半葉一直維繫住這種中間地帶。在聖露西婭灣，馬拉加西人和荷蘭人都在執行這個策略，同樣沒有哪一方能將其意志強加在另一方之上，除非不惜打破互蒙其利的雙方關係。在這種不同文化的連結關係裡，乘船失事的人和俘虜有許多角色可扮演。他們教導、學習語言，給予、吸收知識，竭盡所能理解他們所遇到的新習俗和新觀念，將之轉譯給另一方。

這個中間地帶的存廢，取決於雙方都認知到妥協的必要。莎士比亞在一六一一年寫《暴風雨》的時候，就直覺認知到這個關係的脆弱。一如卡利班（Caliban）向其遭遇船難的歐洲主人普洛斯彼羅（Prospero）憤憤說道，一開始的和善親切——「你輕撫我，器重我」——一轉眼間就變成奴役，變成開始剝奪人本有的文化。虛構的人物卡利班以怨恨口吻提醒普洛斯彼羅，「你教過我語言，拜這之賜，我懂得如何咒罵。」莎士比亞虛構出的人物，表達了現實生活中的原住民，面對自己語言、文化喪失時那種心中的絕望。一如某位阿爾貢昆人對向其族人傳教的法國傳教士所抱怨的，「使他們腦子翻轉，使他們死亡的，是你們。」接觸新文化的後果，來得又快又猛。「一切來得真快，」當代的蒙塔涅族詩人阿芒・科拉爾（Armand Collard）如此寫道。「沒有時間反應，就屈服了。」中間地帶關閉，與外人平起平坐的機會也隨之消失。

置身荷蘭，同樣不是出於范德布赫畫中那個男孩的選擇。他能做的就只有屈服，思索在那新環境下如何隨機應變求生。看著他所擺出的荷蘭僕人姿態，他似乎應付得很好。但他朝我們投來的直率眼神似乎在暗示什麼，或許在暗示他注意到，這不是他該待的地方。

維梅爾筆下的人物都不出台夫特方圓二十公里內出生的人。他唯一一次考慮畫非道地荷蘭人，是在二十出頭，他採用古希臘羅馬題材和聖經題材作畫時。當時的人認為，凡是習畫，就應從這些題材入手。在上一代期間，阿姆斯特丹的林布蘭和台夫特的萊奧奈爾特・布拉梅（Leonaert Bramer）已將聖經場景轉化為充滿視覺震撼的題材，從中建立一個年輕的維梅爾所不得不跟進的風格。十七世紀畫家描繪遙遠過去的情景時，所要克服的難題乃是讓時人所見到的周遭世界和另一個時空下所可能呈現的世界兩者間必有的落差，在畫中消弭於無形。畫家希望觀者如臨現場，實際看到所正發生的事。要達成這個效果，最好的辦法就是讓聖經時代的過去看來一如當下的荷蘭，或讓其不同於當下？避免這類造假作法，讓筆下人物穿上當代荷蘭衣著，同時仍保留荷蘭建築應有的建築細部，這樣是否較能符合寫實的需求？如果不是，那麼畫家是否該在其畫布上布滿從當代近東文化拾取來的東方細部？這樣是不是較能讓觀者暫時擱下他們的懷疑？

布拉梅、林布蘭那一代的畫家很善於將某些特徵東方化，同時保留濃烈的熟悉感，打造出混合東西古今的外觀。維梅爾的天賦則往相反方向發揮：不去追求偽造的歷史寫實，而是將歷史情景轉化為現今的情景。在其早期作品〈馬利亞與馬大家中的耶穌〉（*Christ in the House of Mary and Martha*，彩圖九）中，他按照當時藝術家筆下耶穌所常呈現的穿著，讓耶穌穿上那身無法斷定屬於何時何地之物的制式衣物。至於馬利亞和馬大，他則讓她們的打扮和當時的荷蘭女人差不多。她們所置身的那個隱約呈現的房間亦然，看來很像荷蘭人家中的模樣。維梅爾這時二十二歲，已開始避用前輩畫家所嗜用的近東風格。再過不到兩年，他就完全揚棄那種偽造的歷史情景，只畫真實的台夫特日常生活了。

維梅爾筆下的〈馬利亞與馬大家中的耶穌〉打扮和當時的荷蘭人差不多。

維梅爾雖然不再畫聖經場景，卻不討厭在自家牆上掛上那類畫作，一如在信仰新教的荷蘭，天主教家庭掛上那類

萊奧奈爾特·布拉梅像。

畫，以提醒自己所信仰的是更忠於原始教義的基督教。他死後她妻子所擬出的遺物清單裡，列了多件藝術作品，其中有一幅「三王畫」，描繪東方三王不遠千里前來伯利恆膜拜新生的耶穌。這幅畫遺贈給他仍堅守天主教信仰的岳母瑪麗亞·蒂恩。它掛在屋子的主廳裡，位置很突出，意味著那是有意讓人看見的畫，而這或許是因為那是重要的膜拜之物（天主教徒推崇膜拜在禮拜儀式裡的作用，路德、喀爾文兩教派抨擊天主教徒對東方三王的膜拜，可能使熱衷於膜拜的天主教徒更恪守對三王的膜拜），也或者因為那是值錢的畫作。關於這幅畫，我們所知僅止於此，因此，我們不妨假設那是由當時仍在世的那時期台夫特某畫家所畫的三王畫，而且是維梅爾所可能見過的三王畫：萊奧奈爾特·布拉梅所繪的〈東方三王來伯利恆之旅〉（*The Journey of the Three Magi to Bethlehem*）。

布拉梅是維梅爾在世期間台夫特最資深的畫家。一五九五年，布拉梅生於台夫特，在法國、義大利習畫十年，然後在一六二八年返鄉，以出色畫藝在畫壇闖出名號。他也是優秀的素描藝術家：台夫特的瓷器繪師將他的素描轉繪到台夫特精陶上。布拉梅與維梅爾家交好，有可能是透過維梅爾的父親建立交情，維梅爾父親從事藝品買賣，可能賣過他的作品。有人認為，

布拉格的〈東方三王來伯利恆之旅〉已繪有黑人僕人的形象。

布拉梅可能是維梅爾在繪畫上的啟蒙老師。維梅爾顯然受過紮實的技巧訓練，比他年長三十七歲的布拉梅因此是這方面合理的人選。這位老畫家即使未真正教過維梅爾，至少也是幫這位後生晚輩指點迷津的人生導師，因為維梅爾二十三歲欲娶卡塔莉娜時，她母親瑪麗亞・蒂恩不同意，維梅爾於是請了兩個人前去向瑪麗亞說項，其中一人就是布拉梅。

布拉梅於一六三〇年代末期畫成〈東方三王來伯利恆之旅〉，當時維梅爾年紀還小。畫裡的中心人物是三王，也就是我們所知的三位賢者，他們跟隨三位天使朝伯利恆走去，其中嘉士柏（Caspar）、梅爾基奧（Melchior）徒步，位在明亮處，巴爾退則（Balthasar）則騎在駱駝上，位在陰暗處。時為薄暮，三位天使拿著火把照路。三王的隨從隊伍迤池在身後，最後消失在陰暗處。三王身穿毛皮襯裡的高貴袍服，手捧金質容器，容器裡有馬太在福音書裡提及的香和沒藥。唯一漏掉的元素乃是初生的耶穌。三賢者或許還未走到伯利恆，但快到了。

作家或畫家闡述故事——特別是宗教故事——的時候，乃是從大量既有的這類故事中擇一而發揮。就繪畫來說，畫家還必須選擇故事裡的一段，選擇一個足以傳達整個故事的情景來發揮。因此，布拉梅決定呈現耶穌降生時，他得做許多選擇。例如，他可以畫〈路加福音〉中天使加百列出現在牧羊人前的故事，而不畫〈馬太福音〉中三王來朝的故事；或者他畫三王時，可以沿用在馬槽裡獻禮給耶穌這個較傳統的姿勢，而不畫他們帶著禮物前來伯利恆途中的樣子。布拉梅得做好幾個選擇，於是，文藝復興史學家理察．崔斯勒（Richard Trexler）在其探討三王崇拜史時所一再追問的那個問題，就浮現我們眼前。後人講述三賢士的故事時，有什麼東西正在講述的時期浮現或形成？因為「三賢士故事」為那正浮現或形成的東西「提供了論述」。就布拉梅來說，他選擇描寫三賢士前來的途中，乃是想藉此說明什麼？或者，套用我在本書一再使用的探究方式，這畫中的門在哪裡，那些門通往怎樣的長廊？

在我看來，這幅畫裡的門是那些人物。荷蘭畫家以偽東方通的寫實風格描寫聖經場景時，總不得不描繪其實不是荷蘭人的人物。布拉梅無意藉由將聖經故事移入台夫特以達成寫實，因此他必須以近東的細部裝飾他筆下的人物。這些細節將引領他的觀者回到聖經時代。在他的〈東方三王來伯利恆之旅〉中，筆法最一致之處乃是頭巾，頭巾是設定聖經故事場景的標準老套工具。三王都有頭巾，但梅爾基奧已脫下頭巾，鬆散拿在右手裡。此外，巴爾退則的黑僕人和至少一名隨從有包頭巾。頭巾讓人同時聯想起當代的近東和遙遠的過去，將東方的現在和聖經時代的過去融而為一，營造出毋需擔心是否符合史實的混成面貌。布拉梅利用衣服獲致同樣效果：將幾種非制式的教堂法衣合為一爐；毛皮襯裡的東方袍服；還有看似真實，但喚起遙遠的時空間隔，把場景拉回到聖經時代，而不知屬於何時何地之物的衣料[2]。

但袍服和頭巾穿戴在人身上。欲探明布拉梅繪製此畫時所想表達的東西，不妨就從那些穿戴袍服和頭巾的人著手。那是有多種出身背景的一群人，因一段旅程而聚在一塊，迎向一個還未見到的結果。那一行人種族的多元，在非洲黑人巴爾退則身上表現得最為鮮明。神學論點早已接受巴爾退則可能是黑人的說法，但三王的形象描繪，到一四四〇年代第一批非洲黑奴抵達里斯本時，才和這神學論點同步。歐洲藝術家立即轉而將巴爾退則畫成黑人模樣（有些人甚至將先前繪畫裡的白種巴爾退則改塗成黑人）。在布拉梅那幅畫裡，這位黑人國王看不清楚。他轉過頭去，並未看著我們。有個黑人僕人在他駱駝旁邊，但也不清楚——這可能反映台夫特沒有黑人可供布拉梅找來當模特兒。或許他得憑其在義大利見過非洲人的記憶，編造出這些人物的模樣。至於另外兩位國王，布拉梅把臉色紅潤的嘉士柏畫成徹徹底底的荷蘭人模樣（當時傳統允許藝術家將其贊助者畫成三王之一，他是否沿用此慣例？），但他把禿頭蓄鬍的梅爾基奧畫成外國人模樣，賦予他堪稱是猶太人或亞美尼亞人五官的相貌。對著人立的馬匹做出反應的那兩名隨從，相貌極似荷蘭人，簡直像是出自林布蘭之手，但白皮膚的三位天使，則難以斷定其民族身分。

我們觀畫時是否該注意這些細部？如果畫家以假亂真的用意，只在讓觀者認為畫中所呈現就是實際發生的，那麼我們就不該去注意那些細部。寫實主義畫家所最不願見到的事，就是畫出不符事實的人事物，比如失真的人物，或是在該時空不可能會有的細部。這類細部擾亂觀畫經驗，提醒觀畫者眼前所見只是一幅畫。但凡是畫——不只繪製拙劣的畫——都離不開該畫誕生的時空環境。沒有哪幅畫能免於畫中正在發生之事和畫外的世界——說到頭，就是畫者和觀畫者所處的世界——正在發生的事情之間的拉扯，而布拉梅在世時，世界所正發生的事，乃是不同民族前所未有的交混，因此他讓畫中的長途跋涉之旅呈現了多元文化的風貌。那場景或許是聖經時代的場景，但布拉梅將那些人物一起呈現時，不放棄他的社會經驗和眾所周知的知識。我們也毋需放棄我們的社會經驗和眾所周知的知識，因此之故，我們在看此畫時，理應注意其中人物的種族表徵，理應懷疑我們所見畫中人物的多元出身，可能正是布拉梅在世時所感受到的現象。

畫三王畫的表面目的，乃是歌頌基督降生受到承認，使觀者更虔誠信守那一事實。那是這類畫作的首要意義。但三王畫的第二個意義在於三王畫在畫家的生活時空中所具有的意義，而且第二個意義隨著我們觀者變換所處時空，尋找自己所能開啟的門而不斷在變動。這尤其適用於四百年前的畫作。今日的藝術家不會以那種風格來描繪三王的故事，因此細部吸引我們的目光，透露出我們今日已不知的秘密。

在那幅畫中，不同文化出身的人結伴同行，走在陰暗的大地上，邁向還不可知的未來。而我認為，我們在這畫中所看到的，正是對於十七世紀的貼切描述。那或許不是布拉梅的本意，但他也生活在真實世界裡，而在那個真實世界裡，文化與文化間涇渭文明的區隔，正因人不斷移動的壓力而漸漸動搖。人在全球各地移動，其中包括將高價值商品運到遙遠異地的少數富商，也有跟隨他們從事運輸、服務工作的無數貧苦大眾。

這是我們思索維梅爾家主廳牆上那幅三王畫時，透過回顧所得到的知識。我們想將之放在更廣大的歷史環境裡審視，從而得到遠超出維梅爾本意的認知。他掛上那幅畫，或許純粹出於信仰考量：欲使人——至少使他的岳母——天天都能見到天主教觀點下的基督教信仰。如果那真是布拉梅所畫，那麼他掛上那幅畫可能是為了向說服瑪麗亞・蒂恩將女兒嫁給他的人生導師表示敬意。然而，當我們具備了穿過那畫面，出到另一頭，進入台夫特鎮的知識時，又何必在第一道門止步？只要跨過那道門，我們將在台夫特鎮看到，那些衣著考究，買賣貴金屬、珍奇製造品和白銀等重計價之香料的商人，帶了各色人種同行，裡面有歐洲人、摩爾人、非洲人、馬來人，甚至可能還有在聖露西婭灣載走的古怪馬拉加西人——而這些人全使出渾身解數，發揮臨機應變的本事，才得以在陌生環境生存下來。

在〈玩牌人〉中，台夫特某間屋子的樓上房間裡，那個在女主人招待來訪的紳士時，在一旁服侍女主人的黑人男孩就是其中之一。來到台夫特，絕非他的意願，他從此無緣回到家鄉，他的後代子孫很可能最終會融入荷蘭社會，融入到讓人不知其先祖是黑人的地步。

## 注釋

1 三年後班特郭弟弟雅各搭模里西斯號（Mauritius）前往東方時，可能也走同一路線，因為死亡人數高得嚇人。模里西斯號和其姊妹船鹿特丹市徽號（Wapen van Rotterdam）在這趟航程中死了兩百七十五人。因為人力不足，他們不得不將鹿特丹市徽號棄置在爪哇島南岸。後來雅各被派回去修復該船，修復完成後，出任該船船長。（《難忘的東印度航行紀事》，頁一一四）

2 這些衣物，有些可能是虛構，但未必全是虛構。據他死後親人所列的遺物清單，維梅爾擁有兩件「土耳其斗篷」、一件「土耳其袍」、一條「土耳其長褲」，還有兩件「印度外套」。布拉梅是不是也收藏了東方服裝，供其畫中人穿上？

結語

# 人非孤島

## Endings:
## No Man is an Island

〈軍官與面帶笑容的女子〉背後牆上的世界地圖，打開萬物相連相關的觀念。

「人非孤島，無人可以自全。」（No man is an island, entire of itself）這句話出自英格蘭詩人暨神學家約翰・鄧恩（John Donne）所寫的《緊急時刻的祈禱》（*Devotions upon Emergent Occasions*）。鄧恩是在一六二三年生重病，面臨他生命中的「緊急時刻」時，寫下這些對基督教信仰所加諸人之負擔的沉思語。他的第十七則沉思語〈喪鐘為誰而鳴〉，包含了鄧恩所最為今人知曉的一些名言佳句，「人非孤島」就是其一。鄧恩對島嶼這個意象的使用，並非僅止於此，而是利用這個暗喻，將其放進更廣大的視野裡。「每個人都是一塊陸地，大陸的一部分；如果海浪把一塊泥土沖走了，歐洲就缺了一小塊；如果把一個海岬沖走了，亦是如此。」然後鄧恩轉向這個意象所欲建構、表達的道德目的：「任何人的死去都使我缺了一塊，因為我和全人類唇齒相依。」在這則沉思語的最後，他回歸開頭時所提及的喪鐘。「因此，不必叫人去問鐘為誰而鳴，」他的結論是「鐘為你而鳴」。

鄧恩寫下這段文字時，在思索他靈魂的狀態，而非世界的狀態。他害怕自己就此死去，但因為那害怕，他不知不覺思索起解救所有迷惘之靈魂——而非只是自己迷惘之靈魂——的精神責任。當時的英格蘭島民面對諸多威脅，其中之一就是來自歐陸的攻擊威脅，為了便於得到他英格蘭讀者的共鳴，鄧恩因此刻意選擇島嶼、大陸這個暗喻。但對一個回顧一六二三年歷史的史學家而言，這個暗喻比它所倚為基礎的神學理論更引人注目。鄧恩所選擇使用的語言乃是地理學的語言，而地理學是十七世紀日新月異、變動快速的新研究領域之一。他寫作的當時，地理學領域的潮流——將歐洲人所注意到的海洋、大陸的地理知識，匯集為全球性知識體系，編出愈來愈完整的世界地圖——使他在思索人類世界每個成員與其他每個成員間的精神連結，思索那往外延伸、形成世界網的精神連結時，有了可資依循的架構。一如他的精神世界日益充實，愈來愈多的世俗世界填入地圖，使地圖愈來愈充實。在愈來愈多歐洲人移動於世界各地，把新知帶回歐洲或是帶到亞洲——十七世紀中國、日本的地圖繪製者也開始繪製叫人驚奇的新世界地圖——之際，鄧恩會想到島嶼與大陸這個暗喻，可說是很自然的事。

鄧恩一六二三年的想像還聚焦於其他應合時勢的意象。在同一則沉思語中，他用到轉譯這個意象。他說死亡不是喪失，而是靈魂轉譯為另一種形式來存在。「人死時，代表他的那一章並沒有從書上撕下，」鄧恩寫道，「而是把那一章轉譯為更好的語言；每一章都必然如此轉譯。」死亡以多種形式到來，因此「上帝用到好幾個譯者」；不只如此，「每個轉譯都有上帝的參與」。

鄧恩的觀點是神學性的，但他是個以意象思索的詩人，而且那些引起他注意的意象來自他所處的那個時代。譯者是那些意象之一。鄧恩生時，英格蘭、荷蘭都已經各自組成東印度公司，到全球各地發掘貿易機會。他們的船隻和人員所到之處，都必然如一六二五年班特郭抵達馬達加斯加時所說的，「和居民交談。」能不能賺到錢，甚至能不能活命，取決於船上是否有人能和當地人交談。鄧恩說上帝用了許多譯者；那些貿易公司同樣也得雇用許多譯者，以在雙方之間傳達一方的需要和另一方的需求，而那些譯者往往兼通數種語言。隨著貿易網擴大，在不同地區貿易經驗的加深，譯者的人數必然隨之增加。一六五〇年代時，十年間搭荷屬東印度公司船隻前往亞洲的人數已超過四萬。同一期間，還有數千人搭別的船隻離開歐洲。其中許多人在遠行所落腳的地方，至少學會一種當地的混雜語。其中許多人成為譯者。

有時，遠行途中的意外，使韋特佛瑞之類的水手，在從未有機會學習某種外語的情況下，精通了該外語。其他人則是決意學習某種外語，以便打入新環境。義大利傳教士安傑洛·高奇在一六三一年底從台灣橫越海峽到福建時，帶了一名中國通譯同行。高奇在馬尼拉學過中國話，但他預想到了中國，若未能傳達他的意思，後果不堪設想，最起碼都會遭到驅逐出境。因為翻譯不只是了解另一種語言對同樣事物的正確用語；翻譯還要在不同語言之間交換想法，了解如何左右言語所創造的預期心理。

至於高奇的那位中國通譯呢？他如何學會西班牙語？他是八連的老居民，因為住在西班牙的馬尼拉殖民地，自然學會了西班牙語？他皈依基督教，在與傳教士的往來中學會西班牙語？他是刻意學西班牙語，還是經由日常使用自然學會？不管他如何精通西班牙語，他最後是替義大利人（而非西班牙人）擔任在中國的通譯，而那位義大利人則是在西班牙沙拉曼卡的神學院就讀時學會西班牙語的。到了一六三一年，已沒有貿易公司或傳教團不需用到「數名譯者」，其中許多譯者一身精通數種語言。

鄧恩的沉思語中，還有一個暗喻會教今日的讀者眼睛為之一亮。鄧恩念念不忘於自己的罪惡之身，且一心要以身有罪惡鞭策自己更虔誠於信仰。為了促成這個轉化，他勸自己和讀者將平常用於評判事物——例如滿足和苦難——的價值判斷反轉過來。鄧恩告訴我們，「苦難是財富，」因此愈多苦難愈好，但必須運用得當才有好處。在此，他將這不求而得的財富解釋為白銀。「人所攜帶的財富如果是銀塊或金塊，而沒有將之鑄成通行貨幣，他的財富將無法用來支付行旅時的開銷。從本質來講，苦難是財富，但從用途來講，苦難不是通行貨幣，除非我們藉著苦難而愈來愈接近我們的家，天國。」鄧恩說，唯一說服我們將苦難的銀塊轉化為宗教理解的錢幣者，乃是喪鐘的鳴聲，死亡的前景。

鄧恩竟會用銀塊和錢幣之間的關係，來暗喻苦難與救贖之間的關係，著實耐人尋味！白銀流通於全球各地的通貨區時，不斷轉換其形狀。在某些地區，例如中國，作為貨幣的白銀係以塊狀呈現。在其他地區，法律規定白銀必須以鄧恩所謂的「通用貨幣」形式來流通。在西班牙的美洲殖民地，白銀必須鑄成名叫雷阿爾（real）的錢幣。在荷蘭共和國，就如前述，可能有好幾個王國的錢幣——從雷阿爾到荷蘭盾——在市面上流通，視供應量而定。在南中國海的貿易區，白銀買賣可以混用銀塊和西班牙雷阿爾。一六二三年四月八日，威廉・班特郭請福建沿海的兩個中國人將豬帶上他的船時，他付了二十五枚雷阿爾，而他們也欣然收下。若給的是銀塊，他們也會收下，因為對他們而言，只要是銀子就好，但班特郭沒有銀塊。一如大部分歐洲國家，尼德蘭聯省共和國禁止人民使用未經鑄造的銀子，以便控制貨幣的流通量。在歐洲，如果想把白銀當錢用，就得使用鑄成錢幣的白銀。但是在這些歷史上的特殊事例之外，赫然存在一個簡單的事實：一六二三年，鄧恩尋找意象，以表達足以使罪人變虔誠而紛至沓來的苦難時，浮現在他激動心中的，正是白銀那個可無限積聚的東西。

白銀和翻譯。孤島和相連的大陸。鄧恩寫這篇文章時，不知道自己替他那個世紀安了門，無心插柳安上的門：穿過那道門，走上長廊，我們將回到他的世界。我猜鄧恩和維梅爾一樣，非常專注於理解自己存在的意義，因而不可能去想像後世的人會想在他的作品裡尋找什麼。兩人都努力在和現在搏鬥，而那是太沉重的負擔。兩人都未著意替後人準備檔案。今日的我們當然和他們沒有兩樣。我們同樣專注於現在，同樣渾然不察自己正在為後人，為那些有意藉由思索自己所處世界——我們所無法想像的世界——的來歷，以理解那世界的後人留下了門。

如果一六二三年時鄧恩興奮地發現沒有人是孤島，那是因為人類歷史走到那個時代時，首度得以理解幾乎無人是孤島。在那之前，世界是一個個彼此隔離的地方，以致某地所發生的事，完全不會影響到其他地方的情勢，但是在那之後，世界不再是如此。人性共通這個觀念開始浮現，共同歷史的存在隨之成為可能[1]。鄧恩的世界萬物相連相關的觀念，乃是以基督教神學為基礎，但相連相關這觀念並非基督教所獨有。其他宗教教義和世俗理論，也能支持同樣的論點，且同樣能激起我們對全球情勢和全球責任的體悟。鄧恩的大陸暗喻，一如佛教的因陀羅網比喻：每個泥塊，每個寶珠——每個喪失與死亡，每個誕生與生成——都影響與之共存的每一個泥塊和寶珠。對大多數人而言，這樣的世界觀要到十七世紀才變得可以想像。

如果我們要勸別人、乃至自己處理我們所面對的困難，在此刻更有必要倚重全球各地傳統思想裡所浮現的暗喻。身為萬物之一的我們，有必要弄清楚如何以讓我們得以承認、接納過去歷史之全球本質的方式，敘述過去，而撰寫本書的動機之一，就是讓世人了解這點。那是個烏托邦式的理想，我們尚未實現、且可能永遠無法實現，但那理想充斥於我們日常生活。我們如果能理解的話，任何地方的歷史使我們與每個地方相連，且最終使我們與整個世界的歷史相連，則過去的任何一部分——任何大屠殺和成就——沒有一個不是我們的共同遺產。在生態上，我們已開始如此思索。事實上，我們所處時代的全球暖化，在某種程度上反映了維梅爾時代全球降溫的破壞性衝擊，那時候，人認知到改變即將到來，甚至認知到那些改變正在影響全世界。因船難而流落高麗的荷蘭槍炮匠韋特佛瑞，晚年向高麗友人回憶起他在荷蘭的童年生活。他告訴那人，他小的時候，長輩碰上濃霧天氣，關節因天氣濕冷而不舒服時，會說「今天中國在下雪。」就在氣候改變使世界一團混亂時，人察覺到地球另一頭所發生的事不再只發生在彼處，同時也發生在此處。

本書至此所敘述的故事，全都以貿易對世界的影響和對一般人的影響為核心來鋪陳。但在世界和一般人之間有國家，而國家既深受貿易史影響，反過來也大大影響了貿易史。十七世紀的貿易和移動強化了國家的力量。至少在歐洲，原有封建領主效忠的君王，這時已開始將其私人王國轉而為商行的利益而服務、由賺取私人錢財的公民組成的公共實體。荷蘭共和國的組成只是這一轉變的例子之一。即使在仍保留君主制的國家，例如英國，都為了將專制君主轉化為尊重商業利益的立憲君主而爆發激烈內戰。政府無法抵抗公司貿易的無限新經濟力誘惑，開始運用那股新力量，從而使那力量更為強大，也更難駕馭。

歷來認為一六四八年的西發利亞和約（Peace of Westphalia）標誌著現代國家體系的誕

生。這份和約包含了好幾個條約，因為這些條約的簽訂，分屬天主教、新教陣營的敵對新興強國，結束了他們之間長年不斷的戰爭，包括西班牙與尼德蘭之間的八十年戰爭（其中一個條約禁止荷蘭人進入馬尼拉港）。這個新體系確立了國家主權的準則，今人視之為支持今日世界秩序的準則：國家是世界體系裡的基本參與者，每個國家享有不可侵犯的主權，任何國家都無權干涉別國事務。國家從此不再是君王的轄地，而是為國家利益而集中、運用資源的政治實體。這一新秩序的出現，得歸因於十七世紀的全球轉變，如果如此歸因恰當的話。

西發利亞和約之後崛起的全球性強權，由於主客觀條件的配合，在利用全球貿易上占盡優勢，而擁有實力強大又管理良好之獨占公司的荷蘭共和國，更是箇中翹楚。但是到了十七世紀結束時，荷蘭卻漸漸遭英格蘭擠下全球最大貿易強權的寶座。荷蘭國勢的衰弱有諸多原因，而一六七二年法國入侵尼德蘭乃是原因之一。法國覬覦荷蘭的海外貿易，於是派遣龐大的陸軍入侵低地國，兵員之眾遠超過荷蘭所能動員的兵力人數。荷蘭人無力抵抗，只能使出最後手段——破堤，此舉果然擊退法軍，但荷蘭也為此慘勝元氣大傷。英國就趁荷蘭因此衰弱之際，大舉對外擴張，使英國得以凌駕尼德蘭，成為十八世紀的全球貿易霸主。

大英帝國的壯大，要歸功於諸多因素，特別是鴉片貿易的展開。英屬東印度公司透過鴉片貿易，將它所掌控的印度土地與它買進茶葉、紡織品的中國市場相連結。而該公司的壯大，又必然和蒙兀兒大帝國的建造者奧朗則布（Aurangzeb）一七〇七年去世前後，南亞次大陸上的群龍無首有其關連。到了他死之後，沒有人具有他那種維繫蒙兀兒帝國於一統的毅力和性格，英屬東印度公司因此得以趁虛而入，在印度取得支配地位，從而以印度為基地，主宰與中國的貿易。英國人在十八世紀期間，靠著武力征服和貿易獨占雙管齊下，成為全球貿易領域無可匹敵的霸主。荷屬東印度公司一直營運到十八世紀結束時，但荷蘭人再也未能奪回十七世紀時他們在世界經濟上的龍頭地位。一八一五年英國在滑鐵盧之役打敗法國，完成其在歐洲的霸業，拿破崙則在此役之後，被放逐到南大西洋上水手早已不停靠的聖赫勒拿島上。

在亞洲，國家的發展走上不同的道路，但仍可見到國家權力增強的類似現象。德川幕府和清朝都強化其官員的行政權，對國內的掌控，嚴密更甚於前朝。事實上，歐洲人還極欣賞清朝的行政管理，因此把中國視為建立官僚機構的榜樣。這也是為什麼葡萄牙人借自梵語指稱中國官員的字眼——mandarin——會成為全球通用指稱掌握大權之官員的詞語。面對全球貿易的勃興，日本的因應之道乃是封閉門戶，只准少數特別指定的荷蘭、中國商人可以入境通商，實行自給自足的經濟模式。清朝政府允許經由廣州的有限海外貿易，但滿族統治者較熱衷於陸上擴張，較無興趣追求海權。英、中兩個帝國靠著為數有限的獨占貿易站，保持井水不犯河水的態勢，直到十九世紀，英屬東印度公司把一船船的印度鴉片運到廣州，使中國白銀大量流失，中英兩國的貿易盈餘轉而落在英國一方，從而動搖中國的政治經濟，那個態勢才改觀。軍力的優劣跟著逆轉。堂堂上國的自負自此崩解，此後中國花了將近兩世紀的時間，才在今日開始以世界強權之姿重現於世界舞台。

走筆至此，我們不妨回顧這一路走來所碰過的其中三位人物，問問他們的遭遇，藉此為本書劃下句點。這三位分別是馬尼拉總督塞巴斯蒂昂．科爾庫耶拉、《長物誌》作者文震亨、此書的畫家暨嚮導約翰內斯．維梅爾。

總督科爾庫耶拉深信，一六四〇年打敗馬尼拉造反的中國人，不只會使他的總督大位坐得更穩固，也會更有助於增加他職責所在的王室收入。結果沒有。那場暴亂前的四年間，科爾庫耶拉和菲律賓的整個教會組織一直處於對立狀態，特別是和馬尼拉大主教不和，他常將大主教驅逐出境，而大主教也常回敬以將他開除教籍。雙方鬥爭的焦點在白銀貿易。雖有白銀透過非官方管道源源流入這殖民地，馬尼拉總督卻要維持一開銷龐大而經費永遠捉襟見肘的行政體系。在科爾庫耶拉眼中，問題癥結在於天主教會在菲律賓享有龐大的財政特權。他推斷，只要縮減那些特權，財政赤字就會減少。國王腓力警告他勿輕舉妄動——可能是想起前任總督因為干預教會收入，使教會收入短少，而遭神父暗殺的前車之鑑。

科爾庫耶拉以鎮壓華人叛亂為藉口，認為神職人員理當讓步，接受他的財政要求，但神職人員認為這個說法站不住腳，反倒予以反擊，堅稱他才是那場暴亂的罪魁禍首。他們回報國內，卡蘭巴的華人農民之所以造反，完全是因為科爾庫耶拉想增加王室稅收。要不是他橫徵暴斂，農民不會如此走投無路，鋌而走險，其他華人不會如此不滿，走上公開叛亂之途。與總督為敵的教會，不只批評他施政流於極端，導致官逼民反，還堅稱科爾庫耶拉這麼做，全是為了個人利益，堅稱他欲總攬財政大權，乃是精心策畫的計謀，以隱藏他侵占了最多的公款者這個事實。

平亂的開銷迫使科爾庫耶拉不得不進一步開闢財源。他所用的辦法之一，乃是將華商取得貿易許可的費用提高一倍。他想藉此懲罰支持暴亂的華商，結果因華商將增加的費用轉嫁給客戶，全馬尼拉物價上漲，效果適得其反。國王派赴馬尼拉的財政官員在一六四四年抱怨，「以前賣兩雷阿爾的鞋子，現在賣四雷阿爾，」也就是半披索（一披索合八雷阿爾）。「以前兩披索可買到的衣服，現在要四或五披索。其他東西也都一樣，」他如此埋怨。「這全源自始於一六三九年，許可費全面提高加重他們負擔所致。」科爾庫耶拉欲讓華人支付他打勝仗的成本，到頭來反倒讓那成本落在西班牙人身上，使自己陷於不利處境。

科爾庫耶拉四面楚歌，自請辭職。但他得等繼任總督到來才能離開，因為卸任總督得等新總督審查其帳目，確認無貪污情事，才准卸職。由於天主教會已對他提出五十九項瀆職控訴，馬德里當局於是在一六四一年裁定，科爾庫耶拉在審查期間得受拘禁。繼任總督一六四四年才到任，意味著科爾庫耶拉因為候審，在舒服的家中軟禁了三年。經過一年調查之後，新總督判決他某些罪名成立（讓西班牙在台灣的據點落入荷蘭人之手，這個罪行也加在他頭上），其他指控不成立，然後將此案轉送馬德里，呈請終審判決。科爾庫耶拉在西班牙本土有支持者，他們對教會提出新一波的反控，以使此案更為複雜。他的案子因此一時之間無法結案。

科爾庫耶拉遭指控的五十九項罪名中，有一項是侵占國王的貴金屬製品，運回西班牙擴大個人財富。列出的侵占物品中，包括一套純金的盤子和有柄大口水壺，那原是西班牙國王為打開日本貿易門戶而欲贈給日本天皇的禮物。那套金盤和金水壺不知為何失蹤，科爾庫耶拉遭指控將那套器皿當作個人財物送上聖母懷胎號——一六三八年從馬尼拉駛出而沉沒於馬里亞納群島海域的船隻——運回西班牙。他極力否認，而案情一直也陷於膠著，因為他在該船出航時已阻止海關人員列出完整的船貨清單。最後，馬德里當局認定查不出真相，決定不對科爾庫耶拉作出有罪或無罪的裁決。所有指控撤銷，科爾庫耶拉繼續為西班牙帝國效力。他奉派出任哥多華地方行政官，最後當上加納利群島總督這個要職，死於任上。

當時找不到金盤和金壺，因而無法將科爾庫耶拉定罪。但是三百五十年之後，證物重見天日。一九八〇年代海洋考古學家調查聖母懷胎號沉沒處的珊瑚床，在海床上發現一只金盤的盤緣——目前為止證明科爾庫耶拉犯了侵占罪最有力的證據。

「長物」（非生活必需之物）鑑賞行家文震亨若能通過科舉考試，大概會像科爾庫耶拉一樣當上高官。他在一六二一年通過縣試，但如果想通過層層考試，覓個一官半職，就得寫主考官所喜歡的八股文章，而他似乎受不了那樣的文章。一六二〇年代也不是謀取官職的好時機。皇帝身邊的宦官貪腐至極，實質上把持朝政，朝綱敗壞，在這種情形下，想在朝中為官，若不同流合污，就會遭彈劾去職，或是更悲慘的下場。一六二四年應府試再度落榜後，文震亨從此斷了在考場與人無休無止拚搏的念頭，轉而隨性自適，將心力投注在自己喜歡的事物上，在蘇州——晚明時期高尚文化與高消費力的中心——彈琴、演戲、建造庭園度日。文震亨家財萬貫，使他得以過著他在《長物誌》中所力倡的那種吟風弄月的悠閒生活。

文震亨的哥哥文震孟在一六二二年中進士，入朝為官，再度光耀文家門楣，但是彈劾宦官魏忠賢，讓他惹禍上身。他於一六三六年去世，把主持文家的擔子交給文震亨。文震亨按禮俗服完喪期之後，覺得自己得像哥哥一樣當個官，於是在北京謀得一個小官職。但不久之後，文震亨因在朝廷派系鬥爭中站錯邊，入獄關了一段時間。兩年後，朝廷派他到北方邊境防禦滿人的部隊當差。時為一六四二年，明朝最悲慘的一年，滿人大軍集結邊境，不時入境襲擾，而從蒙古傳來的瘟疫使華北許多地方民生凋敝。那場瘟疫特別厲害，有些地方因此整個村子無人倖存。

文震亨費了一番工夫，避開這任命，找了藉口辭官，返回南方的蘇州老家。一六四五年清軍抵達蘇州時，他正忙著建造新庭園，最後死於清軍占領蘇州期間，享年六十五歲。他這種性格的人，若在改朝換代之際活下來，會有何種遭遇？

十七世紀中葉身陷明朝覆滅亂局的文人，有許多人的遭遇和文震亨類似。指出北京每個街角都出現抽煙人的禮部侍郎楊士聰就是其中之一。楊士聰留到一六四四年春，李自成的大順軍攻占北京之後才離開。京城失陷時，末代皇帝崇禎為免女兒落入叛軍之手，親手殺掉女兒（但其中的長平公主傷重未死），然後自縊於煤山樹下。楊士聰的女兒和兩個妾效法崇禎，也自殺身亡，但楊士聰打算自殺時，遭僕人制止，僕人將他偷偷帶出城，以便其加入反清軍。他回到家鄉，但清軍入侵，他不得不再往南逃。他並未像文震亨那樣落入清軍之手，但最終還是遭滿人的奸細逮捕，勸他棄明投清，為新政權效力。楊士聰予以拒絕，自我放逐，不久之後，死於南方。

對於楊士聰、文震亨這類人，十七世紀或許把世界連成一體，但那對其所處時空的衝擊，卻非他們所能承受。

維梅爾在晚年也遭逢苦難。他的家族從未富裕過，但是靠著維梅爾作畫和從事藝術品買賣，加上瑪麗亞．蒂恩的資產和投資，倒也衣食無虞。一六七二年法軍入侵尼德蘭，維梅爾所賴以取得足夠現金的藝術品市場隨之瓦解。藝術品買賣這一行，總要在經濟暢旺時才會活絡。荷蘭經濟裡豐沛的資金，助長這些美好「長物」的生產。家家戶戶熱衷於在自家牆上掛上繪畫，而在十七世紀中葉期間，買畫風氣之盛前所未見——現今全球各地的藝術館收藏有如此多十七世紀的荷蘭繪畫，這是原因之一。一六七〇年代，過剩資金消失於台夫特經濟，讓維梅爾這類靠作畫為生的藝術家，生計頓失所依。無人上門買畫和委託作畫，欲維持一家生計，唯一辦法就只有借貸。見於紀錄的最後一筆借貸，貸方是阿姆斯特丹一名商人（此人可能借錢給他，要他日後用畫抵付），款項是一千銀荷蘭盾——這筆借款大到還不起。生計無著的壓力，扼殺了維梅爾的創造力。現存的三幅晚年畫作，全描繪女性忸怩不安在彈奏樂器，其中只有一幅，水準和早先的畫作差堪比擬。

一六七五年十二月十五日，維梅爾突然去世，得年四十三。一年半之後，卡塔莉娜因生計問題而求助台夫特市政當局時，說明維梅爾的死肇因於生計無著，而生計無著則是「毀滅性的漫長戰爭」所造成。她丈夫發現「自己的作品一張都賣不掉，而且，叫他損失慘重的是，他只能枯坐，看著他所買進卻賣不出的其他大師畫作，因為這個問題，因為小孩的沉重負擔，身無分文的他陷入衰弱、頹廢，為此鬱結在心，然後，彷彿發狂一般，原本健健康康的他，只不過一天半的光景，就撒手而去。」猝死顯示他死於致命疾病。她不厭其煩，解釋了一堆，但實情很可能真如她所認為的，抑鬱削弱了他的抵抗力。果真如此，那麼奪走維梅爾性命的，很可能也就是一開始讓他事業有成的那樣東西：在涵蓋全世界的經濟網中，台夫特占有的地位。經濟網興旺活絡之時，維梅爾靠著精心繪製的傑作，就得以養家活口，而因為生計無虞，他可以從容完成畫作。經濟網一旦瓦解，要獲致白銀，就只有借貸一途，絕望和死亡結束了他的生命和藝術創作。

維梅爾隔天就葬在舊教堂裡，就在我去過的那個地方附近。這一家人頗為幸運，因為瑪麗亞・蒂恩早在十五年前家道興旺時，就買了墓地。她不希望死後無處可安身，但她未料到女婿竟先她而去。但維梅爾也不是第一個葬在家族墓地的人。他生前已把自己三個小孩葬在那裡。他們挖墓人抬起鋪砌的石板以安葬維梅爾時，發現兩年前所下葬的那個小孩，屍體仍然完好。他們小心移出那具小身軀，把維梅爾放進墓穴，再把那小孩的遺體放在父親上方。這一次，喪鐘為維梅爾而響。台夫特繪畫的偉大時代已然告終，但貿易、旅行、戰爭，在該鎮、還有在全世界所已開啟的門，至今仍然敞開。

## 注釋

1 欲為全人類找出共同歷史的念頭，也激使歐洲學者編寫全球編年史，其作法通常是將聖經時代的歷史擴大為全球範疇。這一方面的研究，促使詹姆斯・厄謝爾（James Ussher）在一六五〇年推出他的著名見解，認定世界史源於西元前四〇〇四年的上帝創世，而如今，這一虛構的年代似乎仍受到某些基本教義派人士的認同。

國家圖書館出版品預行編目資料

維梅爾的帽子：揭開十七世紀全球貿易的序幕／卜正民（Timothy Brook）著；黃中憲譯 . -- 二版 . -- 臺北市：遠流，2017.05
面；　公分
譯自：Vermeer's hat : the seventeenth century and the dawn of the global world
ISBN 978-957-32-7991-4（平裝）

1. 維梅爾 (Vermeer, Johannes, 1632-1675) 2. 文明史 3. 全球化

713.5　　106005571

**維梅爾的帽子**
揭開十七世紀全球貿易的序幕（十週年新修版）
Vermeer's Hat
The Seventeenth Century and the Dawn of the Global World

**作　　者**——卜正民（Timothy Brook）
**譯　　者**——黃中憲
**校　　對**——周祐羽、李靜慧
**編　　輯**——吳家恆、楊伊琳
**企　　畫**——張愛華
**總監暨總編輯**——林馨琴
**封面設計**——邱方鈺
**發 行 人**——王榮文
**出版發行**——遠流出版事業股份有限公司
104005 台北市中山北路一段11號13樓
電話／(02)2571-0297　傳真／(02)2571-0197
郵撥／0189456-1
**著作權顧問**——蕭雄淋律師
2017年5月1日　二版一刷　　2023年10月16日　二版三刷
**售價新台幣350元**　（缺頁或破損的書，請寄回更換）

ISBN 978-957-32-7991-4（平裝）

YLib 遠流博識網
http://www.ylib.com　E-mail:ylib@ylib.com